HUIZHAN
YINGXIAO YU
CEHUA

会展营销与策划

（第三版）

刘松萍　李晓莉 ◎ 主编
刘　勇　苏　英 ◎ 参编

首都经济贸易大学出版社
Capital University of Economics and Business Press
·北　京·

图书在版编目(CIP)数据

会展营销与策划/刘松萍,李晓莉主编. —3 版. —北京:首都经济贸易大学出版社,2015.1

ISBN 978 - 7 - 5638 - 2322 - 2

Ⅰ.①会… Ⅱ.①刘… ②李… Ⅲ.①展览会—市场营销学 ②展览会—策划 Ⅳ.①G245

中国版本图书馆 CIP 数据核字(2014)第 307511 号

会展营销与策划(第三版)
刘松萍　李晓莉　主编

出版发行　首都经济贸易大学出版社
地　　址　北京市朝阳区红庙（邮编 100026）
电　　话　(010)65976483　65065761　65071505(传真)
网　　址　http://www.sjmcb.com
E - mail　publish@cueb.edu.cn
经　　销　全国新华书店
照　　排　北京砚祥志远激光照排技术有限公司
印　　刷　北京市兴怀印刷厂
开　　本　710 毫米×1000 毫米　1/16
字　　数　360 千字
印　　张　20.5
版　　次　2006 年 4 月第 1 版　2011 年 1 月第 2 版
2015 年 1 月第 3 版　2017 年 8 月总第 8 次印刷
印　　数　24 501 ~ 26 500
书　　号　ISBN 978 - 7 - 5638 - 2322 - 2/G · 356
定　　价　33.00 元

第三版前言

会展业被认为是未来发展前景最旺的行业之一，我国会展产业每年以20%左右的速度递增。根据中国贸促会发布的《中国展览经济报发展告(2013)》，按省(自治区、直辖市)分析，2013年全国展览活动按数量排列，前十位的依次是：广东506个，上海361个，北京265个，山东181个，浙江171个，江苏161个，辽宁92个，河南85个，四川75个，河北66个。这十个省(自治区、直辖市)的展览总数量占全国总量的70%，集聚了全国主要的展览活动。我国会展业已走过了数量扩张的阶段，展览场馆、办展主体、参展企业、相关服务行业已形成一定的规模，已经从一个新兴会展国家成长为世界第一会展大国。

随着中国会展业快速发展，会展教育也发展迅速，目前全国已有近200所高校设立会展经济与管理专业或专业方向，另有300多所职业学校已开设会展专业方向与课程，在学科专业的课程设计中，"会展营销与策划"是一门重要的专业课程。

《会展营销与策划》是由首都经济贸易大学出版社2006年出版的会展管理系列教材之一，2010年进行了修订。本书将会展营销与策划融合在一起，是教学急需、填补学科空白的教材。本书在全国会展专业建设和学科发展，尤其是在会展营销与策划人才培养方面起到了一定作用。

这本教材的第二版面世之后，因其联系实际、高屋建瓴、动态开发的特点受到广大专家学者肯定，上海师范大学、北京第二外国语大学、东北财经大学、广西财经学院等院校使用了该教材，并得到师生们的好评，同时也收到一些宝贵的意见。由于国际、国内会展理论与形势的发展，特别是新的信息技术对会展的影响，有必要对第二版的数据及内容进行更新和完善。鉴于会展业近年出现的新问题、新现象以及原来的不足，此次修订主要在以下两方面：

1. 前沿研究与会展实际的融入

本次修订将作者从事会展研究和培训所积累的经验以及该行业的新技术、新理念有机地融入相关章节，突出教材的先进性和可操作性。同时在文案研究和实地调查相结合的基础上，参考了大量的文献资料，收集、综合各专业会展网站对会展营销和策划方面的分析资料和研究论文，结合调查的案例进行内容的完善。

2. 按照实际内容的改变对部分章节和数据进行更新

本书根据目前国内会展业发展现状、世界会展业的发展和从业人员的实际需要修订。对所有内容的数据按最新的标准进行更新，增加了同类展会促销、微博微信营销的内容。附录的品牌展览和会议介绍都是最新资料，同时更新了会展活动如“中国好声音”“光棍节”等案例内容，附录中增加了“国内相关城市展览产业政策的借鉴”。

需要说明的是，由于目前产业规模以及相关理论与实践研究的全面性、成熟度以展览业为代表，因此，本教材下文所涉及的“会展业”、“会展市场”以及“会展”等相关概念，如无特别说明，一般是指“展览业”。另外，展会虽有展览会、博览会、展销会、洽谈会等多种形式，一般均可称为“展览”、“展览会”或“展会”，从这个意义上来说的这几个概念在本教材中是可以互换的。

本教材是广州大学发展研究院和现代服务业研究中心的研究成果，教材修订得到广州大学教材基金的资助，同时在本书的修订过程中得到广州大学和会展业界各方同仁的支持帮助，在此一并感谢。我们特别要向广东会展组展企业协会的各会员单位、浙江大学城市学院黄彬教授、上海对外经贸大学王春雷教授表示衷心的感谢。同时借此机会向自始至终关心和支持本教材出版的首都经济贸易大学出版社的领导和编辑们表示衷心的感谢。由于编者欠缺一定的会展实操经验，加上总体水平有限，书中不足甚至错漏之处在所难免，恳请读者批评指正。

本书编写组

2014 年 8 月

目 录

Contents

第一章 会展营销概述

HUIZHAN YINGXIAO GAISHU

本章概要

本章对会展市场营销相关的要素进行了概要性描述和分析；介绍了会展产品、会展市场、会展业、会展市场营销的概念；分析了会展市场营销的社会制约因素；详细介绍了会展市场营销的主体和客体。

第一节 会展产品与会展市场

一、会展产品

（一）会展的内涵

"会展"这一概念，对应于"MICE"的英文简称，四个字母代表的含义分别为：Meeting（会议）、Incentive Travel Program（奖励旅游）、Convention（协会和团体组织会议）和 Exhibition（展览）。随着会展业的发展，"MICE"的内涵逐渐扩大，如"MICE"中的"E"，不仅代表着博览会（Exposition）和展览会（Exhibition），也代表着节事活动（Event）。此外，在英文文献中，还有用 M&E（Meeting&Exhibition）或 C&E（Convention&Exhibition）、MECE（Meeting，Event，Convention，and Exhibition）、MCE（Meeting，Convention，and Exhibition）和 CEMI（Convention，Exhibition，Meeting，and Incentive）等来表示"会展"概念的。

在国内，会展通常是会、展、节、演、赛等集会活动以及奖励旅游的统称。"会"包括各种会议、研讨会、论坛、群众性集会；"展"是指展览会、展销会、博览会等各种形式的交易、交流性展会；"节"指各种定期或不定期的节事、节庆活动；"演"是各类文艺演出活动；"赛"是各类竞赛，主要是指体育赛事；奖励旅游则是近年来盛行的为实现企业特定目标而给予相关人员一个非比寻常的旅游假期的团体旅游活动，其间还会安排会议、培训、典礼等活动。

从字面上理解，"展览"有"陈列、观看"的意思，在形式上它具有正规的展览场地、现代组织管理的特点，在内容上不仅有贸易和娱乐，而且还扩大到科学技术、文化艺术等人类活动的各个领域。从广义上讲，它可以包括所有形式的展览会；从狭义上讲，展览可以指贸易和宣传性质的展览，包括交易会、贸易洽谈会、展销会、看样订货会、成就展览等。

（二）会展产品的性质

会展产品是一种特殊的产品，它是参展企业向主办、承办单位购买的物质产品和服务的总和，是一个具体的会展项目和服务的总和。因此，它既不同于农工商贸流通的物质产品，又不同于一般服务业提供的单纯的服务。

展览是一种既有市场性也有展示性的经济交换形式。在古代，它曾在经济交流中起过重要的作用；在现代，它仍在很多方面发挥作用，包括宏观方面的经济、社会作用和微观方面的企业市场营销作用。展览是经济交换（流通）的一种形式，曾是人类经济交换的主渠道，现在仍是重要渠道之一，展览会介入中国经济活动，在流通和信息领域充当着重要角色，现已成为重要的商品市场、技术市场、信息市场和资金引进市场。

中国现有展览覆盖各个领域，每年同一专业展举办多次，为行业交易提供了重要机会，为企业发展创造了条件，因此，展览业也成为企业经营的重要方式。展览会已经不是简单意义上的展览产品、推销产品、购买商进货的场所，现代展览会已发展为获取信息、交流沟通的渠道。

（三）会展产品的功能

展览会是一种特殊的流通媒介。从流通性质上讲，展览与批发、零售等流通媒介相同。通过展览，买主和卖主签约成交，做成买卖。但是，展览也有其特殊性，有别于其他流通媒介。如外贸、商业、期货等，本身都是交换过程中的一个环节，不论是形式上（商业和贸易）还是意义（期货）上的常规交换，要先买进商品，再卖出去。而展览则不是交换的中间环节，它只为卖主和买主提供环境，由买卖双方直接达成交换。展览的交换原理如图1－1所示。

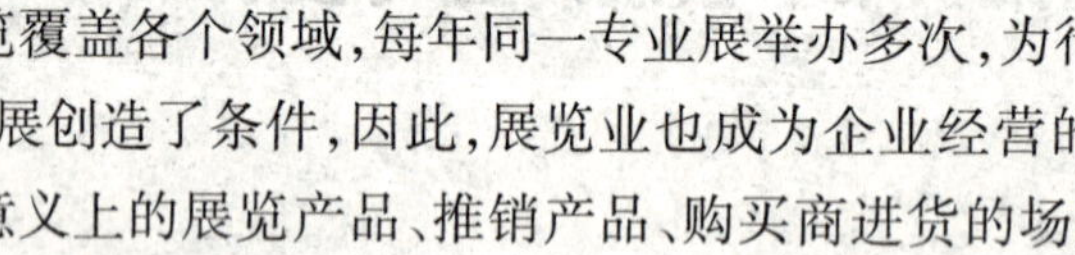

图1－1　展览交换原理示意图

展览会的两大功能是展览和宣传。在实业界和学术界，许多人把展览会视作传播媒介。对于经济贸易类展览会来说,虽然也具有传播功能和作用,但就其根本作用和性质而言,更主要的是提供交易平台,是一种特殊的市场,是一种流通媒介,而不仅仅是传播媒介。政治、文化、公益类展览会才是更为单纯的传播媒介。

(四)会展产品的特征

会展产品不同于一般商品,特殊性主要表现为以下几个方面:

1. 会展产品的综合性。会展活动是一种综合性的社会、经济、文化活动,它要能满足各种行业参展企业多方面的需求,这决定了会展产品的内涵和形式也必然是十分丰富的。各种行业参展企业购买的是一种会展项目,整个活动过程中又涉及餐饮、住宿、交通、公关等各个环节的衔接和配合,这才能构成一种严格意义上的会展产品。

会展产品的综合性还表现为涉及众多的相关部门与行业,除饭店业、餐饮业、交通业、游览点、文化娱乐场所外,还涉及间接为会展产品提供物质基础与便利条件的工农业、商业、建筑业、交通、旅游、娱乐、卫生、公安、科技、海关等部门。

2. 会展产品的无形性。会展产品是一种服务性产品,并不具有具体的实物形态(展台只是一个具体的地点,不是会展项目的核心),既使其必须依托一定实物形态的资源与设施(展台)为会展者提供各种服务。会展产品中实物形态的产品是无形的会展服务的载体。会展产品的价值并不是凝结在具体的实物上,而是凝结在无形的会展服务之中。参展企业购买会展产品前,并不可能通过身体器官感受和了解会展服务,只有在享受整体会展服务时才能感觉到。因此,对于会展产品质量的评价,取决于参展者个人的主观感受。会展产品的深层次开发较多地依赖于无形产品的开发,在大体相同的会展基础设施条件下,会展产品的设计策划具有很大差异,会展经营者必须通过提高会展服务质量和服务水平,不断进行服务创新来满足参展企业的需求,树立起会展产品的信誉,从而赢得参展企业的信赖。

3. 会展产品的同一性。会展产品具有生产与消费高度同一性的特点,会展产品的销售过程同时也就是参展企业对会展产品的消费过程,两者在时空上不可分割。会展产品的销售必须由参展企业直接加入其中,才能有效完成对参展企业的服务。也就是说,会展产品的生产过程中生产者与消费者必须直接发生联系,两者之间是一种互动的行为。会展产品生产与消费同一性的特征,使会展产品无法像其他有形产品那样暂时销售不出去可以储存起来。由于会展产品不存在独立的生产过程,而且其产品形式不是具体的实物产品,所以只有当参展企业购买它并在现场消费时,会展产品的使用价值才能实现。这就对于会展产品的策划、设计、经营提出了更高的要求。因此,会展企业还应采取各种灵活的销售策略,努力避免会展设施与项目的闲置和浪费。

4. 会展产品的不可重复性。会展产品所凭借的会展资源和会展基础设施是相对固定不变的，参展企业必须到会展目的地进行展览活动，而不能像其他实物产品一样通过运输出生产地到异地销售实现商品流通，而只能通过招展活动把参展企业从各地聚集起来。会展经营者必须采用先进的传播手段和工具向会展参与者宣传会展产品，另一方面做好市场调研工作，提供适销对路的会展产品。

会展产品的不可重复性还表现在，某一地区的会展资源是有限的，在某一地区不能短时间内重复举办主题相近或雷同的会展，否则，频繁办展，只能造成会展资源的枯竭。

二、会展市场

市场不仅是会展企业生产经营活动的起点和终点，还是会展企业与外界建立协作关系、竞争关系的传导和媒介，也是会展企业生产经营活动成功与失败的评判者。认识市场，适应市场，巧妙引导市场，使会展企业活动与社会需求协调起来，是会展市场营销活动的核心与关键。

（一）会展市场的概念

会展市场是联结会展主办、承办单位与参展企业的中心环节，能够灵敏地反映会展经济活动的发展变化趋势。会展市场的概念可从以下两方面看：

1. 从经济学的角度来说，狭义的会展市场是指会展项目举办的场所；广义的会展市场是指在会展产品交换过程中各种经济活动现象与经济关系的总和，它包括展览项目所涉及的区域经济、行业发展状况、展览项目的供求状况以及竞争状况等。在会展市场中存在着相互对立又相互依存的双方，即会展产品的需求者与会展产品的供给者，它们之间的矛盾运动推动着会展经济活动的发展。此外，会展经营者之间、会展需求者之间的各种关系，也最终通过会展市场表现出来。所以，会展市场也就是会展产品供给与会展需求过程中所表现出来的各种经济关系的总和。

2. 从市场学角度看，会展市场是指在特定的时间、地点与条件下，具有购买欲望与支付能力的企业群体，即某种会展产品的现实购买者和潜在购买者。这种意义上的会展市场即会展需求市场，我们通常称之为会展客源市场。

（二）会展市场的特征

与其他行业市场相比，会展市场具有如下特征：

1. 会展市场的开放化。第二次世界大战后，随着社会生产力的发展，世界各国科技、经济的交流进一步频繁，全球化的进程不断加快。各国的会展市场逐步走向开放，从区域性的会展市场发展成为世界性的会展市场。会展市场的全球性，首先表现为参与人员或参展企业来源地的广泛性。国际性会展活动，特别是一些知名会展活动的参与组织或个人往往来自世界各地,如奥运会、世界博览会、汉诺威工业展等均是如此。2008 年北京奥运会参赛国家及地区达到 204 个;2010 年上海世界博览会有来自全球的 189 个国家(地区)和 57 个国际组织参加。现代会展已由少数大型企业扩展到中小企业。其次,交通运输的发达使参展企业的活动范围遍布世界各地,因而会展需求市场十分广阔。如:目前,我国企业每年出国参展地域达 150 多个国家和地区。最后,世界上许多国家和地区都在大力发展会展业,纷纷将会展业视为本国或本地的支柱产业来大力推进。

2. 会展市场的多样性。参展企业的行业不同、产品定位不同、消费者不同、参展目的不同,诸多因素的差异导致了会展需求市场的多样性,同时也为会展经营者创造了多样化的市场空间。从会展供给的角度看,会展经营者依托不同的区域经济、产业结构和行业发展水平,进行不同形式的产品组合,可以使参展企业达到不同的参展目的。随着会展需求在量和质上的不断提高,会展活动的内涵还会不断拓展,变得更加丰富多彩。

3. 会展市场的年度性。会展活动的开展,涉及一定区域内某一行业中的许多企业,只有在这些企业的共同参与下,会展活动才能成功进行。另外,会展工作涉及很多层面的具体业务,从策划到实施,从招展到开幕,从公关到反馈总结,需要较长的时间。因此,很多会展活动都是年度性的,一些大型的会展活动甚至三四年才举办一次。

4. 会展市场的依存性。会展市场是一个受各种经济因素、社会因素和政治因素制约的市场。首先,社会因素是引起会展市场波动的原因之一。2003 年的"非典"事件,使全球会展业蒙受了巨大的损失,起码使全球会展行业的发展滞后了三年;其次,重大的政治活动会影响会展业的发展,如恐怖主义活动频繁的地区,会展业是无法生存的;再次,某些行业的发展水平制约着相关主题展览会的水平;最后,会展相关产业的发展状况,也制约着会展市场的发展。会展产品是涉及参展企业参展人员食、住、行、游、购、娱等多方面需要的综合性产品,因此会展餐饮、会展宾馆、会展交通等必须保持合理协调的发展速度。如果这些部门的发展比例失调或经营不力,则会影响会展产品的整体效能,引起会展市场的波动。

总之,会展市场受全球政治、经济、社会、文化等诸多因素的影响,汇率变化、经济危机、政府政策、战争、国际关系恶化、贸易壁垒、地震、疾病流行、环境污染、生态恶化等都会引起会展市场的变化和波动。例如,2010 年 4 月,冰岛火山喷发,火山灰蔓延造成大规模航班停飞。同期举行的汉诺威工业博览会的海外观众主要来自于德国的周边国家。德国境外的参展商数量因此几乎减半,而总计 15 万的观众人数相比 2009 年也下降了大约 20%,其中亚洲和北美地区的观众数受影响最大。因此，会展经营者必须采取灵活的市场策略，防范经营风险。

第二节　会展营销的社会制约因素

国际博览会联盟(UFI)对一个地区能否成为会展城市提出了四个条件：一是该地区城市综合经济实力强，人均国内生产总值(GDP)高；二是区位条件优越，如有航空港、海港及完善的交通设施；三是至少有一个设施先进的展馆；四是现代服务业发达。影响会展活动的条件不是单一的，而是各种因素共同作用的结果。在进行会展活动研究和决策时，应充分考虑各种社会的要素。

一、相应的生产力发展水平

会展活动不能超越一定的经济条件，否则，既无法得到足够的资金以保障会展活动的顺利进行，也不可能达到促进经济、社会发展的预期目的。生产力是由处于生产过程中的各种自然因素、技术因素和社会因素有机组合的社会经济系统，包括劳动力、劳动工具、劳动对象等实体性功能系统，经验、知识、科学技术等渗透功能系统，分工、协作、管理等运转性功能系统。

(一)人才资源

进行会展活动，必须有高素质的人才，人力资源主要体现在会展活动的组织能力和管理水平上。没有高素质的专业化人才，特别是高水平的会展活动策划、组织人才，大型的国际性会展活动就无法举行。大型的国际性会展活动，体现了一个国家的综合国力和人才素质，许多国家都把争办奥运会、世界杯足球赛以及大型洲际运动会作为展示国力、开发人才的重要方式。

(二)科学技术

举办会展活动需要相应的技术支持，一些与科技交流相关的会展活动，必须有充足的科技储备作保障。没有一定的科学技术水平，不可能举办一些技术性强、专业性强的会展活动。如举办园艺博览会需有园艺方面的管理技术和研究能力；举办医学技术博览会，没有一定的医疗技术和管理水平是难以取得成功的。

(三)组织管理能力

如果一个国家或地区的组织管理能力弱，绝不可能举办大型国际性、区域性会展活动；相反，一个组织管理能力强的国家或地区，往往成为各种会展活动的主要举办地。例如，全球性的体育盛会奥运会大都是在发达国家举办，到目前为止，只有中国作为发展中国家成功举办了第29届奥运会，许多发展中国家还不具备举办奥运会的能力。

二、区位条件和经济实力

（一）区位条件

经济活动离不开一定的地域空间，优越的区位条件是实现会展目标的基础。没有良好的区位条件，其他条件再优越也难以使会展活动取得成功。举办大型商品交易活动，必须有良好的交通、通信、展出场馆等条件，有用于商品交易的仓库和服务手段，还需接近商品的供给地和销售地，以便商品交易各方能降低交易成本，获得尽可能多的收益。这样，才能吸引各地客商前来进行商品交易活动。以苏州为例，2004年10月该市首次举办电子信息博览会便一炮打响，包括华硕、飞利浦等著名大企业在内的国内外250多家IT企业参展。这是因为苏州为展会提供了强大的产业支持。目前苏州已有IT企业1 000多家，其中不乏跨国公司；台湾省最大的20家电子企业中，已有16家投资苏州；同时，苏州生产的显示器、主机板、笔记本电脑等的产量均已到占全球的1/6。现在，IT业已成为苏州的第一大产业。再如，电脑资讯产品博览会在东莞举办；服装交易会落户虎门；小商品博览会在义乌声名鹊起，都与这些城市强大的产业条件分不开。

此外，举办地的资源状况、气候条件也影响会展活动的举行。位于亚热带地区的城市，不可能承办冬季奥运会；一些体育设施落后的城市，也是不可能承办大型体育比赛的。

（二）经济实力

举办任何会展活动都需要一定的经济实力和资金投入，没有雄厚的经济实力作保证，是难以举办大型会展活动的。现代奥林匹克运动没能在欧洲工业革命前产生，其中一个重要原因是无法为它提供经济支持。对奥林匹克运动投入的主要方式是举办奥运会。1984年洛杉矶奥运会之前，奥运会的经济支持来自政府拨款和社会捐赠等，尽管政府给予大量拨款，蒙特利尔奥运会的赤字仍高达10亿美元。1984年洛杉矶奥运会的组织者将奥运会推上市场经济轨道，采用以商业经营为主，辅之以社会捐赠，使本届奥运会组委会盈利2.227亿美元。从此，商业化经营开始在奥运会上占主导地位，政府拨款则是以今后的经济收益为目标的经济行为，而不仅仅是社会福利行为。

近些年来，我国不少城市在制定经济发展规划时，都把发展会展经济作为振兴本地经济、拉动经济发展的新增长点。还有一些城市在财政并不宽裕的情况下，斥巨资兴建大型会展场馆，甚至一些财政捉襟见肘的县级市也建起了近万平方米的展览馆。需要指出的是,并不是所有的城市都可以发展会展经济。发展会展经济是有一定的条件限制的。

分析我国会展经济比较发达的城市,可以得出如下一些结论:这些城市经济文化都比较发达,在国际上有相当的知名度,许多参展商会慕名而来;这些城市都有相对完善的交通、通信、涉外宾馆饭店等基础设施,进得来、住得下、出得去;这些城市多是著名的旅游城市,与会客商来此参加会议展览,可顺便游山玩水。

三、制度条件和政治形势

(一)制度条件

任何会展活动必须符合举办地的法律、法规,并与举办地的文化传统和民族习俗相适应。例如,有的国家和地区不欢迎甚至禁止一些体育活动和艺术活动的举办,与其相关的会展活动就没有在此地举办的制度条件。制度变迁如政权的更替也可能使原先可以举办的会展活动变得不现实,而原先被禁止的会展活动也许在政权更替后又可以举办了。

此外,在高度发达的西方市场经济国家,能透过商业渠道筹措到举办大型会展活动的资金,而广大的发展中国家就不可能做到这一点,因为它们缺乏高度发达的商业资金筹措机制。

(二)政治形势

一个国家或地区政局稳定,有可能吸引很多会展活动在该国或地区举办;相反,若一个国家或地区动荡不安,很多会展活动就会对它望而却步。此外,国与国的政治关系也会影响会展活动的举办及其成功的大小。我国首都北京在申办2000年奥运会的过程中,就受到以美国为首的西方国家的政治、舆论干扰,使得北京以一票之差败给澳大利亚的悉尼。

一些会展活动的举办又是政治关系协调的产物,一些国家为了推动友好关系而举办一系列会展活动。例如,20 世纪 90 年代后,随着中国与俄罗斯的关系日趋友好,两国边境贸易等会展活动活跃。中国与越南的关系趋向友好时,中越两国的边境贸易等会展活动也非常火爆。

再者,战争的爆发使备战国城市的政治安全受到威胁或破坏时,将会对城市会展业的发展造成致命的打击。对于身处交战区或临近交战区城市的会展活动,世界各国参展商、观众都会因为战争避而远之,这一地区的展览会要么延期要么停办;对于城市中的企业来说,出去参展的积极性也将因战争的爆发而大大挫伤,从而使会展活动几乎处于瘫痪状态。如 2003 年 3 月 23 日,美国的奥斯卡金像奖颁奖仪式就有许多明星和制片人因抗议美国发动伊拉克战争而没有出席,许多既定的议程和活动也被取消，会议的规模相应缩小，时间也随之缩短。又如伊拉克战争期间，受损失最大是会展城市迪拜。素有“中东的香港”之美誉的迪拜，是整个中东地区的金融、经济中心，它以自由宽松的经济政策、得天独厚的地理位置、完善齐备的基础设施，成为中东地区的交通枢纽和最大的贸易集散中心，同时也成为中东地区著名的会展城市。伊拉克战争爆发后，“城门失火，殃及池鱼”，许多原定来自东、西方等国的大型海外旅游团队都取消了到迪拜的旅游行程；而一些展览会、研讨会则取消或推迟举行。

四、会展企业与项目

（一）具有一流的会展企业

第一，设立政府控股的大型会展集团公司。如，法兰克福展览控股集团由法兰克福市政府和海因省省政府共同投资 2 亿欧元成立，当初省、市政府先以信贷方式投入，后转为企业股份，其中市政府拥有 60% 的股权，省政府拥有 40% 的股权。

第二，有十分完善的营销和服务网络。如，法兰克福展览控股集团拥有雇员 1 411 人，是世界第二大的国际性展会组织公司，集团在德国国内成立了 16 个不同层次的职能公司，分别负责场馆维护、展览策划、资本运营、分包业务、停车场经营管理、物流、对外公共事务、汽车租赁和 VIP 服务等不同职能，还设立了 5 个办事处。

第三，注重国际开拓。如，法兰克福展览控股集团在德国以外设立了 49 个国际代理机构，在我国的香港地区、上海、广州、成都也都成立了合资公司或办事处。而汉诺威市政府、不来梅市政府和下萨克森省政府联合投资成立的德意志展览公司，在世界各地设立了 66 个代表处，管理网络覆盖全球 76 个国家和地区。

（二）拥有一流的会展项目

第一，一个地区会展发展状况与其会展规模有关，而会展规模是由会展项目决定的。作为全球会展中心城市，法兰克福展览控股集团每年大约要举办 120 个贸易性展览，参展企业达到 65 000 多家，接待专业观众超过 300 万人。其中，有排在世界前 20 位的法兰克福春季国际消费品博览、法兰克福国际汽车零配件及售后服务展、法兰克福国际卫生取暖空调博览会、法兰克福国际灯光照明及建筑技术与设备展览会、法兰克福国际化工工程与生物技术展览及学术交流会。

第二，这些展会在世界范围内具有强大的控制力和影响力，是行业的风向标。这主要表现为：得到权威协会和行业代表支持；代表行业的发展方向，能提供几乎涵盖这个行业的所有信息；提供专业的展会服务，在市场调研、主题方向、寻求合作、广告宣传、招展手段、观众组织、活动安排、现场气氛营造、展会服务等方面都具备较高的专业水平；配合强势的媒体宣传，在行业有很高的知名度。

第三，拥有一批获得 UFI 认证的展会。UFI 对申请加入的展览项目有着严格的要求及详细的审查程序，也因此使 UFI 认证成了名牌展览会的重要标志。法兰克福坚持长期的品牌战略，用先进的品牌营销策略与品牌管理技术抢占会展市场的制高点。

第三节 会展市场营销的主体

当前，会展已经成为我们经济环境的一部分，以至于政府、公司等都有可能成为会展的主办机构。一般说来，承办的主要机构有：经济发展部门、地方政府、公司部门、一般公司和大集团公司、行业协会、企业家协会、媒体、俱乐部和社团等。会展活动的主办、承办机构都是会展市场营销的主体。

一、政府部门、贸促机构

政府部门、贸促机构承办展览会，是出于多种多样的原因，包括展会产生的社会收益、文化旅游和经济收益等。就经济效益而言，这种情况下并非指政府部门、贸促机构为了自己获取收入而举办会展活动，而是为了促进国家和地方的经济发展。

应注意的是，集体展出的组织者多为政府部门、贸促机构、商会、工业协会等，这些机构做展出决定的程序一般是固定的，并且可能是比较复杂的。与企业相比，这些机构应该站在更高的位置，更全面、更长远地考虑各方面因素。

政府部门和贸促机构代表国家或地方利益，因此主要考虑国家或地方的经济发展规划、贸易和产业政策，在此基础上，兼顾其他因素做出办展决定。世界博览会是全球最高级别的国际展览会，它不同于一般的贸易促销和经济招商的展会，是各国动员全国力量，全方位展示本国社会、经济、文化成就和发展前景的最好机会。举办世界博览会，不仅能给参展国家带来发展机遇，促进经济发展，而且能给举办国创造巨大的经济效益和社会效益，提升举办国的知名度，促进社会的繁荣和进步。因此，世界博览会一直是世界各国争相承办的大型国际展览会。

二、商会、行业协会

商会、行业协会代表行业的利益，因此其主要考虑产业或行业政策和发展。由于这些机构是设立或建立在企业基础上的，因此还要强调为企业服务。举办全行业或数个行业的综合展览会，也被称为横向展览会。这类展览会规模一般比较大，按行业划分展区。这类展会既展出工业品，也展出消费品；既吸引工商业人士，也吸引消费者。这种大型综合展览会能比较全面地反映经济或工业的发展状况及实力,又有良好的展览经济效应和地方经济效应,但是综合展会的经济效益不如专业展会,因此这类展览会的发展前景是专业化。如,一些国家一年举办两届展览会,一届是工业品展览会,一类是消费品展览会;还有一些国家将一个综合展览会分割成许多专业展览会,仍在同一时间、同一地点举办。专业展览会指展览某一行业甚至某一产品的展览会。这种展会最大的特点是常常举办讨论会、报告会,用以介绍新产品、新技术等。作为企业代表的商会或行业协会,要注意办展不应以盈利为主要目的,以免损坏企业利益并损坏商会、行业协会的声誉。

三、会展企业

我国有相当比例的会展活动是由会展企业组织、承办的,而且比例有上升趋势。另外,一般公司和集团公司还可能会赞助展览会,在市场上推销它们的产品和服务。它们可能与政府部门结成伙伴,举办服务于某产品或多个产品的展览会。

表1-1为中国主要专业展览企业一览表。

表1-1 中国主要专业展览企业一览表

城市	名称	性质	备注
广州	中国对外贸易中心集团有限公司	国有	商务部
广州	中博会事务局	事业单位	广东省经贸委
广州	法兰克福光亚展览有限公司	合资	
广州	广州博亚展览发展有限公司	民营	
广州	广州博环美国际展览有限公司	合资	
广州	广州美沙振威国际展览有限公司	合资	
广州	广州佛兴展览服务有限公司	民营	
广州	广州市信亚展览服务有限公司	民营	
广州	广州市锦汉展览有限公司	民营	
广州	广州益武国际展览有限公司	民营	
广州	显辉国际展览有限公司	民营	
广州	广州经贸会展服务中心	事业单位	市经贸委
北京	中国国际展览中心集团公司	国有	
北京	国药励展展览有限公司	合资	
北京	京慕国际展览有限公司	合资	
北京	中国轴承工业协会 各地方分会	协会	

续表

城市	名称	性质	备注
北京	长城国际展览有限责任公司	国有	
北京	华港展览公司	国有	贸促会
北京	北京中农展览中心	国有	
北京	时尚博展公司	民营	
北京	中机国际广告展览公司	国有	
北京	中纺广告展览公司	国有	
北京	中化国际广告展览公司	国有	
上海	世博展览集团公司	国有	
上海	汉诺威国际展览有限公司	外资	
上海	法兰克福国际展览有限公司	外资	
上海	慕尼黑国际展览有限公司	外资	
上海	优博展览集团	民营	
上海	博华国际展览有限公司	合资	
上海	上海市外经贸商务展览有限公司	国有	
上海	上海市国际展览有限公司	国有	
上海	上海现代国际展览有限公司	合资	世博集团、原上海广告公司
上海	上海浦东国际展览公司	合资	
上海	科隆国际展览有限公司	外资	
上海	上海外服国际展览广告公司	国有	
上海	上海国际会议展览有限公司	合资	广电
上海	上海新国际展览中心有限公司	国有	中德合资
上海	上海国际展览中心有限公司	合资	世博集团、原国展公司
香港	雅式展览服务有限公司	港资	
宁波	宁波国际展览公司	国有	
天津	天津国际经济贸易展览中心	国有	
大连	大连国际展览公司	国有	
大连	大连北方展览公司	民营	
大连	大连大商集团展览公司	国有	
大连	大连国际商会展览公司	国有	
深圳	深圳浩宇展览有限公司	民营	
深圳	深圳市华博展览有限公司	民营	
东莞	广东现代国际展览有限公司	民营	
青岛	海名展览有限公司	民营	
珠海	珠海航展有限公司	国有	

会展企业的主要职能部门一般包括:①策划部,负责企业策划和展出策划。企业策划主要是对整个会展企业形象的策划、组织的包装等。而展出策划则是指制订展览工作方案,主要是列明工作事项,安排人员的责任范围,安排工作进程、费用支出等。②业务部,主要职责是招展,即招徕和联系参展商。其具体工作包括招展宣传,选择参展者,组织展览团。除此之外,业务部的其他工作还包括展品运输、展台设计与施工等。③对外联络部。其主要负责招商、新闻宣传、广告策划实施、协调与各社会团体或政府的关系等。宣传工作是展出成功的基础保证,其手段主要是广告与联络,如查发信函、登门拜访、电话联系、媒体广告、印发资料等。公关的主要目的是争取与企业有关单位的理解与支持,特别是争取得到新闻媒体、政府机关等影响力比较大的单位的认可与帮助。④市场部,具体内容包括制订年度场馆销售计划;根据市场变化,对价格政策的制定和修正提出建议并报请企业领导批准后执行;审核参展单位的资质;负责场馆营销,签订场馆出租合同;执行合同收款;负责有关展览会的报批手续等。⑤信息部,负责展会的通信、网络数据的租赁业务,以及会展企业信息系统的规划、建设与维护,应用软件及办公电脑、耗材的采购与管理,同时还负责企业内部的通信系统以及网络的建设与保障工作等。⑥管理部,包括对展台准备工作的管理、展台后续工作的管理以及展会整体评估工作管理等。

以上部门是依据一般展览会正常运作的需要来设立的,在实际组织结构设计中,会展企业应充分考虑自身情况,名称可有所不同,部门多少也可灵活处理。

总之,办展的举办机构不同,办展的目的是不一样的。一般说来,政府部门、贸促机构、商会、行业协会可能更多地考虑政治效果和宣传效果,因此可能热衷于展出引人注目的产品。这一点本无可非议,但是应该注意到参展厂家的生产潜力,如果其只有做样品的能力而没有正式投产的能力,或者只有少量生产的能力而没有批量供货的能力,那就不应该展出,因为展出意义不大,甚至可能得不偿失。

承办展览会的原则体现为:一方面,既然有投入,就应该有收获,不论是花国家的钱还是花企业的钱,不论是追求长期效果还是近期效果,展览单位都应当有成本效益观念,不能单纯为了宣传而办展览会;另一方面,给人看货却不能向人供货,即拒绝买主订货或者勉强接受订货却不能按条件交货,这样会给展出地的市场造成不好印象,破坏展览单位自身的声誉和形象。

对于一些集体展览单位的组织者而言,由于办展行为并不直接影响其生存和发展,因此有关人员往往把办展当作一种日常工作而在作展出决定时不能予以足够的重视,结果经常在依据不充分的情况下做出展出决策。常见的不正确的决策行为有:不考虑本地区、本行业的内部发展需要,而是根据外部申请或某方面的建议等做出展出决定。对于任何国家、地区或行业而言,内部发展是根本,是“硬道理”。因此,展出的组织者应当认真对待展出决定工作,要站得更高些,看得更远些,做得更科学些。

四、其他机构

(一)媒体机构

媒体机构是展会举办过程中不可或缺的一部分,从展会的新闻发布会、推介会到开幕式、现场盛况、闭幕式,都有媒体机构的身影。它们为展会提供新闻报道,增加展会的曝光率与知晓度。媒体的报道是参展商与观众了解展览会的重要途径,在人们的心目中,媒体报道的多少往往与展会好坏成正相关,也就是说,媒体报道多的展会,其影响力大,参展效果较好。

一般情况下,媒体机构并不作为单独的会展主体,它们只是展会主办方的合作伙伴,或是受展会主办方的邀请前来报道展会情况。由于媒体机构在市场宣传方面具有天然的优势,掌握着强大的招商渠道,有些媒体机构也逐渐开始涉足会展业。有的是与其他展会主办方达成利益分成协议共同主办展会,媒体机构主要负责市场宣传推广;有的则是媒体机构自己单独举办展览会,利用其自身巨大的影响力独立开展会展业务活动,一般是先设立一个专门的会展部,待时机成熟便组建一家会展子公司。

目前,传统媒体与新兴媒体都有参与展会主办(或承办)的迹象。报业虽然受到新兴媒体的冲击,很多区域性报纸(日报、晨报、晚报等)在当地城市依然拥有大规模的受众与强大的影响力,许多二线城市的展览会都由当地的报业集团主办(或承办),其中也不乏具有全国知名度的展会,如羊城晚报、潇湘晨报、齐鲁晚报旗下均有一批展会项目。许多专业网站利用自身的行业资源与专业化优势也开始举办展览会,如携程网举办酒店用品展、久久婚庆网举办婚庆展。而一些地方性的广播电台利用其影响力举办区域性的展销会或者小型展览会,也取得了不错的效果。

(二)会展场馆

通常情况下,会展场馆的经营模式是:场馆方向主办方出租场地收取租金,同时也向参展商提供服务,收取一定的服务费。也就是说,会展场馆一般只经营场馆而不经营展会。但是,我国大部分的场馆利用率都偏低,经营效益较差,处于盈亏平衡的边缘,有的甚至连年亏损。为了提高场馆的经营效益,一部分会展场馆穷则思变,大胆实施“走出去”的战略,举办自办展或者与其他展会主办方联合办展。而一些经营效益较好的会展场馆,也会遇到会展淡旺季的问题,在会展淡季时,场馆空置浪费,场馆方也会想方设法举办一些展会来增加收入。有的场馆在投资建馆时便制定了“场馆 + 展会”双管齐下的经营战略，如上海新国际博览中心与广州的中洲商务展示中心就是如此。

与其他的展会主办方相比，会展场馆举办自办展有其巨大的优势：一方面场馆方举办展会可以节省不菲的场馆租赁费（场馆租赁费一般是展会的主要成本之一），在市场上具有竞争优势；另一方面，场馆方一般拥有自己的施工团队，熟悉场馆结构，举办自家展会时能够提供专业、快捷、尽心尽责的会展服务，减少施工事故，提高布展与撤展的效率，同时也提高参展商的满意度。例如，上海新国际博览中心由上海浦东土地发展（控股）公司、德国汉诺威展览公司、杜塞尔多夫展览公司及慕尼黑展览有限公司共同投资建设，它不仅经营场馆租赁业务，自身也举办多个展览会。中洲商务展示中心由广州益武国际展览有限公司拥有和经营，其旗下的中国（广州）编织品、礼品及家居装饰品展和中国（广州）厨卫设备、建材及家用五金展均为 UFI 认证展会。

第四节　会展市场营销的客体

会展市场营销的主体是会展活动的主办、承办机构，而客体则是会展营销活动的对象，即会展需求者。下面简单从参展商、专业观众、普通观众、会议嘉宾等几方面来加以分析。

一、参展商

参展商是指参加交易会、展览会、订货会等各类展会，设置展位并提供商品或咨询服务，邀请洽谈的组织或个人。

参展商是会展市场活动中一个特殊的群体，他们既是需求者，也是供给者。他们作为需求者购买会展服务，而参展过程中又作为供给者，其目的是为了推销、宣传、展示自己的产品、服务、技术、信息等，以致能与参展观众（采购商或称专业观众以及普通观众）达成即时或未来的交易。也就是说，只有展会能促成参展商达到上述目的，他们才愿意参展。所以参展观众的档次越高、专业性越强、数量越多、购买能力越强、消费潜力越大，参展商就会越愿意参展、越愿意支付高价格。

一般来说，参展商参加展览会的目的或动机并非单一的，而是多重的。关于这一点，将在第四章相关内容中专门分析。参展商的数量和质量是衡量和评价展会质量的重要指标。

二、专业观众

专业观众又称采购商，是参观并在展会上采购产品，或在展会上寻求合作伙伴的组织或个人。采购商一般通过签订合同的方式达成买卖或合作，也可能为以后进一步的交易进行洽谈以及达成协议。展览会上往往会集中同一行业的许多企业，有利于产品的对比和选择，能让采购商实现集中、便捷、优质、高效、经济的采购，同时还能获取行业发展的最新信息，寻找到中意的合作伙伴。

采购商与参展商互为条件。参展商的数量越多、质量越高，就越能吸引采购商前来。参展商和采购商就像一台天平的两端，任何一方的“质量”不足都会使天平失去平衡。这两者应该成为主办单位市场营销的主要对象。

三、普通观众

普通观众只是为了个人或家庭目的参观展览会。他们参观展览会一般是为了了解新技术、新产品，获取新信息，有的则是出于爱好，比如车迷、军迷等爱好者。总体上，消费性展览会、综合性展览会及贸易性展览会的普通观众比例逐个递减。消费性展览会的普通观众占绝大多数，展会期间往往摩肩接踵、人头攒动，而许多贸易性展览会甚至不对普通观众开放，只接待专业人士。不过，在国内举办的诸多综合性及贸易性展览会上，由于诸多原因，主办单位为了“凝聚”人气，或者考虑到门票收入，有的展览会也会全程对普通观众开放，但这样做有时会影响到参展效果。

普通观众可以为展览会贡献收入，但决不能为了短期的收入而使参展商和采购商的利益受损，否则展览会就难以有持久的生命力。普通观众和采购商参观展览会抱有不同目的，因此主办单位开展市场营销活动时要“各投所好”，不能“一视同仁”。

四、会议嘉宾（主持）

无论是专门举办的会议还是展会期间穿插的论坛，都需邀请一些嘉宾作为会议主持者或演讲者。为了增加对参会者的吸引力，提高会议的知名度和影响力，受邀嘉宾一般是业内知名专家、学者、企业家、政府要员或协会负责人。当然，主办方人脉关系越广、会议级别越高、在业内的影响力越大，则越能邀请到“重量级”的嘉宾。一般来说，在我国，政府或半官方机构主办的会议能邀请到的嘉宾级别较高。

从嘉宾角度看，会议级别、主题、相关活动安排、举办地区位、“出场费”数目等都会成为其考虑是否参会的重要因素。

五、会展活动其他参与者

记者、独立调研人员等成为会展活动的其他参与者。他们从不同的角度来看待展览会,而非是为了从展览会中直接获益。他们的观点和研究结果对展览会的后续举办能起到指导作用。

我国的许多展览会,包括一些国内外知名的展览会,由于主办单位工作不力,招致一些拾荒者的涌入。他们在展会中东奔西走,无选择地拿取参展商资料、展品包装盒等,给参展商和观众带来了一定的负面影响,这种情况应该尽量避免。

专家视点

会展市场病态诊断

病态之一:区域性同题材展览会太多,且时间相隔较近,使厂商产生信息错觉或很难决定参加哪个展览会,往往因其犹豫不决至临近展期时,因其主要负责人临时有事,只好放弃参加某个展览会,这将给会展公司造成精力和资讯方面的资源浪费。

诊 断:

1. 激烈的市场竞争是一个行业发展到一定阶段时必然的产物,首先须正视它,并以超越的理念和独特的竞争技巧去迎接市场的挑战。

2. 信息错觉产生的主要原因可归纳为以下几个方面:

(1)展会主题不够明确,邀请函及其他宣传品的VI(视觉效果)不够有冲击力,内容过于冗长,容易跟竞争对手的宣传品产生混淆;

(2)业务人员在跟厂商沟通时未做足够的陈述和说服准备;

(3)业务人员的跟踪技巧和力度不够;

(4)公司中层管理人员的学习及一线业务人员的培训不够。

3. 厂家犹豫不决的主要原因既有以上阐述的几点,有时也会有其他的主客观原因,如:企业实力不济、时间问题、经营观念等,但主要原因是业务人员未能把展览会的卖点(如:地域上,西安具有西部大开发和西气东输的政策优势,北京是我国的政治、经济、文化、科技、外事中心,上海是我国的经济龙头和金融中心,广州是我国对外经贸的重要窗口和现代工商业的杰出代表等;其他像参展知名品牌及主、协办单位的影响力,组织专业观众的潜在销售机会,优质的会务安排，特定的经贸洽谈机会等）宣传出去。总之，良好的沟通是决定展览会成败的关键。

病态之二：价格竞争日趋激烈，利润大不如前。

诊　断：

1. 恶性竞争必将使整个行业进入微利时代，就像我国的彩电行业一样，从以前的100多家生产企业到现在仅剩下十几个品牌，随着品牌集中化的趋势加剧，不远的将来，还会有不少的彩电品牌会被淘汰出局，我国其他行业都将面临这一天的到来，会展行业也不会例外。因此，只有树立从业敬业、努力塑造品牌和企业形象，并以推动行业发展为己任的经营理念的公司，在将来的竞争中才能取得长足的发展。而发展多元化以求规模效应也将是会展企业寻求长远发展的大势所趋。

2. 就展位费而言，一个展位的费用就那么几千元，尚不及参展商的其他费用，如你举办的展览会不能给参展商带来有益的信息或商机，就是你不收一分钱，参展商也不一定会来参加你的展览会，他们看重的是参加展览会后能否取得以下的效果：

(1)传播信息、展示企业和产品的形象；

(2)技术交流并掌握行业发展趋势；

(3)增进与经销商的沟通、扩大销售网络与促进销售；

(4)借参展机会加强与行业主管部门及行业协会的关系。

假如能以这四点作为指导思想来包装和组织我们的展览会，再加上业务人员的踏实工作，我想，价格并非决定我们展览会成败的主要因素（广交会每个展位曾炒到20多万元的天价），在商言商，商家看重的只是参加你的展览会后能否为他带来商业机会。

3. 良好的沟通及热忱的服务也是赢得客户信任的法宝。

病态之三：因厂商在以往参展时收效不明显，对展览会已产生不信任感。

诊　断：

1. 若厂商参加同行同类展览会后产生此观念，你可胸有成竹地陈述自己展览会的优势，客观地向厂商分析你此次展览会能成功的一些主要原因，并着重介绍一下展览组织专业观众的方法（最好以书面材料的形式）和优势，使其深信参展必有收获，从而坚定参展决心。

2. 若厂商因参加你上届同类展览会未有收获而产生怨气并失去再次参加的兴趣，你就必须正视自己以往的缺点，并诚恳地向其分析你以往展览会的不足之处，使厂商感受到你的坦诚和办好此次展览会的决心，有必要时可引导其对上届的不满作一次发泄，然后再以委婉的方法介绍你此次展览会的优势和服务及组织水平的提升，尽量使其产生再试一次的想法，这时，你的努力就已获得了一半的成功，只要继续努力，也许他还是你的客户。正如古语所言："精诚所至，金石为开。"

3. 注重会期的服务，使参展商都有"乘兴而来，高兴而归"的感受。就算其未能在本届展览会上获得收益（也许是其自身原因），却感到你对本届展览会做了最大的努力，服务也很好，这对下次招展将会有很大的帮助。

病态之四：报名易，收费难。

诊　断：

1. 因业务员为争夺信息或客户，表现出急功近利，只求报名数量，不重付款质量，导致客户产生能拖则拖的想法。

2. 业务员总觉得平时招展工作量已够多，认为厂商下订单后，一般迟早会付款，也不会再成为他人的客户，现在则应尽量多拉客户，结果是客户临时有事或因其他原因未能参展。

3. 因价格执行不力，在招展后期为多售展位，出现价格跳水，并出现低价位、好展位的现象，从而使先报名的客户产生抱怨情绪，到下次展览会，即使他再参加，也会采取先报名后付款或临近展览会开幕再报名的方式，以免再有上当的感觉。这种现象既增加了招展难度，又影响了公司整体效益。

4. 综上所述，只有对内实行严格的任务薪酬和走单处罚机制，对外执行统一售价，先付款、优安排的原则（后期客户可以展场广告惠送为优惠条件），才能为你培育名牌展览会打下良好的基础。

病态之五：远程客户因交通、运输问题给招展带来不便。

诊　断：

1. 招展时重点吸引展地周边地区的潜在客户。

2. 参会客商的交通、食宿可由组织单位的外联部门提供预订服务。

3. 参展商确实因运输不便而无法将产品运至的，可向其推荐采用大图文展示、多人员交流的方法以弥补展示生动性不足的缺点，另外可采用先把产品托运到展地组织方指定的仓库，由组展单位代管，还可采用借用其展地附近客户维护较新、较好的产品暂做宣传。

4. 如确实不能参展的话，可考虑在展览会刊上做一些宣传，这种目的性较强的宣传方法客户有时也能接受。

病态之六：广告投放效果不明显。

诊　断：

1. 宣传媒体组合不科学，平面广告策划欠佳，宣传主题及内容不够明朗，广告语号召力不强，这些都会影响广告投放的效果。

2. 行业内专业的刊物、杂志可作为协办单位，必要时出一些费用，利用这些媒体进行宣传；大众媒体以软性广告（新闻报道）为主，这类广告可信度高，且费用不到硬性广告的10%，但需多结识一些大众传媒要闻、专栏部门的记者。

3. 举行有目的的新闻发布会。

4. 增强信函的到达率和留存率，必要时可给成功率较高的客户的主要负责人寄特快专递（一般会亲收）。

5. 充分利用行业内相关的网站。网络的功能和便利已被越来越多的人重视，且专业网站的针对性也很强。

6. 多找一些行业内权威性较强的知名人物作为展览会的品牌代言人，并通过传媒进行大量宣传，以提高展览会的知名度。

7. 在塑造品牌的过程中需重视CI的运用，在视觉、理念和行动方面都必须给与会者留下深刻的印象，以此加强展览会的号召力。

8. 加强整个展览会在运作过程中的公关技巧，尽力使协作单位和参会者都能感到满意。

病态之七：很难组织专业观众。

诊　断：

1. 首先必须纠正以往只重招展、忽视组织专业观众的不良思想，要把组织观众作为展览会运作过程中最为关键的工作来认真对待，因为展会的成功是建立在客户的信任基础上的，而客户的信任取决于他参加展览会后有多大的收获，只有这样，展览会才能成为具号召力的品牌会。如，我国每年两届的广交会和国外的一些知名会展公司举办的展览会，都成立专门的部门对外招商，或者和国外的商会、行业协会及驻外使馆或外国驻展地国家使馆的商务参赞处一起合作组织招展、招商。

2. 在组织专业观众的过程中，需认真了解参展商产品的用途和销售渠道，以便有目的地开展观众组织工作，一般可通过参展商提供的产品说明书、行业报纸杂志以及在与参展商的沟通过程中了解到。

3. 利用行政职能部门和行业协会的影响力来招展或组织观众，并力邀主协办单位的领导出席开幕仪式，以增强展览会的权威性。

4. 以宴会、酒会、免费旅游、报销往返费用、赠送礼品、参与演讲等方式力邀一些参展商认为能成为其大宗买主或在买方市场具影响的企业与会观展，并以此增强对参展单位的吸引力。

5. 公司在条件许可的情况下，可参与到厂商的经贸活动中，成为其中间商或代理商,借此可培养与厂商之间的关系,这既能增加佣金收入,同时又能为下次招展带来方便。

病态之八:为什么展览会现在很难做大?

诊　断:

1. 因国家目前尚无完善的法规来引导和管控,整个行业的门槛不高,造成许多小公司和从业道德较差的公司采用不正当的短期经营行为,在会展市场圈钱,恶性竞争,这给整个行业带来了相当大的负面影响,尤其使招展工作比以往变得更为困难。

2. 全国各地同题材展览会太多,客户资源分流现象严重,全国性展览会甚至比国际性展览会还要难做,这给培育名牌展览会带来一定的难度。

3. 会展公司的品牌观念普遍较差,现代营销理念未能在会展界得到很好的利用,很多公司缺乏长远经营战略观念。

4. 很多公司在选用员工时只重从业经验,忽视学习、培训和创新能力。

5. 大多数公司与参展商之间的协作和会后跟踪服务不够,未能给自己积累良好的客户关系。

6. 会展公司普遍缺乏展览会经营垄断权的概念,而国外许多公司在我国已开始和行业协会签订独家办展权的合作意向。

7. 会展公司普遍缺乏先进的管理方法和科学的激励机制。

8. 会展业本身就是一个服务行业,操作技巧并非很强,所以,往往是谁提供的服务最完善,谁就能获取更大的成功。

(资料来源:盛岳明:《塑造展会品牌,再续会展辉煌》,有改动)

本章小结

(1)会展是会、展等多种集会活动以及奖励旅游的统称。会展产品在性质、功能及特征上具有独特性;会展市场可从经济学和市场学角度来定义,具有与其他市场不同的特征。

(2)与传统有形产品相比,会展市场营销有其自身特点;我国会展业具有显著的特征;会展业的未来发展体现出全球化、信息化等趋势。

(3)政府部门、贸促机构、商会、工业协会、会展企业、传媒、展馆都可能成为会展活动的主办、承办机构,它们是会展市场营销的主体。

(4)会展需求者是会展市场营销活动的客体,主要有参展商、专业观众、普通观众、会议嘉宾等。

本章重点词

会展　会展产品　会展市场　会展市场营销　会展市场营销主体　会展市场营销客体　参展商　专业观众　普通观众

复习思考题

1. 与一般商品相比较,会展产品有何特征?

2. 会展市场营销的含义与特征是什么。

3. 简述中国会展市场发展的新趋势,如果你是会展主办机构的总裁,你认为应如何应对?

4. 列表简述会展市场营销的社会制约因素。

5. 以会展市场中的一个病态为例,你是否有更好的解决措施,试列举一二。

第二章 会展营销信息调查

HUIZHAN YINGXIAO XINXI DIAOCHA

本章概要

本章主要讲述会展营销信息调查的内容和方法。首先概述了会展营销市场信息的特点,接着详细介绍了会展市场信息的分类收集,然后就市场营销调研常用的方法与技术作了概括介绍,并介绍了目前几种先进的方法,最后分析了会展营销调研的内容。

第一节　会展营销市场信息

市场信息,是指市场经济运行过程中,反映其实际状况、特性、相关关系等的各种消息、资料、数据和情报等的总和。

一、会展营销趋势对市场信息的要求

掌握及时、全面、准确的信息,是企业在瞬息万变的市场经济中继往开来、处乱不惊的重要前提。在市场营销领域,信息起着举足轻重的作用,任何一个企业在进行市场营销活动时,在认识市场环境、制定营销战略时,都需要收集广泛、系统、准确的市场信息,并对其进行全面的分析。只有认真掌握了市场信息,才可以进一步寻找、发现市场机会,才可以科学地制定市场营销组合策略。可见,市场信息是市场营销活动的前提。

现在,会展市场营销活动出现了以下三种发展趋势,使得对市场营销信息的需要比以往任何时候都更为强烈,市场营销信息的地位也比以往任何时候都更加突出。

(一)从价格竞争发展到非价格竞争

低价位竞争固然可以促进展位销售,但可能降低企业本应该得到的利润,并不

利于会展企业的长期发展。对参展企业而言，会展活动更是一种形象展示活动，在节省会展成本与提升企业形象之间，企业更愿意选择后者，而不愿因为降低会展成本影响企业形象，所以，参展企业更看重定位独到、特色鲜明、服务出色的会展项目，会展市场从价格竞争发展到非价格竞争是一种理性的选择。当会展企业更多地运用品牌、广告、促销或产品差异化等市场营销工具时，就需要获得更多、更全面的信息，以便制定相应的竞争战略。

（二）从本地市场发展到全国市场乃至国际市场

随着市场范围的不断扩大，制定营销策略的难度相应增加，一旦策略方向出现偏差，其带来的破坏性后果将比以前大得多，人们越来越渴望市场营销策略只许成功不许失败，而要做到这一点，首先必须获得更多、更全面的信息。

（三）从满足参展企业的需要发展到引导参展企业的欲望

随着参展企业需求的精微化，其参展要求和服务要求不断提高。会展组织者因为掌握了更多的市场信息和行业信息，他们的市场设计具有更大的权威性，因此，会展组织者在满足参展企业基本需要的同时，必须引导参展企业的欲望，主导它们的参展行为。参展企业的欲望因受各种因素的影响而千姿百态，会展组织者要设计出适合的会展项目，则必须进行市场调查，获得市场营销信息。

可见，获得及时、全面、准确的信息已经成为企业生存和发展的基础，成为营销经理们迈入成功之门的必要条件。

二、会展市场营销调研的意义

会展市场信息是通过会展市场营销调研获得的。在国外，会展企业、行业协会或政府部门对会展市场营销调研工作十分重视。在我国，许多会展企业虽然对会展市场调研的意义有一定认识，但是在利用会展市场调研方面仍相当薄弱。因此，认清会展市场营销调研的意义十分重要。

（一）会展市场营销调研有助于会展企业了解会展市场态势和发现市场机会

会展市场是瞬息万变的，而会展市场营销调研本身作为一种管理工具，它强调会展企业在整个营销过程中都要时刻注意了解市场动向，把握机会，发现会展营销中的失误，随时改进会展企业的营销活动，这使会展企业的经营活动能更好地满足参展企业的需求。

因此，会展企业通过会展市场营销调研可以及时了解会展市场发展态势，掌握会展营销环境、会展市场需求状况等有关信息，分析有利于企业自身发展的市场机会。

（二）会展市场营销调研有助于会展企业进行科学决策

从宏观环境来说，我国长期受计划经济体制的影响，企业对市场营销调研缺乏必要的认识，对市场的认识与把握不足。会展企业也经常因为缺乏市场营销调研工作，采取一些盲目的营销行为而造成巨大的损失和风险，甚至失去大量的市场机会。

在经济全球化的今天，我国会展企业不仅要立足于国内市场，而且要放眼于世界市场，尤其是随着中国加入世界贸易组织，企业面临着更大的机遇与挑战，会展企业必须对会展市场有格外清醒的认识，要善于利用会展市场营销调研这一工具，根据会展营销环境的变化来调整自己的营销策略。

（三）会展市场营销调研可以充实与完善会展市场营销信息系统

会展市场营销调研工作，是对相关会展市场营销信息广泛深入地调查与分析的过程。因为会展市场营销调研是一项基础性的长期工作，可以系统地、持续地搜集大量的有价值的信息。这些信息被输入会展市场营销信息系统后，可以使营销信息系统的内容日益充实与完善，以更好地为会展企业及区域会展业的发展服务。

三、市场信息的获取与利用

根据资料来源和性质的不同，资讯材料有一手、二手之分。一手资料是直接从市场上获取的最新信息，一般由本企业直接完成，或由本企业委托市场调查公司完成。二手资料指已被整理分析甚至多次使用过的信息，具有开放的特性，一般来自于本企业及委托单位之外的其他渠道。

（一）一手资料的获取与利用

当会展企业发现自己的产品有市场潜力时，能够立刻派上用场的是二手资料。但有些问题，如本企业会展项目市场潜力究竟有多大等，无法从二手资料中得到真实的答案，唯有直接和参展企业接触，才能对这些问题有比较细微的把握。一手资料只能通过本企业自己进行市场调研来搜集，或者只能向专业调研机构购买。

决定购买一手资料还是自己搜集一手资料，必须对自己市场调研部门的能力有一个清楚的认识。不论企业的规模有多大，它都不可能为了某一特定的市场去招聘一位国际营销专家。如果本企业无法扩充自己的研究部门，就只好请市场调查公司为自己服务。

考察本企业的市场调研部门有无能力进行市场的调查研究，主要看这个部门是否具备以下几种品质：

一是科技性，一套软硬件性能良好的资讯网络设备是必要的。通过这些软硬件设备，企业应该能比较全面地搜集产品内容、产品说明、竞争对手分析、公司策略、政策环境和新闻动态等方面的资料，以备决策者随时取用。

二是相关性，指搜集来的资料必须和即将做出的决策有所关联。所以，企业市场调研部门必须有一套用以淘汰和筛选资讯的规则。

三是及时性，指企业市场调研部门获取信息的时效性。这就要求市场调研部门特别是部门主管有充分的警觉性和足够的信息源。当资料过时时，必须注明或直接注销，使用资料时务必小心。

四是弹性，指市场调研部门提供的资料格式是否可以随时修改或与其他资料合并使用。弹性大的资料格式更能充分发挥其作用。

五是精确性，市场千变万化，资料的精确性尤其重要。资料所指的时间、资料语句的含义、资料数据等必须精确。

六是层次性，指资料必须深入透彻。由于市场因素错综复杂，所有的关键环节都要考虑，所以，市场调研部门提供的资料必须在深度和广度上达到要求。

七是方便性，资料信息系统以方便使用为基本原则，难度太高、费时太长的资料既不合实际，也是一种浪费。因为决策层做出决策要讲究时效性，所以对资料的要求也是“招之能来，来之能用”。

（二）二手资料的获取与利用

二手资料价格低廉而且是公开的，有时免费也能得到庞大的二手资料信息。但二手资料的缺陷在于它与你的企业的具体问题关联性不强，无法满足你的需要。而要搜集关联性很强的二手资料，其过程相当复杂，营销人员需要不断付出精力去寻找，寻找的过程几乎成为一种挑战，当最终找到它时，可能已为时太晚了。同时，搜集二手资料的工作通常是搜集各种关联性不一的信息再去分析整理，去芜存精，这种不同信息“抢道驶入”的情况常易导致“信息塞车”。

1. 二手资料的来源。首先，政府部门和行业协会、展览业协会提供的统计数据和贸易协助是可利用的二手资料源。

除政府资源外，许多组织也能为国际市场推广提供资讯，这些组织包括国际性组织和私人商业组织。

国际性组织对本行业在全球范围内的发展往往有很专业的了解。比如，联合国出版的《统计年鉴》包括了各国的产品与进出口资讯。世界银行的《世界图志》提供各国的人口数据、成长趋势和国民生产总值。经济合作与发展组织对它的会员国每季度、每年都提供资讯服务。国际货币基金组织与世界银行会发行一些工作报表，深入探讨某个地区或国家面临的问题。

一些商业组织如银行、会计公司、航空公司、货运承包公司等由于业务介入的关系，对贸易的操作、法规的限制和政治的稳定等基本资讯也往往了如指掌。

贸易协会因组织规模不同能提供不同的资讯服务。在国外的一些公共或大学图书馆，你可查找借阅一本叫《协会组织百科》的书，它提供了上千个协会组织的联络地址、宗旨及服务项目等信息。

一些非竞争性和互利情形下的私人企业也有可能与你分享它的有价值的资讯，比如某中小企业若是一家跨国公司的客户，该中小企业就可向这家跨国大公司索取相关的市场资讯。

一些国家、地区或国际的通信录是寻找资讯的又一渠道。通信录上通常包括了企业的通信地址、电话与传真号、总经理姓名、企业产品与服务等相关资料。

资料库正以电子形式在线对外公开，从产品发明的最新消息、学术与专业期刊文章到国际贸易的最新统计数字，种类繁多，不一而足。在全球已有6 000个左右的资料库对外开放，其中5 000多个已上网。虽然点击这些资料库要收费，但其内容更新快，方便快捷，分析深入，价值很大。随着网络技术的进一步发展，这些资料库将被更为频繁地使用，成为一个主要的资讯来源。

2. 二手资料的处理。通过上述途径搜集到二手资料后，在使用这些资料时，有两个问题必须引起企业的高度重视：

一是检查资料来源及品质。检查资料的来源，要弄清楚它是谁搜集的，搜集的目的是什么、是怎样搜集的。正式的研究资料都会有对这些问题的说明。不同的搜集目的、搜集方法会影响资料的可靠性。比如，有的国家为吸引国外投资，将经济进步的数据加以夸大，但它又不是虚报资料，因为它只将某些因素夸大，制造一种经济繁荣的假象。相反，有些地区却低报经济数据，使人觉得它的经济情况很糟，以此寻求外援。另外，还有的地区缺乏完整的资讯搜集系统，它提供的数字只是一个大略的估计而非精确的统计。所以，市场人员拿到二手资料后要认真检查其来源。同时，我们还要从以下几方面对资料本身的品质进行审核。

第一，资料来源是主要的还是次要的，主要的资料来源指资料的原始搜集者，次要的资料来源指被第三者精简或修改过了的资料。二者的可信度不一样。

第二，原始资料是如何搜集的，市场研究人员必须对所使用的二手资料的研究步骤和范围有一个基本准确的了解。在研究方法和程序上偏离了正轨的资料其品质值得怀疑。

第三，资料是否具有时效性，会展市场的变化要求资料尽快更新，而有的地区，即使是最新资料也是三四年之前的了，过时的资料会导致决策者决策出现偏差。

第四，资料与问题有多大关联，搜集资料时如不在关联性上把关，会被堆积如山的资料弄得不知所措。当你向一些政府部门索取资料时，为了宣传的需要，他们会把一大堆与你的问题无关的资料一股脑儿塞给你。

二是创意地解释、分析资料,要对资料做出有用、可靠的解释分析,研究人员首先要对企业的政策、策略、研究的背景和任务有充分的了解。同时,研究人员还应保持客观的立场,而不能先对资料性质预设立场,无视对市场不利的资讯。

研究人员必须对已有材料进行创意性地推论以引导出研究结果。而这种创意推论的过程有时是不合乎科学精确原则的,因此,它多多少少带有一定的风险。

为了降低分析不实的风险,资料分析工作必须按部就班进行,而不能迫于时间压力仓促完事。即使资料分析工作已经结束,研究人员也该请有关专家过目,或将结果与其他的资料相比较,以防资料不准确。

如果分析的结果为企业展示了一个悲观的远景,应马上放弃相关项目。我们知道,市场研究不具备100%的精确性,但必须以严肃的态度去解读相关资料,这样才使市场调查显示出它应有的价值。

第二节　会展市场信息的分类收集

市场信息按其来源可分为企业内部信息的收集、参展企业信息收集与竞争者信息收集。

一、会展企业内部信息的收集

会展营销部门是联系企业与市场的桥梁和纽带。工欲善其事,必先利其器。营销部门要想在瞬息万变的市场上充分发挥自己的作用,做到眼观六路,耳听八方,就必须首先了解企业内部的信息。而要了解企业内部的信息,必须建立起企业的内部报告系统。

企业内部报告系统包括产品信息(如质量、性能、包装、花色、品种、规格、外观、服务等)、产品价格信息、销售渠道信息、促销方面的信息,以及具体的销售过程方面的信息。通过分析这些信息,市场营销经理们就能发现重要的机会或危机。

目前,许多有实力或有眼光的企业都在企业内部建立了企业内部网。它不仅是企业内部信息的收集和发布系统,具有严格的网络安全保障机制,同时又具有良好的开放性,从而有效解决了系统内部信息的共享和交流问题。

在建立企业内部报告系统时,要注意以下几个方面的问题:

第一,从企业的管理目标出发,建立一套规范化、科学化、系统化的指标体系,使业务人员明白什么信息应该收集,什么信息不应该收集,避免信息过多。如果你每天看到的都是些繁多又没有什么价值的信息,那么往往会做出一些错误的决策和判断。

第二,信息的收集渠道应该稳定、规范、可靠。

第三,从使用者的角度出发,企业内部报告系统必须实用、易学、易用,满足使用者的基本要求。

企业内部报告系统收集发布的多是事后的数据,是市场营销经理们获得信息的最基本的方式,是决策的重要依据。

二、参展企业信息的收集

在营销过程中,应当注意到,会展项目的营销与有形产品的营销显著不同。原因在于,会展项目营销是以创造市场为主,而不像一般商品一样,以抢占市场份额为主。会展市场营销的一个非常重要的目的是了解并满足参展企业的需求,因此,进行市场调研是必需的。通过市场调研,认识市场需求的特点,策划定位准确的会展项目,是会展企业获得成功的重要基础。

有效的市场调研过程的典型步骤有:发现与揭示问题,确定调研课题,制订调研计划,通过各种手段收集信息(如阅读资料文件、现场调查、概念测试、集中小组等),分析解释数据,最后报告调研结果。

要了解参展企业的需求,可以通过以下三类方法进行调查。

(一)概念测试

这些测试是把那些现实的或潜在的参展企业分成小组,让它们对某种新项目的模型进行观念上的评价。这些测试主要测量会展项目是否与其需求相一致,它们对项目特色的理解程度,这些特色是否显而易见,它们认购该项目的可能性有多大。

概念测试可以在小组里进行,一定数量的成员被集中在一个房间里进行讨论。讨论通常由一个温和主义者主持,他既要让小组的每一个成员都积极发言,又要严格地按照纲要进行。讨论过程经常被录下来以作进一步分析。

集中小组在市场调研过程中经常被采用,实践证明它在以下几方面特别有效:①产生可以进一步定量测试的模型;②产生构建调查问卷的信息;③提供有关项目的背景信息;等等。

(二)专家意见

专家通常是指专业团体的成员或相关行业的专家、学者。他们的观点对更精确的估计未来市场的发展趋势非常有用。

我们可以通过三种途径来获得专家意见:

第一是讨论小组，即让几位专家聚集在一起进行讨论，以期达成一致的意见；

第二是个人观点综合，即把每个专家的意见联系在一起；

第三是德尔菲法，每一位专家先提出自己的主张，然后把这些主张都集中在一起再发送给每一位专家，接着邀请每一位专家口头解释各自的理由。为了达成共识，这样的过程往往要重复几次。

（三）进行定量分析

定量分析是在收集参展商需求的资料后，运用数学模型加以分析的方法。定量分析具有较强的客观性，结果准确性较高。但在使用定量分析方法时也要注意，用于分析的材料一定要充分、准确，否则就难以保障结果的准确。

总之，会展市场极其复杂，要根据实际情况选择合适的方法，这样才能保证对参展商的需求有准确的估计和判断。

三、竞争者信息的收集

竞争者的信息主要可以从企业内部和企业外部这两方面来获得。

（一）外部源泉

1. 参展企业是竞争者信息的重要来源。优秀的营销经理应该经常拜访顾客来确认他们的需求，这种拜访是了解竞争者情况的一个非常好的机会。

2. 直接从竞争者那里得到信息。竞争者的年度报告是获得其财务信息的良好源泉。发送给股东的信息以及管理人员所做的报告也可以使我们了解到竞争者的公司战略及其成功的关键因素。

竞争者的广告印刷品，特别是详细描述的项目信息，为那些熟悉如何解释这些文件的技术专家提供了有用的信息，竞争公司的新闻影片等也提供了一些尚未被社会公众所知的有关新项目投放和销售方面的信息。

3. 参观竞争对手的贸易展览会为我们提供了一个非常好的机会来研究竞争对手特别是它们的新项目。

4. 会议使我们有机会与竞争对手接触，获得它们在会议上所提供的、通常是第一手并且非常近期的信息。

5. 与竞争对手合作，共同开展一些重要项目。在合作过程中，信息流通得更快、更容易。这样有助于建立比较牢固的关系，更多地了解竞争对手的情况。

6. 专业咨询公司对某一特定的领域比较了解，也可以提供有关竞争者的销售、财务、技术等信息。这些专业的公司可以对某一特定领域、某一细分市场或某个竞争对手进行调查研究。

7. 新闻媒介可以向它的读者提供大量信息，这些信息获取简单，相对来说成本较低。媒体中对竞争对手情况的介绍也具有重要价值。

（二）内部源泉

1. 销售人员。展览公司有一个鲜明的特征，就是劳动力流动速度很快。曾经为竞争对手工作过的雇员，不管是高级主管，还是低级雇员，都是非常好的信息提供者。当他们刚刚离开前任公司的时候，尤其如此。

如果到公司来的应聘者已经与公司的竞争对手交谈过，那么他们提供的信息也是十分有用的。这些交谈提供了一个对竞争对手进行评估的好机会。显而易见，竞争者可以运用同样的策略或办法来了解我们。

2. 与以前的雇员保持联系也是非常有用的，特别是当公司刚刚起步并有可能成为此行业强有力的竞争者时。

总之，为了对企业的长期生存环境进行监控，营销部门应该承担起对竞争对手进行评估的责任。

四、其他信息

（一）市场开发方面的信息

市场开发方面的信息包括会展市场的现状及发展趋势、同类型展会的经营状况、展会的市场占有率、潜在竞争者的数量和规模等信息。

（二）会展技术方面的信息

会展技术方面的信息包括会展场馆建设与装潢技术、新的布展概念与工艺、更先进的会议或展览设施及其他相关技术等信息。

（三）专业客户方面的信息

专业客户方面的信息包括参展商或与会者的基本情况，忠诚客户的经营动态，参加展会的目的，对展会项目、服务、价格的要求、建议和意见等信息。

第三节　市场营销调研的方法与技术

美国市场营销协会是由美国市场调查者、市场学教育工作者以及在工商企业和政府部门从事市场营销工作的人员组成的组织，总部设在芝加哥。美国市场营销协会在1931年设立了定义委员会，该委员会在1960年将市场营销调研定义为：市场营销调研是企业系统地收集、记录和分析有关货物和劳务的市场营销问题的资料。这种研究，可以由独立的机构从事，也可以由企业或其代表人从事，以解决其市场营销问题。

美国著名的营销专家菲利普·科特勒认为:市场营销调研是企业系统地计划、收集、分析和报告那些与公司所面临的某种特定市场营销情况有关的资料和调研结果。

根据以上有关市场营销调研的定义,我们可以得出:会展市场营销调研是指运用科学的方法,有针对性地、有计划地、系统地收集、整理和分析有关会展营销活动方面的信息,以了解会展营销环境与市场状况,为会展项目经营决策提供依据的活动。

一、会展市场营销调研的常用方法

营销调研的方法很多,在会展市场营销调研中常用的方法主要有文案调研法、询问法、观察法、实验法四种。

(一)文案调研法

会展市场营销调研需要收集两类数据,即统计数据与原始数据。其中,统计数据也称二手数据,是经别人收集、加工整理和已经发表的数据。文案调研法就是通过搜集各种历史和现实的动态统计资料(第二手资料),从中摘取与市场调查课题有关的情报,在办公室内进行统计分析的调查活动。所以,文案调研法也称间接调查法、资料分析法或室内研究法。就一般情况而言,统计数据的收集相对快捷,成本较低。

1. 文案调研法统计数据的资料来源。一是会展企业内部积累的各种资料,如会展报刊以及一些内部文件。二是国家机关公布的国民经济发展计划、统计资料、政策、法令、法规及一些内部资料。三是会展行业协会和其他会展组织提供的资料,或者会展研究机构、专业情报机构和咨询机构所提供的市场情报和研究结果。四是会展企业之间交流的有关资料。五是国内外公开出版物如报纸、杂志、书籍中涉及会展方面的信息资料。

2. 文案调研法统计数据的获取方法。这主要包括两种方法:一是文献资料筛选法,这种方法通常根据会展市场营销调研目的和要求,有针对性地查找有关文献资料,从中分析和筛选出与会展企业市场营销有关的信息情报。由于文献资料具有传播广泛、查找记录方便的优点,因而文献资料筛选法是会展企业获取技术与经济情报的最主要来源。

二是报刊剪辑分析法,这种方法是指调查人员平时从各种报刊中分析与收集会展营销信息。信息社会突出的特点是信息量大和信息流快,市场情况的瞬息万变在日常新闻报道中都会有所体现。因此,会展调研人员如果仔细去观察、收集、分析各种公开发行的报纸与杂志中与会展企业市场营销有关的信息，往往会收到意想不到的效果。会展企业应积极订阅与会展相关的报纸杂志，同时还应该充分利用广播、电视、互联网等现代媒介收集情报信息，以及时发现市场机会。

（二）询问法

案头调查法有时获得的数据不能满足决策对于信息的需要。例如，有些统计数据已经过时或者误差过大，就不能作为会展营销决策的依据。因此，会展调研人员常常需要亲临现场，收集相关信息，由此获取的第一手数据又称为原始数据。询问法是获取原始数据的一种最常用的方法，它具体又可分为电话访问、面访访问、邮寄调查三种类型。

1. 电话访问。电话访问一般是选取一个被调查者的样本，拨通电话向被调查者询问一系列的问题并记下答案。调查员集中在某个场所或通过专门的电话进行访问，现场有督导人员进行管理。这种方法具有速度快和费用低的特点，但由于通话时间不宜过长，因而不易了解到深层次的信息。

2. 面访访问。面访访问适用于收集探索性数据和描述性数据，它既包括座谈访问，也包括问卷调查。面访访问法若按照问卷的填写形式，可以有两种方法：①调查员按照问卷向被调查者询问，然后将对方的回答记录下来，所用问卷称访问式问卷。②调查员将疑问卷交给被调查者，说明填写法，请对方填写。可以当场填写完毕，也可以约定以后某个时间调查员再来收取问卷（也叫留置问卷调查法），所用问卷称自填式问卷。此外，如果按照访问的地点和访问的形式，又可分为入户（或单位）访问、拦截访问和计算机辅助面访访问。面访访问法具有搜集资料全面、信息真实性强的特点，但所需费用较高。

3. 邮寄调查。邮寄调查是指调研人员将预先设计好的调查问卷或表格邮寄给被调查者，请他们按要求填好后再邮回的一种调查方式。采用这种方式调查的区域广泛，调查成本低，但回收率也低，回收时间长，且调研者难以控制回答过程。

（三）观察法

观察法是指由会展调研人员到现场进行观察和记录的一种市场调研方法。在观察时，既可以耳闻目睹现场情况，也可以利用照相机、录音机、摄像机等仪器对现场情况作间接的观察，以获取真实的信息。观察法的优点是被调查者往往是在不知不觉中被观察调查的，处于自然状态，因此所收集到的资料较为客观、可靠、生动、详细。但这种方法所需费用较大，并且只能观察到事实的发生，观察不到行为的内在因素如参展者的感情、态度等，因此应与面访访问、电话访问等其他方法结合起来使用。

（四）实验法

实验法是指会展调研人员将调研对象置于特定的控制环境之中，通过控制变量和检验结果差异来发现变量间的因果关系的一种调查方法，它适用于获取因果性调研数据。由于实验法是在较小的环境下进行的，所以在管理上易于控制，所获取的资料也较为客观。

二、会展市场营销调研的先进方法

随着调研技术的不断发展，一些专业机构开发出一些先进的营销调研方法，这里我们介绍三种：

（一）情境推演

情境推演是利用经济增长率、市场占有率、企业成长率和政治稳定性等变量因素来凸显事实、判断市场未来走势的方法。情境推演是在事实的基础上去设想未来，但研究人员不能只根据目前的情况对一些可能发生的问题作简单的估计，因为在特殊情况下一些不可能的事情也会发生，有的时候甚至会出现被期待的事没发生、不被期待的事却发生了的情况，因此，情境推演必须全面地考虑每项因素，有些时候，那些遥不可及的事情都应考虑在内。

情境推演的要求是：先思考和设计许多不同寻常的情况，这些情况合乎实际又能引起企业领导的重视，然后再根据这些情况去进行准确深入并与主题相关的预测。要使预测工作准备深入，常需要咨询公司帮助，至于要使之与主题相关，企业必须和咨询公司充分协调。

（二）德尔斐研究

德尔斐研究通常是由一组大约 30 位严格挑选的各方面专家组成的研究群体来开展工作，是一种颇具创意的研究方式。

首先，企业用信件、邮件询问这些专家有关各个问题的看法，这些专家按重要性把问题排序，并解释排序原因。

其次，将回收后的信息反馈给各位专家，要求他们根据这些信息重新排序，如果排序上仍有重大差异，则要求他们说明原因。

经过几轮反馈之后，企业会得到一个合理而一致的共识。德尔斐研究是在各位专家互不见面的情况下进行的，这样可以避免出现研究讨论中的权威效应和从众效应，所以研究结果比较可靠。但是，研究人员必须学有专长而且从头至尾参加这项研究。德尔斐研究耗时费力，但它可以得到一些由量化方式无法获取的信息。

（三）环境扫描

环境扫描是一个用来考察市场动态的系统。企业可以通过环境扫描搜集国际政治、社会、经济信息，获取有关公共机构运转及市场发展的动态。

环境扫描的方法之一是搜集与市场相关的现成资讯。比如，劳动人口、国民生产总值、国民平均收入、健康与营养指标等有关人口、社会、经济的信息。这些信息可以从国际资料库、世界银行和联合国等国际组织中获取。

环境扫描的方法之二是内容分析。内容分析指通过对某一新闻事件或其他事件在媒体上出现的次数、主题、象征信号、照片的使用趋势做出统计分析，指出企业目前市场环境的变化程度，并以目前的趋势去预测未来的市场机会。内容分析的有效性依赖于分析人员的客观立场。因此，分析人员必须通过专门的训练，了解如何根据媒体内容而不掺杂自己的态度去分析问题。

三、会展市场营销调研的技术

进行会展调研不仅要制订周密的调查计划，选择合适的调查方法，还要善于运用各种调研技术，才能获得完整、准确、有用的资料。调查问卷设计技术、抽样技术以及定量预测技术，是会展市场调研中常用的基本技术。

（一）调查问卷设计技术

调查问卷，又称为调查表，是指以书面问答的形式了解调查对象的反应和看法，由此获得相关信息的一种调查方式。调查问卷的设计，是市场调查中的一项基础性工作，直接关系到调研能否达到预期目的。

1. 问卷设计的主要步骤。问卷是为了解决某一特殊问题而进行设计的，因此它要体现科学和有序的原则。

（1）确定主题。

（2）确定提问的方式。

（3）确定每个问题的措辞。

（4）确定每个问题的顺序。

（5）从总体上设计调查问卷的结构。

（6）送审与修改。将调查问卷送交有关领导、专家或同行审阅，征求意见，全面修改。

（7）试查。调查问卷修改、整理后，复制少量份数发放到一定范围。然后回收，看看能否获得所需资料，是否还有错误和问题，并了解试查对象的态度和反应。

（8）定稿。试查后，对调查问卷的不足之处修改后才可定稿、复制并正式使用。

2. 问卷的格式。问卷的格式一般包括这样几个组成部分:

(1)问卷说明(开场白)。问卷说明用精练的语言向被调查者说明调查的意图,填表须知,交表时间、地点及酬谢方式等。问卷说明应强调调查工作的重要性和对参展企业的有利影响,消除被调查者的疑虑,以取得参展企业的信任和支持。

(2)调查的问题。这是调查问卷的核心部分,它依据会展调研的任务设定一系列问题,要求被调查者回答。

(3)被调查者的情况,如年龄、性别、职业、国籍、教育程度、收入等,以备研究之用。

(4)问卷的编号。

(5)调查者的情况。在问卷的最后,附上调查人员的姓名、访问日期等,以核实调查人员的情况。

3. 问卷设计应注意的有关事项。问卷设计具有一定的技巧性,需要引起调研者的注意。

首先,语言的表达要简洁明了,不能模棱两可。措辞要有亲切感,避免引起被调查者的反感。如果调查的对象为国外人士,问卷设计应采用中英文对照形式。

其次,问卷结构的设计要合理。问卷的正文,即调查的问题应当占整个问卷篇幅的2/3到4/5,其他部分如问卷说明、有关被调查者的资料信息只占很少部分。具体到问卷正文中的问题,应当先易后难,将核心问题放在问卷的前半部分。此外,问卷的篇幅要简短,否则被调查人会因时间过长敷衍答卷而影响问卷调查的效果。

4. 提问方式。提问的方式主要有两种类型:封闭式(Close-end)和开放式(Open-end)。

(1)封闭式提问。这是指会展调研人员事先准备好所有可能的答案,请被调查者从中选择回答。主要包括:

①二项选择法。调研人员就一个问题提出两个答案供被调查者选择,如是与否、有或无等。二项选择法使答卷时间变短,但使被调查者无法表达程度上的差别。

②多项选择法。对一个问题给出三个以上答案,被调查者可以任意选择其中一项或几项。

③语义差别法,即在两个意义相反的词之间列上一些标度,由被调查者选择自己的意愿方向和程度的某一点,它可以用文字形式提问,也可以以表格形式进行调查。

④顺位法。调查人员为一个问题准备若干答案，让被调查者根据自己的偏好程度定出先后顺序。

(2)开放式提问。开放式提问在调研中一般有两种形式，即自由回答法和词句联想法。

①自由回答法。这是指调研人员提出问题，不准备答案，由被调查者根据问题用文字形式自由表达。这种方式获得的资料较多，但难以整理和统计，主要用于深度谈话和直接访问，在调查问卷中一般在正文结尾处提出一个问题。

②词句联想法。这是指调研人员列出一些不完整的语句由被调查人员完成该句子，或者调研人员列出一些词汇，每次一个，由被调查人说出或写下其脑海中涌现的相关信息。

(二)抽样调查技术

由于会展市场营销调研项目涉及的方面较多，而且受到调研经费的限制，因而往往采用抽样调查的方式获取有关信息。这种方法一般从调查单位总体中抽取一部分单位作为样本，以对样本进行调查的结果来推断总体。根据抽样机会是否相等的原则，具体可分为随机抽样和非随机抽样。

1. 随机抽样。这是指按照随机原则从总体中抽取样本的抽样方法。随机抽样时，样本的确定不受人们主观意志的支配，而是完全凭其偶然性抽取。总体中的每个单位，都有同等的被抽取的机会。

2. 非随机抽样。这是指不遵循随机原则，而是调查人员根据自己的主观选择抽取样本。

(三)定量预测技术

定量预测方法，又称为统计预测法，是根据掌握的大量数据资料，运用统计方法和数学模型揭示预测对象的数量变化程度及其结构关系，并据此对预测目标做出量的测算。

定量预测技术在会展市场营销调研中一般用于对会展市场发展变化可能达到的水平和规模、会展项目的供求变动趋势等的估计。定量预测方法又可以分为两类：

1. 时间序列法。这是指根据时间顺序排列的统计数据及其内在规律性，揭示未来市场变化趋势的预测方法。它主要包括：

(1)移动平均法。移动平均法是将不同观察期的数据资料给予不同的权数，然后加以平均，计算预测值的方法。

(2)指数平滑法。指数平滑法是根据过去和目前的原始数据，解释时间序列的波动并做出预测的方法，这种方法比较适合近期预测。指数平滑法通过计算本期和所有前期的指数加权平均数,从中确定一时间序列的修正值。

2. 因果关系法。这是指在分析实际资料的基础上,找出影响市场变化的因素及其相互关系,进而建立数学模型,利用模型预测未来的发展趋势。因果关系预测法主要运用一元回归分析。一元回归分析是指研究的因果关系涉及两个变量,而且两个变量之间呈线形关系,运用这两个变量进行市场预测。

应该指出的是,上述方法的使用涉及高等数学的运算,在使用定量预测方法进行预测时,还要与定性预测的方法结合起来,才能取得良好的结果,因此,不具备计算技术的展览企业应请专业人士提供技术支持。

第四节 会展营销调研的内容

一、参展商与观展商购买行为分析

参展商与观展商购买行为分析属于消费者行为研究的范畴,它是现代会展企业以顾客需求为中心的经营理念的具体体现。参展商与观展商购买行为直接关系到会议或展览会的规模和市场价值,因而对其进行分析是会展市场研究的重要内容之一。参展商与观展商购买行为研究的实质就是通过分析参展商与观展商的购买过程,明确影响参展商与观展商购买行为的主要因素,从而帮助会展企业制定经营决策。

图 2 - 1 为参展商购买过程示意图。

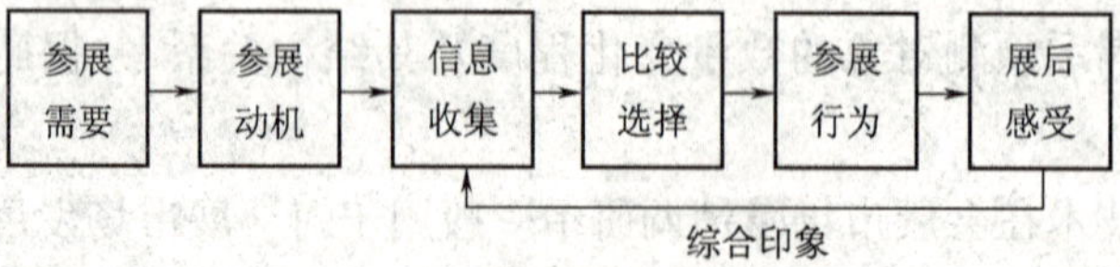

图 2 - 1 参展商购买过程示意图

"参展商购买过程示意图"具体表明了参展商购买过程中的一系列行为,观展商的购买过程也与此类似。事实上,影响参展商与观展商购买行为的各种因素概括起来包括内部因素、外部因素和企业营销组合三个方面。其中,内部因素指参展观展需要、参展商和观展商对展览会的态度、展后感受等;外部因素包括经济态势、行业发展状况、协会推荐等;企业营销组合则指会展企业的展会项目、对外报价、分销渠道及促销活动等。

二、会展市场信息研究

会展市场信息是指反映会展活动特征及其发展状况的数据、消息、情报等的总称,它是会展企业发现新的市场机会和进行正确的经营决策的基础。所谓会展市场信息研究,是指以解决会展企业经营管理中的某个或若干个特定问题为主要目标,把通过各种渠道获得的市场信息进行归类研究,进而将分析结果提供给企业相关部门的行为过程,这一过程包括会展市场信息的收集、整理、分析等。若以市场信息的内容为标准,会展市场信息研究大致可分为三类,即市场开发方面的信息研究、会展技术方面的信息研究以及专业客户方面的信息研究等(如表2-1所示)。

表2-1　会展市场信息分类

信息类型	主要内容
市场开发方面的信息	会展市场的现状及发展趋势 同类型展览会的经营状况 展览会的市场占有率 潜在竞争者的数量和规模
会展技术方面的信息	会展场馆建设与装潢技术 新的布展概念与工艺 更先进的会议或展览设备 其他相关技术
专业客户方面的信息	参展商或与会者的基本情况 忠诚客户的经营动态 参加展会的目的 对展会项目、服务、价格的要求、建议和意见等

三、会展市场营销环境分析

与其他企业类似,会展企业经营环境也包括外部环境和内部环境两个部分。外部环境是会展企业不可控制的各类因素的总和,包括宏观外部环境和微观外部环境。宏观外部环境具体体现为政治、经济、社会文化、科学技术、法律等方面。会展企业对于宏观外部环境的分析可以采用企业战略管理中的PEST(政治Politics、经济Economy、社会Society、技术Technology)分析方法。微观外部环境则具体指购买商和竞争者对于会展企业经营管理的影响。内部环境主要指企业人力、物力和财力资源配置、组合以及利用情况对于企业经营管理的影响。会展企业对于内外部环境的综合分析同样可以采用企业市场营销中的 SWOT(优势 Strengths、劣势 Weaknesses、机会 Opportunities、威胁 Threats)分析方法。

会展企业经营环境研究的目的是,分析企业外部不可控因素对会展企业经营的作用方式及影响程度,指导企业对于内部可控因素进行动态调整,适应外部经营环境,从而保证会展企业在日益激烈的市场竞争中立于不败之地。在会展企业宏观外部环境的众因素中,经济因素对会展企业经营活动的影响最为明显。经济因素的内容十分复杂,但能直接影响会展企业经营发展的因素主要有四个,即产业发展政策、对外贸易发达程度、国民经济增长状况、交通运输及公共事业的发展水平。此外,科技教育、法律规范等因素也是会展企业宏观经营环境研究的重点内容。

在会展企业微观外部环境因素中,企业往往过度专注于对购买者即客户信息的研究,而忽视了对于会展市场竞争者的研究,这是企业需要着重加强的。对会展市场竞争者的研究又称会展市场结构分析,即分析自身和主要竞争对手的竞争能力以及各自的市场占有情况,以帮助企业明确自身的竞争地位,进而制定行之有效的竞争策略。竞争者研究的核心问题是明确本企业的优势,并在顾客心目中形成独特的定位。对于竞争者信息的研究主要包括对于地区会展行业竞争态势和市场结构的研究,对于竞争者资金、人才、技术实力的研究以及对于区域内可发现的市场机会的研究等。

四、会展市场潜力分析

在进行会展市场潜力分析时,必须预测整个市场的需求。这里的会展市场需求,相对于前面提到的较为严格意义上的市场需求“一定时期内,参展商或与会者对展会有支付能力的需求总量”,是一种广义的市场需求,主要具备以下两个特征。这两个特征对于会展管理部门和会展企业对会展市场需求的判断有着重要影响。

(一)多维性

在会展市场供求关系信息研究中,会展市场需求具有多维性,如从空间的角度,会展市场需求可分为世界、全国、地区和当地四个层次;从行业的角度,会展企业可以将市场需求分为工业、农业、商业、服务业等各种类型。此外,对于会展市场需求的研究还可以从时间、产品等多个角度展开。

(二)层次性

会展市场需求主要分为潜在市场、有效市场、合格的有效市场、目标市场和渗透市场等几个层次。通过对不同层次市场需求信息进行研究,会展企业可以明确各个层次市场的需求规模和营销机会,进而制定相应的营销策略。

1. 潜在市场。市场是某种产品的现实市场和潜在市场的总和。其中潜在市场有三个特征:兴趣、购买能力和市场获取途径。假设某会展公司计划向S城市推出A展览会,它首先必须判断该城市对A产品感兴趣的参展商数量,这项工作可通过抽样调查来完成。如果平均100个相关企业中有15个对A展览会感兴趣,企业便可假定S城市中相关企业总体的15%可成为A产品的潜在市场。

2. 有效市场。仅有兴趣并不能促成参展商的购买行动。要顺利参加A展览会,潜在的参展商还必须拥有足够的收入和畅通的购买渠道。有效市场即指对某一特定会展产品感兴趣,并具有相应购买能力和市场获取途径的购买者的集合。

3. 合格的有效市场。假设会展企业规划把A展览会办成一次国际性的品牌展览,而且已经有一批国外公司申请参加,另外还邀请了许多政府高级官员,这样,会展企业就会限制A展览会的销售,以确保该展览会的高品质。在这种情况下,那些实力弱小的公司将可能被排除在合格的有效市场之外。

4. 目标市场。在明确了合格的有效市场之后,会展企业接着要选择决定占领的市场即目标市场,它既可以是整个合格的有效市场,也可以是其中的部分细分市场。最后,企业在目标市场上难免会遇到推广类似主题展览会的竞争者,并且竞争者的展览会也在目标市场中占据着相应的市场份额。

5. 渗透市场。渗透市场则是指已经购买了展览会A的参展商的集合。

如果会展企业对目前A展览会的销售额不满意,通过对会展市场需求信息的研究,可以采取一系列相应措施扩大销售额。如加大广告宣传力度,使更多的参展商对A展览会产生兴趣,以扩大潜在市场的规模;通过严格控制成本和开展规模经营,降低展览会A的报价,以增加有效市场的购买者数量;制订更有竞争力的营销组合方案,力图在目标会展市场中占有更大的份额等。

案例

广州大学城美容及个人护理用品展调查问卷

(一)展前消费者调查问卷

广州大学城美容及个人护理用品展消费者调查问卷

职业________ 性别:男 女

学校________ 年级________

1. (1)(若职业是学生,请填写)您每月的生活费用大概是多少?

A. 300元以下 B. 300~600元 C. 600~900元 D. 900元以上

(2)(若职业非学生,请填写)您每月收入大概是多少?

A. 2 000 元以下　B. 2 000 ~4 000 元　C. 4 000 ~6 000 元　D. 6 000 元以上

2. 请问您每月用于购买化妆品的费用是多少?

A. 100 元以下　B. 100 ~200 元　C. 200 ~300 元　D. 300 元以上

3. 请问您每周到广州大学商业中心消费的频率?

A. 1 ~2 次　B. 3 ~4 次　C. 5 ~6 次　D. 7 次以上

4. 请问您化妆的频率为?

A. 天天　B. 一个星期两至三次

C. 视场合而定　D. 从不化妆

5. (1)请选择您不熟悉的化妆品品牌(多选)

A. 昭贵　B. 清妃　C. 雅漾　D. 嘉娜宝

E. 欧瑞莲　F. 理肤泉

(2)请选出您常用的化妆品品牌(多选)

A. DHC　B. 曼秀雷敦　C. 欧莱雅　D. 雅漾

E. 倩碧　F. ZA　G. 资生堂　H. 美宝莲

I. 露得清　J. 可伶可俐　K. OLAY　L. 昭贵

M. 丁家宜　N. 李医生　O. 大宝　P. 军献

Q. 强生　R. 旁氏

6. 您会光顾广州大学商业中心的护肤品店铺吗?

A. 会　B. 不会,怕假货　C. 不会,价格太高

D. 不会,种类太少　E. 不会,其他原因

7. 如果在广州大学商业中心中庭广场举办一个美容及个人护理用品的展销会,您会参与吗?

A. 有兴趣,会特意前去　B. 有兴趣,但不会特意前去

C. 兴趣不大,但经过会参与　D. 没兴趣,不会去

8. 请问展会上什么样的相关活动将能够吸引您?(多选)

A. 促销　B. 美容专题讲座

C. 模特儿走秀　D. 化妆比赛

E. 赞助商赠品派送　F. 其他

9. 在化妆品促销中您最喜欢的方式是?

A. 现场打折　B. 送实物礼品

C. 现金返还　D. 贵宾卡(可长期打折)

E. 抽奖　F. 抵价券

G. 美容券/美容顾问的建议　　　　H. 其他

10. 请问您有兴趣与企业面对面交流了解更多化妆护理知识吗?

A. 有　　　　B. 无

(二)展期参展商调查问卷

首届广州大学城美容及个人护理品展参展商调查问卷

编号:______

感谢您参加“首届广州大学城美容及个人护理品展”,为征求您的宝贵意见,特此设计本调查问卷,感谢您对我们工作的支持与配合!

公司名称:______________展位号:______________联系方式:______________

展品范围:______________

1. 请问贵公司通过何种途径得知展会的信息?(可多选)

A. 与工作人员面谈　　B. 电话　　C. 网站、论坛　　D. QQ 群

2. 请问贵公司决定参展的最主要原因是什么?

A. 展会的理念及策划不错　　B. 人流量优势

C. 刚好公司有此需要　　D. 其他

3. 请问贵公司参展的主要目的是什么?

A. 现场销售　　B. 宣传推广

C. 寻找校园代理　　D. 其他

4. 请问贵公司对本次展会的宣传工作满意吗?

A. 满意　　B. 一般　　C. 不满意

5. 请问贵公司对展位的布置、场地划分满意吗?

A. 满意　　B. 一般　　C. 不满意

6. 请问贵公司对我们提供的服务和服务态度满意吗?

A. 满意　　B. 一般　　C. 不满意

7. 请问贵公司对展会的现场秩序满意吗?

A. 满意　　B. 一般　　C. 不满意

8. 请问贵公司对本次展览的人流量满意吗?

A. 满意,超出预计　　B. 基本满意,和预计差不多

C. 一般,比预计少　　D. 不满意,人太少

9. 请问贵公司对参加本次展览获得的成效满意吗?

A. 满意　　B. 一般　　C. 不满意

10. 请问贵公司会参加我们下一届的展会吗?

A. 会　　最希望增加什么项目:________________

　　　　增加什么活动:________________

　　　　增加什么服务:________________

B. 不确定　C 不会　请列举原因:________________

除上述问题之外,如果您还对本届展会有什么意见,请写下:

____

非常感谢您的宝贵意见!祝您工作顺利!

统计员:________________

时　间:2010 年 5 月______日

(三)展期消费者调查问卷

首届广州大学城美容及个人护理品展消费者调查问卷

编号:______

感谢您参加“首届广州大学城美容及个人护理品展”,为征求您的宝贵意见,特此设计本调查问卷,感谢您对我们工作的支持与配合!

身份:老师□　学生□　性别:男□　女□　学校:广州大学□　其他学校□

联系方式:____________

1. 您从何种途径得知我们的展会?(可多选)

A. 传单　B. 宣传海报　C. 宣传横幅　D. 网站论坛

E. QQ　F. 杂志　G. 网站视频

2. 您认为本次展览的宣传力度足够吗?

A. 足够　B. 一般　C. 不够

3. 您认为大学城内有必要举办以“美容及个人护理品”为主题的展览会吗?

A. 必要　B. 一般　C. 无所谓　D. 不必要

4. 您对现场布置和展位分布满意吗?

A. 满意　B. 一般　C. 不满意

5. 您因什么原因参加本次展会?

A. 顺路经过　B. 是感兴趣的主题

C. 被参展品牌吸引　D. 被相关活动吸引

6. 展会中,什么种类的展品最吸引您?(可多选)

A. 彩妆　B. 护肤品　C. 香水香薰　D. 个人生活护理品

E. 美容机构　F. 其他

7. 展会期间,何种相关活动最吸引您?(可多选)

A. 品牌展示　　B. 造型设计大赛

C. 抽奖活动　　D.“全城心动嘉年华”文艺会演

E. 其他

8. 您对参展商的品牌和参展产品的质量满意吗?

A. 满意　　B. 一般　　C. 不满意

9. 您对现场工作人员的服务态度满意吗?

A. 满意　　B. 一般　　C. 不满意

10. 您对学生办展态度如何?

A. 支持　　B. 不支持　　C. 不确定

除上述问题之外,如果您对本届展会还有什么意见,请写下

意见和建议:______________________________

非常感谢您的宝贵意见! 祝您学习进步、工作顺利!

统计员:______________________________

时　间:2010 年 5 月___日

2010 年 5 月起,广州大学会展 08 班学生对大学城 10 所高校的师生以调查问卷的方式进行了调研。本次调查采用网上问卷调查和实地调查相结合,总共发出 500 份问卷,其中有效问卷 497 份,无效问卷 3 份。见表 2－2。

表 2－2　调查问卷情况

职　业	学生 95.32%	老师 3.94%	其他 0.74%
性　别	女性 75.62%	男性 24.38%	
学　校	大学城 87%	非大学城 13%	

各项比例均与大学城人员结构总体相似,因此该调查问卷具有代表性。

1. 调查对象月收入情况:

学生月花费(图 2－2)

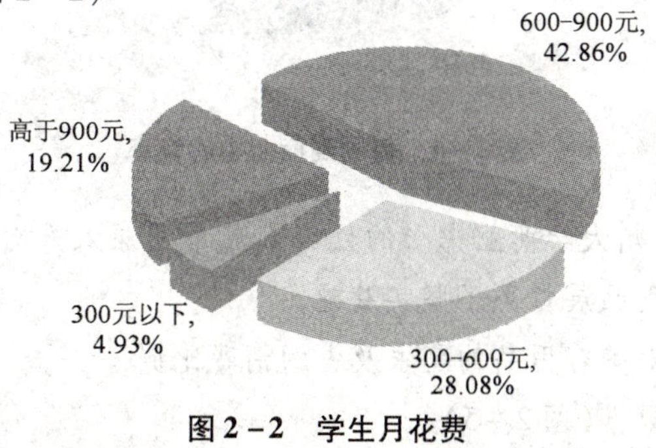

图 2－2　学生月花费

从数据可得出，有62.07%的大学生月花费都在600元以上，900元以上的也占了相当一部分。考虑到大学城内物价并不高，每个学生除了基本的生活开支外，相当一部分花销用于其他领域，这充分说明大学生拥有很强的消费能力。

老师月收入（图2－3）

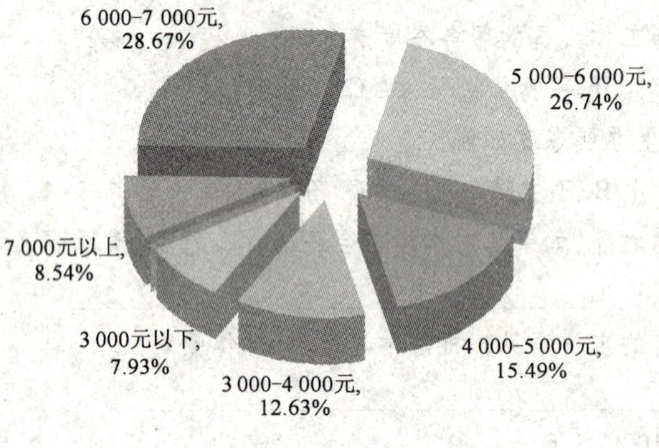

图2－3　老师月收入

从以上数据可得出，大学城老师的收入普遍处于中等偏高水平，收入5 000元以上的已经占63.95%，同样可以证明调查对象有较高的消费水平。

2. 调查广州大学商业中心的人流量

每周到商业中心频率（图2－4）

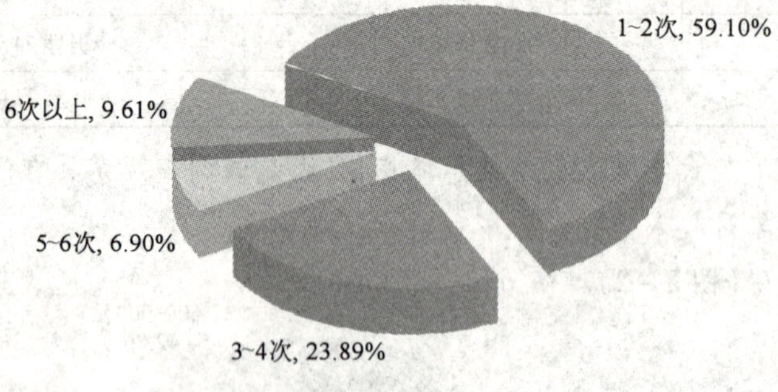

图2－4　每周到商业中心频率

从数据可见，广州大学商业中心的巨大人流量及深入人心的品牌形象都为此次美容及个人护理用品展打下了坚实基础。

3. 调查大学生对美容用品的需求及占的消费比例

购买化妆品必要性（图2－5）

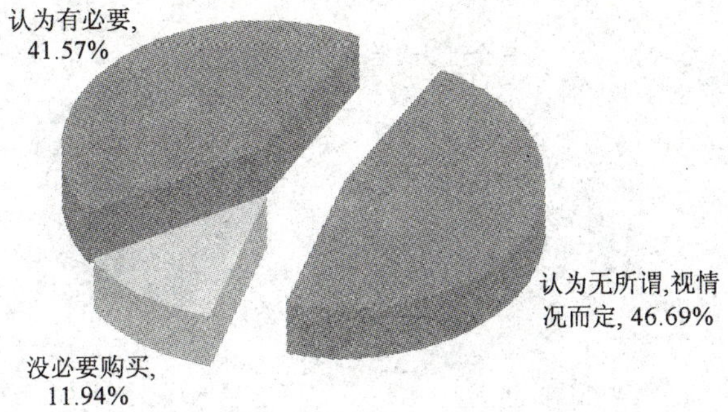

图 2－5　购买化妆品的必要性

从以上数据可以看出,88.06%的大学生都可以成为美容用品企业的潜在目标市场,需求量十分可观,然而美容行业的激烈竞争决定了企业当前所需要做的就是强化宣传,占领潜在的大学生市场,本次美容及个人护理用品展就给予了各企业一个很好的宣传平台。

每月购买化妆品费用(图 2－6)

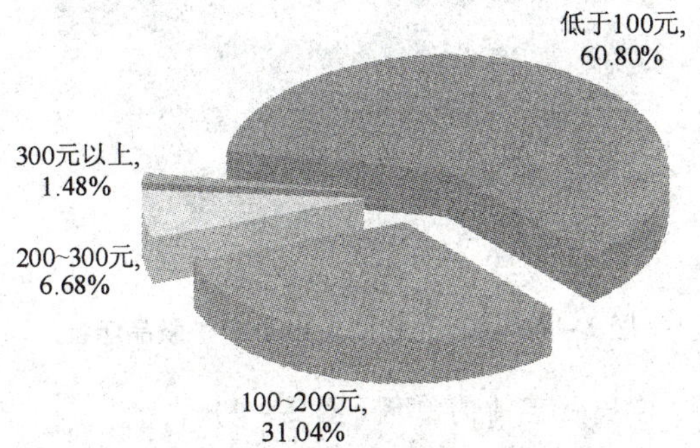

图 2－6　每月购买化妆品费用

从数据上看,大部分学生每月用于购买美容用品的费用都不高,但是从学生的消费角度,该数目是十分可观的。据调查所得,面对学生市场的护肤美容用品的平均价格在 70 元左右,而且,护肤美容用品属快速消费品,其使用周期在两个月到三个月左右,因此,平摊每月费用,即使大学生只花 100 元以下用于购买美容用品,也可证明其具有强大的潜在消费能力。

4. 调查大学生对化妆品及日常护理品企业进驻大学城的期望程度

大学城内化妆品种类、品牌需求满足情况(图 2－7)

从数据可知,大学城内售卖护肤品的店铺虽多,但仍然不能满足学生的需求,

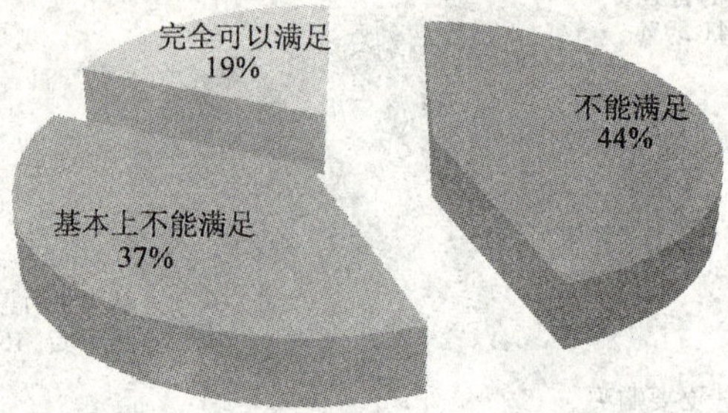

图 2-7 大学城内化妆品种类、品牌需求满足情况

原因请参照下面两项分析。因此,大部分学生宁愿在广州市区的百货商店或专柜购买,这进一步证明大学城不仅对美容用品的需求巨大,而且存在市场空白。

会否光顾商业中心的护肤品店铺(图 2-8)

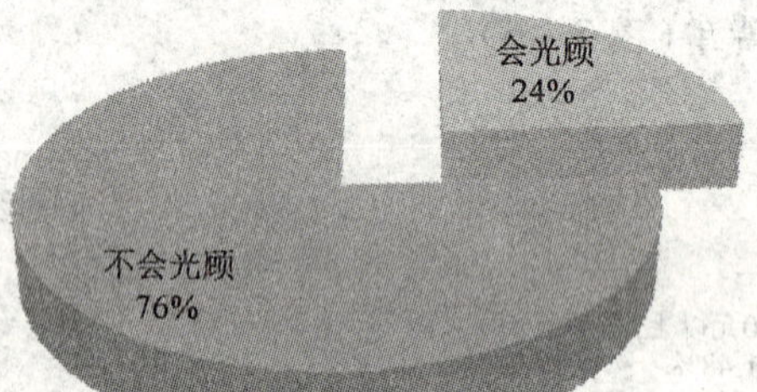

图 2-8 会否光顾商业中心的护肤品店铺

不光顾商业中心护肤品店铺的原因(图 2-9)

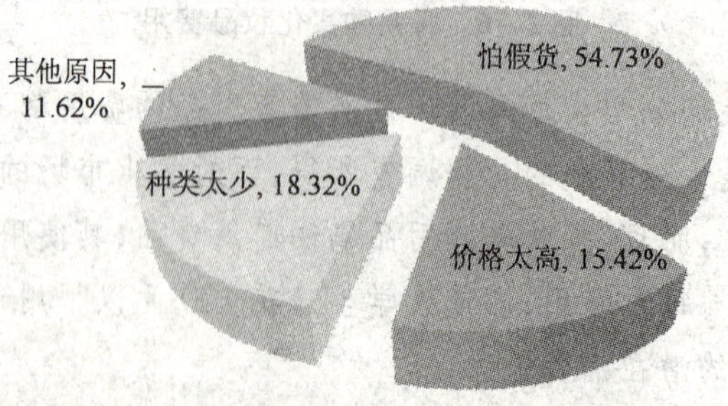

图 2-9 不光顾商务中心护肤品店铺的原因

从数据可得知，广州大学商业中心的护肤品店铺虽多，却大部分都是个体店铺，他们声称货品是直接从厂家或者港澳进货，但是其可信度较低，也常常会有假货出现；另一方面，广州大学商业中心同样有可靠的经销商店如娇兰佳人，但是据实地调查，里面的种类并不多，很多都不符合大学生的喜好。因此，该数据充分证明了大学城的市场需求及市场存在空白。

5. 调查大学生在展会上与企业接触的期望度及想得到的信息

愿意参与展会的情况（图 2－10）

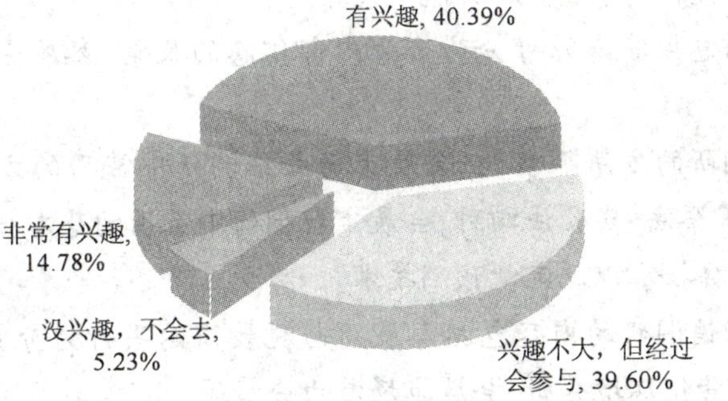

图 2－10　愿意参与展会的情况

从数据可得，不管有兴趣与否，都会前往参与展销会的占 94.77%，这为展销会当天的人流量打下坚实基础，再加上组织方在展会期间举办多种大型活动，必会为展会吸引大量观众。

与企业面对面了解更多化妆护理知识的兴趣（图 2－11）

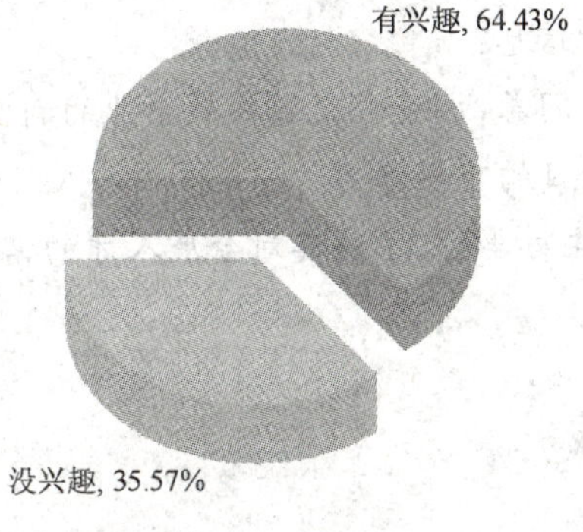

图 2－11　与企业面对面了解更多化妆护理知识的兴趣

数据显示，虽然大学生对美容用品需求大，但是却缺乏这方面的知识。通过向他们传授美容知识，能对企业产品起一个很好的宣传作用，该展会就是一个很好的平台，让企业与学生直接面对面交流。

本章小结

（1）市场信息是市场营销活动的前提；现在的会展市场营销活动出现了三种发展趋势，使得对市场营销信息的需要比以往任何时候都更为强烈，市场营销信息的地位也比以往任何时候都更加突出；我国许多会展企业虽然对会展市场调研的意义有一定认识，但是在利用会展市场调研方面仍相当薄弱；根据资料来源和性质的不同，资讯材料有一手、二手之分。

（2）市场信息按其来源可分为企业内部信息的收集、参展企业信息收集与竞争者信息收集。

（3）营销调研的方法很多，在会展市场营销调研中常用的方法主要有文案调研法、询问法、观察法、实验法四种；会展市场调研中常用的基本技术主要有调查问卷设计技术、抽样技术以及定量预测技术。

（4）会展营销调研的内容包括参展商与观展商购买行为分析、会展市场信息调研、会展市场营销环境分析、会展市场潜力分析等。

本章重点词

市场信息　会展市场营销调研　一手资料　二手资料　情境推演　德尔斐研究　环境扫描　调查问卷　抽样调查　市场营销环境

复习思考题

1. 如何获得竞争者信息？
2. 请设计一份调查问卷，调查广交会参展企业的新需求。
3. 调查某一会展项目的市场潜力。
4. 调查 10 家会展主办单位，了解其对会展人才的需求情况。

第三章 会展产品营销

HUIZHAN CHANPIN YINGXIAO

本章概要

本章阐述了会展产品的价值三角，分析了会展产品核心要素的价值、价值链耦合；提出了会展产品开发应该考虑的要素；介绍了通常采用的几种会展产品开发、组合策略；通过分析会展产品生命周期，得出不同阶段应该采取的营销策略。

基于会展产品综合性、流通性、同一性及不可移动性的特征，在产品营销的过程中，各参与主体的价值取向分析是营销成功的基础。只有明确了各自的需要与价值定位，才能获得事半功倍的效果。

第一节　会展产品的价值三角

一般情况下，参与交易的各方是通过线形价值链实现价值的传递和各方价值的。对展览行业来说，主办单位、参展商和专业观众，是构成一般展览的三大要素。因此，展会的价值链不是线形而是三角形，我们可称之为价值三角。展会是三方交易的平台，各自价值的实现取决于价值三角的优化耦合。

一、会展产品核心要素的价值分析

无论是主办单位、参展商还是专业观众，都希望从展会获得收益。他们组织或参与展会时，都要付出相当的成本。如果三方从展会得到的收益大于付出的成本，则三方都愿意参与展会并使之健康发展；如果任何一方因为没有达到预期的效果而产生失望，或因为有其他更好的选择而产生后悔，那么，这个展会将失去生存和发展的活力。

（一）主办方的期望价值和成本

主办方的价值亦即展会的价值，主要通过参展商、专业观众的参展、观展实现。主办方的收益主要来自参展商的参展费，以及展具租赁费、会刊收入、展会商务费等。主办方的长期价值就体现在展会本身，一个成熟的品牌展览，能够给展览商带来不菲的收入。主办方要负担的成本主要是招展费，推广费，展览过程中的场地费、设备费，以及展览结束后的信息收集整理、客户维护和其他营运费用。

（二）参展商的期望价值和成本

参展商的参展价值，通过直接促进销售、建立新的业务联系、推广公司新产品、获得订单、增强与老客户的联系、提高企业形象、了解企业在市场中的位置、寻找代理商等参展目标来实现。参展商实现价值的关键，在于是否有大量高质量的专业观众。参展商所付出的成本有：展位费、推广费、展品费、运输费、展具租用费、布展费、人工费、差旅费、通信费等。另外，参展商还有一个不能忽视的成本，就是参加一个展会所付出的机会成本，即在同一时间内用其他方式招商，或参加其他展会可能获得的收益。

（三）专业观众的期望价值和成本

专业观众期望通过展会接触大量高质量的参展商，快速、有效、低成本地达到观展目的，如建立新的客户联系，寻找供应商和采购货品，获得最新的市场信息，保持以往的客户联系等。专业观众价值能否实现的关键，在于是否有大量高质量的参展商。展会期间主办方提供的专业研讨会或新技术、新产品发布会，也能增加观众参加展会的附加价值。观众所付出的成本主要包括人工费、差旅费、通信费、入场费等。同时，观众参加展会也存在机会成本。

二、会展产品核心要素价值链的耦合

与一般贸易的价值链不同，展会的价值链呈三角关系：一方面展会整体价值取决于展会核心三要素的价值实现；另一方面展会整体价值还取决于三要素的两两优化耦合，任何一个要素失衡，价值三角就会失衡，就不是最优的。失衡的三角经过一定时间的调整，将形成一个新的平衡。在新的平衡状态下，价值三角所呈现的总价值与初始状态不同。

（一）主办方与参展商

对主办方而言，参展商是展会价值的主要体现，同时也是展会收入的主要来源。根据《专业性展览会等级的划分及评定》所确立的标准，境外参展商比例以及参展商满意率，是评价专业展会级别的两个重要指标。为了打造展会的品牌，主办方需要保持参展商的质量和数量，提高参展商对展会的满意度。

对参展商而言，主办方为他们提供展会价值。参展商之所以花成本参加展览会，就是因为他们相信，展览会能够为他们提供更高的收益。利用展会平台，主办方为参展商提供良好的交易环境，提供行业最新信息，推广企业形象及产品等。如果参展商达到了预期目的，甚至超出了预期目的，他们不仅会信任这个展览会，继续参加下届展览会，还会告诉其他同行，为展览会带来更多的参展商。如果参展商没有达到预期目的，他们就会失望，失望对他们产生的直接负面影响，就是拒绝再参加这个展览会。如果参展商再将参加过的展览会或其他贸易促进方式进行比较，发现同一时间或同样的成本，其他途径的收益更大，他们就会后悔参展，并将影响他们对展览会的满意度，最终影响他们参加下届展览会的积极性。所以，一旦参展商对展览会产生失望或后悔，会直接影响展览会的参展商来源。

（二）主办方与专业观众

对主办方而言，专业观众带来的直接效益较少，但是观众的质量以及数量，会直接影响参展商对展览会的满意度，最终影响展览会的效益。为了保证展览会的效益，主办方就要保证足够质量和数量的观众。同时，专业观众的比例以及境外观众的比例，也是展览会评级的两个重要的指标。

对观众而言，他们为参展商而来，专业观众的价值能否实现，关键是展览会能否吸引高质量的参展商和丰富的展品前来。观众评价一个展览会的质量，一般会从海内外参展商质量、展会规模、展会软硬件设施、展会氛围、现场服务等几个方面考察。如果观众没有达到预期目的，他们也会失望，甚至放弃参加下届展览会。专业观众也会与其他展览会或采购方式进行比较，如果他们发现其他机会更好，将影响他们参加下届展览会的决策。

（三）参展商与专业观众

参展商与专业观众相互促进，相互吸引。专业观众是参展商参加展会获得收益的最终来源。参展商希望通过展会向更多潜在客户展示产品和企业形象，获取订单，获得新客户来源，在有限的空间和时间，获得更多的市场信息。对参展商而言，高质量的专业观众是展会的核心价值元素。专业观众参加展会，是希望接触更多高质量的参展商，采购满意的产品，获得更多市场最新信息。高质量的参展商，是专业观众参加展会的首要价值元素。

参展商与专业观众的耦合关系，还体现为相互限制。如果参展商的质量很高，数量很大，而专业观众的质量和数量与参展商不相称，就会引起参展商满意度的降低。只有参展商和专业观众的数量及质量相称，两者才会都感到满意。

总之，如果专业观众数量多，质量好，参展商将对展会做出较高的评价，并愿意参加下届展会,还会吸引其他潜在参展商参加;越来越多的高质量参展商参加展会,又会吸引更多的专业观众。这样,专业观众的数量及质量也将得到不断的提高。参展商和专业观众数量及质量的不断提高,使展会不断进入更高的水平和级别。如果主办方、参展商和专业观众三方进入一个良性循环,所形成的价值三角就会不断升值。相反,如果专业观众质量不高或数量不足,就会影响参展商的积极性,造成参展商数量减少,质量下降。这将影响专业观众对展会的评价,从而影响专业观众参加下届展会的决策。参展商和专业观众数量减少、质量下降,使展会水平不断下降,效益不断减少。这样,主办方、参展商和专业观众就进入了恶性循环,三方的价值三角大大贬值,最后很可能走向展会办不下去的窘境。因此,主办方必须不断进行展会质量评估,改善展会服务,修正负面影响,加大推广投入,维系价值三角的平衡。

综上分析可以看出,展会价值三角既相互带动,又相互限制。任何一方的失衡,都会造成价值三角的变化。主办方初次办展时,应给予参展商和专业观众充足的信息,使他们有足够的动力参加展会。展会品牌推广过程中,主办方应保证参展商和专业观众的数量和质量,把价值三角做大,实现三赢。为此,以下三个方面需要注意:

第一,要注意为参展商和观众提供良好的服务,包括商务服务,餐饮、交通等方面的服务。

第二,要注意展后服务,对展会进行认真、客观的评价,听取参展商、专业观众的意见和建议,不断改进不足;对展会信息进行总结,包括展会参与者的企业信息,展会中透露的行业发展趋势等,将这些信息有效传达给参展商和专业观众,使他们获得展会现场以外的价值增值。

第三,不断对展会进行创新,力求每次都能够给参展商和观众带来新的价值。

第二节　会展产品开发与组合策略

一、会展产品开发的考虑因素

(一)参展商是会展产品开发的核心因素

面对激烈的市场竞争,作为展会的组织者,能否做好参展商的服务工作,维系好与参展商的关系,是展会提升品质、长远发展的重要因素。参展商与展览会之间的关系是怎样的?如何加强两者间的交流和沟通,实现更加密切的关系呢?

1. 展会产品开发始于参展商。赢得参展商的参与是展会成功的开始。展览会的组织者要赢得参展商,首先要使参展商了解展览会的概念及目的。这就意味着展览会要通过宣传、广告及销售渠道,将展会的信息传递给参展企业,以推广自己的展览会。

组织专业展览会的目的是为了满足参展企业的贸易需求。企业决定参展,是认为参加展览会能为企业带来价值,能满足它们宣传企业产品,树立企业形象,促进贸易等需求。参展商的参展是展会取得成功的关键,有了参展企业的参展,主办单位的价值才得以体现。主办单位举办展览会的主要收益来自于参展企业的展位费。因此,主办单位与参展商之间的价值传递是非常重要的。如何来保证这一"传递",就要依赖于展览会是否遵循着一个出色的、可行的价值交付系统——这个系统就是,展会应不仅能够向参展企业提供一种它们认为能带来价值的产品及服务,而且能够降低参展商的贸易成本。具体表现为:参展商能在展览会上结识新客户,扩大贸易合作关系,增加贸易量;或者通过参展树立企业形象,宣传企业产品,扩大了品牌知名度等。当企业认为参加展览会可以实现以上价值时,它们就会报名参展,成为参展商。

2. 会展服务以参展商为中心。做好参展商的组织、服务工作是展会成功的关键,参展商报名参展,主办单位与参展商的合作就开始了。作为主办单位,应向参展商提供一系列专业、周到的服务。

首先,应了解参展商的参展需求、企业产品的定位、寻求合作的方式、寻求贸易对象的类别等。只有全面了解了参展商的需求,才能为他们做好服务。广大参展商寻求的目标客户的集合,形成了大会专业观众组成的基础。将参展商与专业观众有针对性地结合在一起,使他们在展会这个平台上达成协议、交流合作,就达到了展会的真正目的。在展商报名的同时,用填写表格的形式,了解他们的参展需求及其相关信息,是做好展览会筹备工作的依据;了解参展商的产品定位及结构,将他们安排在不同的展区,可体现展会的专业性,同时还可以方便专业观众查找;了解参展商的品牌实力、合作需求,可以有目标地为他们寻求潜在客户。

其次,根据展会的定位、参展商的分类情况有针对性地组织专业观众。展会有了参展商,根据他们的需求组织观众,这是一个专业展会成功举办的重要工作。可以通过多种方式做好专业观众的组织工作,如:通过广告、网站等进行宣传,或用邀请函邀请以及通过参展商邀请他们的客户等方式。

再次,妥善处理好参展商遇到的问题。参展商参展过程中会遇到许多实际问题,如:如何熟悉场馆环境、展位尺寸及结构,如何进行展位设计、展品运输、现场搭建;如何展开形象宣传、现场广告,展期活动如何安排,以及工作人员的吃、住、行等具体问题。作为主办单位应向参展商提供尽量细致、周到的服务。对于每一个细小的参展环节,应先做出工作方案,并及时提供给参展商,使他们得到大会直接的专业服务。

最后,展会服务工作的高效率至关重要。大会现场高效的服务,是展览组织工作中的重要环节。在展期短短的几天里,各类相关人士的集合、各类活动的集合、时间的限定等使各项组织工作的效率显得至关重要。现场的服务工作直接、具体、综合。面对如此复杂的服务工作首先应做好情况的分析,制订出切合实际的工作方案。对工作人员做好培训,使其能提供优质、快捷的服务。应要求工作人员每天对参展商进行巡查,在了解贸易成交情况的同时,为他们解决一些细小的问题。

总之,对参展商的服务千头万绪,做出总体的工作方案是万事之本。而提高工作人员的综合素质,是做好服务工作的保证。

3. 与参展商建立长期的合作关系是会展产品发展的根本。参展商希望通过展览会得到更多的价值,以满足他们的需求。这也促使主办单位不断改进工作。随着展会水平的提升,参展商越来越不能接受用展位费来换取短期的经济利益,他们希望能得到长期的服务,长期的综合利益。因此,主办单位与参展商之间建立长期的合作关系是趋势所在。保证长期的合作关系,有利于主办单位与参展商的共赢。参展商的目的通过展览会来实现,组织者及时了解参展商的需求变化来调整展会定位,这就形成了良性循环。专业的展览会应与参展商保持一种三至五年或更长的合作关系。应随时保持与参展商沟通,了解他们参展的需求变化,了解他们的产品结构变化,以及企业人士、构架等变化,取得他们的长期信任。总之,要通过多种方式的沟通,不断寻求增进相互关系的办法。

展览会的成功,离不开参展商、专业观众的参与;品牌展会的提升、发展,更离不开参展商、专业观众的长期支持。

(二)会展产品开发要考虑专业观众

展览会成功与否的关键,某种程度上取决于观众的质量,凑热闹的观众不是参展商所需要的。展览会需要专业观众,他们是主办者的目标观众,是参展商的潜在客户。参展商参展主要是为了拓展销路和市场。如果观众少,质量不高,参展商没有取得参展效益,下次就不会再参展。展览主办者要在组织专业观众上下功夫。

当前,专业展已成为展会发展的趋势,市场细分的结果是,参展商更要明确产品的市场、客户的定位,没有必要哪个展览会都去;主办方要明确展会主题,要知道邀请哪些参展商,并为他们邀请哪些专业观众。这方面,香港贸发局有成功的经验。贸发局建立了世界一流的厂商资料库,根据不同专业将厂商分类,举办展会时,向相关厂商发出邀请,获邀请的厂商寄送条码磁卡,凭卡入场,这样就将凑热闹的参观者挡在了展览会门外。

现在一些展会主办单位也建起了观众数据库,也常见到一些展览会设了观众登记处,但这个工作还需要科学细致地进行下去,这样展览会观众的专业性才能得到保证。

(三)会展产品开发要着眼于展览目标

会展产品开发的着眼点在于达到展览的目标,有了目标才能真正进行正常有序的展会策划。一般来说,举办展览会有政治、社会、经济、文化或其他目的,但经济回报往往是最主要的目的。因此,主办方对经济目的应当具体化为如下指标:投资回报率或所获得的全部毛利或净收入;吸引的赞助以美元或人民币计算的总额;展览会引起的收入上升的比例;市场份额的增加率;等等。

另外,在开发一个会展产品时,还要量化下列目标:

1. 参展人数或参观人数。这主要包括:

一是全体参观出席人数,以具体组别分类的国外、外地参展者人数,总公司或分支机构的成员数;

二是按照租用摊位者、参展者、出席者数量计算该展会的规模;

三是本地与外地参展企业数量比;

四是一个项目中某地区的参展企业比例;

五是涉及此次展会的社会团体数量。

2. 展会质量。这主要包括:

一是参观者、参展者、租用摊位者、赞助者、志愿者的满意程度;

二是享有国际声誉的参展企业、发言人、目标观众的人数;

三是参观者、参展者、租用摊位者、志愿者的投诉数。

3. 认识、了解与态度。这主要包括:

一是接触展会的参展企业、观众或其他人由于此次展览会而对行业认识与了解水平发生变化的比例;

二是接触展会的参展企业、观众或其他人由于此次展览会而改变态度的比例。

4. 人力资源情况。这主要包括:

一是全体职员、志愿者的周转率;

二是从上一年度展览会保留下来的志愿者的人数比例。

二、会展产品开发策略

会展产品的开发是会展企业长期生存的必要条件,也是会展企业保持活力和竞争优势的重要途径。会展企业通常可以采用以下几种策略开发会展新产品。

（一）资源重组策略

会展资源是会展产品开发的依托。会展企业开发新产品，必须更新资源观念，重新认识现有的会展资源，在充分利用、挖掘其资源优势的基础上，推动会展资源的优化组合。

1. 从市场需求的角度来组合会展资源。会展资源的整合要能够激发参展企业的参展动机，满足或创造会展需求。这种整合方式基于对会展市场的深入调查和对会展消费行为仔细分析的基础之上，具有灵活性强的特点，易于新的会展线路和产品的开发。例如，每年几次的图书交易会，在逐渐失去吸引力之后，切合出版商图书积压的现实困境，推出以版权交易为主题的图书交易会，将会受到参展企业的欢迎。

2. 以关联性来组合会展资源。目前，我国的会展产品呈现日益专业化的趋势。专家指出，展览会越专业化，相应的观众数量就越少。倘若能在强化展览会专业化的同时，注意研究各专业展览会间的内在联系，将相关主题的展览会进行整合，是一件各方都能受益的事。

具体来讲，同期同地举办的几个展览会的观众可能交叉，各专业展览会的参展商之间也可能会互为观众，这样的几个展览会在一起举办，展览会观众的数量会大大增加。参展商因增加观众而增强了展出效果，参展商的展出效果好了，就会增加其继续参展的积极性；主办方办展的连续性和扩张性也就增强了；而展览会能连续举办，并能逐渐扩张，展览馆就会更加受益。对于观众来说，可以同期、同地观看更多展会内容，也增强了观展的含金量。可以说，“整合”能使会展产生更大的效益。

其实，将主题相关联的会展产品同期、同地举行，这在国外早有先例。比如，德国汉诺威公司就将其参与主办的“亚洲国际动力传动与控制技术展”、“亚洲国际物流技术与运输系统展”、“亚洲国际能源技术与设备展”、“亚洲国际自动化技术与设备展”，四个主题相关联的展览会同期、同地举办。正像汉诺威展览咨询（上海）有限公司的一位负责人讲的：如果一个企业想改进物流或完成自动化改造，只需要走进一个展览中心就能完成相关采购。其实像汉诺威公司这样，有意识地将由自己参与主办的主题相关联的展会进行整合的情况，在我国目前已出现许多，但由于存在这些展览不属于一个主办单位的情况，展览会之间尚缺乏主动合作。

当然，这里面涉及这样一个问题：这件多方受益的事应该由谁来做？在香港特别行政区和国外一些地方，这项工作是由展览馆完成的，也有由会展行业协会或行业服务组织完成的。在我国内地，会展行业组织及相关机构的服务能力尚弱，而且服务动力也不足，展览的主办、承办单位之间应克服协调上存在的困难，把各类展览会按照主题分类，由其自由组合，这会使展览会效果大大提高。

3. 从经济效益的角度来组合会展资源。这是指会展资源的组合要能够实现会展资源价值增值和利润回报,提高产业贡献率,这也是会展业作为经济产业发展的内在需求与动力。

（二）产品升级策略

由于会展需求的拉动和市场的不断完善,会展市场竞争的不断加剧,必须通过产品升级战略不断地营造新的会展产品来延长会展产品的生命周期,以满足会展消费者不断变化的市场需求。

1. 提升会展产品形象。会展产品形象影响着人们的感知程度。提升会展形象是指在原有会展产品形象的基础上提炼新形象,从而使参会者从一个崭新的角度来认识原有会展产品,并产生强烈的兴趣。

2. 提高会展产品品质。提高会展产品品质的一个重要途径是持续地对会展产品的生产设计与管理进行完善与改进,对原有会展资源进行深度开发,不断丰富原有会展产品的内容。

3. 引入和应用高新技术来设计有创意的会展产品。长期以来,我国会展产品的开发与设计还停留在初级会展产品的层次上。创新意识较差和技术含量偏低是影响我国会展产品开发的瓶颈因素。由于在对会展资源文化内涵的挖掘与展示方面未能依托科技手段与技术支持,因此难以推出具有竞争力的会展产品。

三、会展产品组合策略

（一）会展产品组合的类型

会展产品组合的类型,概括起来主要有以下几种:

1. 地域组合形式。地域组合形式是指由跨越一定地域空间、产品特色突出、差异性较大的若干个会展产品项目构成新的组合产品,组合产品以内容丰富、强调地域间的反差为特色。根据会展产品组合地域范围大小可以分为国际与国内两种组合形式,国内组合形式还可细分为全国型、区域型等。

2. 内容组合形式。内容组合形式的会展产品组合,是根据会展活动的主题选择会展产品项目构成新的产品。它可分为综合型组合产品与专业型组合产品。

（二）会展产品的组合策略

会展企业进行会展产品组合决策,一般有以下的策略可供选择:

1. 会展产品组合扩展策略。会展产品组合扩展策略是会展企业为扩展经营范围,扩大会展产品组合广度的策略。这一策略有助于会展企业扩大经营范围,实行多角化经营,充分利用企业资源,提高经济效益。会展企业采用这一策略的条件是：

第一，会展产品系列之间的关联度要强，否则，会加大会展企业的经营风险。

第二，会展企业应明确和突出主打会展产品的优势。如果会展企业放弃自己的市场定位，在竞争中则会变得十分盲目。

第三，会展企业应有步骤、分阶段地加宽会展产品组合的广度，否则，会造成企业资金、资源紧张。

2. 会展产品组合简化策略。会展产品组合简化策略是会展企业缩小会展产品组合广度的策略。这一策略可以减少会展企业的资金占用，提高资金利用率；实现会展生产的专业化，淘汰已经过时的会展产品。会展企业采用这一策略的条件是：

第一，会展企业的产品处于饱和或激烈的市场竞争状态。会展企业为有效地利用资源，可以放弃获利较小的产品系列，降低成本。

第二，会展企业追求专业化经营。会展企业集中企业资金、资源经营少数会展产品系列，有助于突出企业的经营优势，树立企业的市场形象。

3. 会展产品组合改进策略。会展产品组合改进策略是会展企业改进现有产品，发展组合深度的策略。这一策略可以增加细分市场，吸引更多参展企业，提高会展产品的质量。在实践中，会展企业应根据市场变化不断调整会展产品组合结构，使会展产品的组合深度保持在合理的范围。

第三节　会展产品不同生命周期营销策略

一、会展产品生命周期的不同阶段

会展产品在生命周期的不同阶段有不同的特点，相应的价格策略也应配合着会展产品的生命周期来加以制定。

（一）培育期

在培育期，行业内对会展产品认知有限，知名度不高，在市场竞争中处于劣势，参展商构成以小型企业为主。经营目标是要尽力让参展企业了解会展产品，引起参展企业的注意，因此，招展时价格定位不宜太高，等到参展企业广泛接受与认可，已经到了一个新的发展阶段后，再适当地提高展位价格。

（二）成长期

会展产品在行业内形成了一定的知名度，具有一定的市场竞争力，参展商构成发生变化，中小型企业参展热情提高，展会规模迅速扩大，价格可以保持一个稳中有升的态势，偶尔也可以运用促销手段，再度吸引消费者的注意。

（三）成熟期

在成熟期，会展产品在市场上的地位基本稳定，参展商构成多元化且数量也基本固定，展会规模基本稳定，主要经营目标是最大限度地获取利润，价格不宜变动，但要经常注意观察，并着手准备开发或经营新的替代产品。

（四）衰退期

衰退期的会展产品竞争力逐步减弱，大中型参展商开始逐渐减少，展会规模萎缩，根据这一阶段的参展商构成，招展价格应该较低，以调动参展商的参展积极性。

综上所述，会展各个不同时期的参展商构成是不同的，这对招展价格有着十分重要的影响。

上述各因素往往互相牵制，彼此影响。因此，在制定招展价格时，主办单位需要全面考虑。如果只考虑某一方面而忽视其他因素，展会的招展工作就会因此而受到影响。作为会展企业的营销人员，必须充分地考虑到以上各个因素，才能制定出既适合市场竞争环境，又能保证成本的回收和获利，并兼顾消费者的实际需求与喜好的理想价格。

任何产业与产品的发展都会经历培育、成长、成熟和衰退四个阶段，会展产品也同样如此。因此，应针对展会所处的不同发展阶段制定相应的展会营销策略，从而争取展览市场的主动权。

二、会展产品不同周期营销策略

从广义上讲，会展营销策略的实质就是宣传营销、管理营销、服务营销等，因此，做好展览组织过程中的每项工作其实质就是做好营销工作，当会展品牌获得了市场认同，会展品牌具有相当强的市场竞争力，会展的营销战略也就顺利地实现了。

（一）培育期的营销策略

会展产品在培育期的特征往往是其规模不是很大，市场影响力弱，行业知名度不高，目标客户对其实际可达到的展会效果的预期不确定。在这个时期，参展企业与专业观众参展和观展的热情不高，展览组织机构必须在营销工作上下功夫，努力使会展产品能在展览市场站住脚，被行业认同。唯有这样，展览会才会赢得发展壮大的机会。在展览会的培育期，展览组织机构在营销策略上应注意把握好以下几点：

1. 弱化赢利观点，做大展览会。展览组织机构需有长远发展的战略眼光，在展会培育期，不要过分强调展会的短期赢利能力而削减对展会必要的前期投入。展览组织机构的着眼点应放在将展会办强办大的思路上，只有展览会做强做大了，才能实现长期的赢利。国际展览会经验表明，知名品牌展会的培育时间通常要经过3~5届，甚至更长，展览组织机构在展会培育期的工作重点是做好展会的品牌规划与长期赢利计划，而不是将主要精力放在当期的赢利上。在这一阶段，即使展会有赢利，这部分利润也只是作为展会的发展基金，以提高展会的竞争力。

2. 规划展览会的发展战略。展览会作为贸易与展示的平台，需有明确的方向与发展战略，这样才能在瞬息万变的市场环境中赢得一席之地。展览会中长期发展战略的规划不仅是为了创造市场机会，更是为了培育期的展会能得到市场的认同。因此，展览组织机构需在错综复杂的市场环境中找准展会的定位，赋予展会以个性化的特色，利用差异化战略在展览市场中脱颖而出，打出自己的品牌，从而也给展览会找到合适的发展空间。

3. 运用现代营销手段提升展览会知名度。在现代展览会中，培育期的展会是否能赢得市场发展空间很大程度取决于展览组织机构是否能有效利用现代营销手段宣传和推广展会品牌，整合市场资源为展会的发展创造生存条件与机会。在展会培育阶段，展会主办机构要组合运用多种形式的广告、软性介绍文章、人员推广、直接邮寄、公关事件等营销手段来提升展会的知名度。

4. 实现展览会规模的稳步扩大。培育期展会的核心任务之一，就是组织与建立良好的客户资源，保证展会的质量和展出效果，重视展会观众邀请的基础工作，稳步实现展会规模的扩大。品牌展会发展的轨迹证明，要实现展会规模的扩大，展览组织机构要重点建设展览组织工作的营销体系与营销策略，利用多渠道的宣传与推广、有效的目标管理和推进展会营销队伍建设，来使展会的发展具有可持续性。只有当展览会具有一定的规模时，才会在展览行业与市场发挥较大的影响力。

5. 提供目标客户体验式服务。现代经济的重要概念是以“体验式服务”为代表的，新创展览会更是应体现“体验式服务”的作用，以增强目标客户的满意度。展览服务是对目标客户提供“体验式服务”的过程，如果没有良好的展览服务，展览会作为贸易、展示、信息发布的平台就难以真正发挥作用，所以，培育期展会需要更突出展览会的服务，全面提升目标客户的忠诚度。

（二）成长期的营销策略

进入成长期的展览会，其规模与影响迅速扩大，参展商数量快速增长，与会的观众数量和质量也不断提高，展会在所属行业的地位与知名度不断上升，开始快速发展。在成长期，展会营销的任务不仅要努力保住展会品牌成长的势头和在展览行业中享有的声誉，更重要的是要加强专业观众的组织与邀请，为参展商提供实质性的展览服务。同时,展会主办机构还需更进一步地完善自身的市场发展战略,以提升竞争优势。

1. 强化展会招商组织工作。招商组织工作是成长期展会最容易被忽视的工作,也是阻碍成长期展会继续成长的关键因素。在成长期,招展工作通常已经打开了局面,展会开始赢利,但招商组织工作却很容易被忽视。展览组织经验表明,如果与会观众的数量和质量跟不上展览会规模扩张的需求,展览会的质量就会因此开始下降,展览会就会停止成长。因此,与会观众的数量和质量能与展会规模同比增长才能有效保持展览会的快速成长。

2. 重视客户关系管理。客户数量日益增多,参展商的数量与展览会的规模不断扩大,观众数量更可能达到数万以上,传统的客户管理不再适应展览会发展的需求。因此,这一阶段的展览组织工作对目标客户需实行 CRM 管理。要以信息技术与科学管理手段来提高和保持目标客户对展会的忠诚,防止老客户的流失,并不断开发新客户,使展会的发展后劲拥有科学管理技术的保障。

3. 持续改进展览服务体系。展览服务体系的建设在展会的成长期或多或少地会被展览组织机构所忽略,很多展览服务问题被快速成长的展览现象所掩盖,以致展览组织机构不能及时发现和改正。例如:展会的观众组织、参观登记,展会现场的交通、餐饮、通信、卫生环境等问题。在展会成长期,展览服务是目标客户保持对展会信心与忠诚度的一项重要工作,也是展会的核心竞争力。展览组织机构需持续改进展览服务体系,以便展览服务同步于展会的发展。

4. 动态研究市场与竞争对手。德国展览业的成功,其最重要的秘诀是加强对展览市场与竞争对手动态研究工作,从而针对性地制定展会营销策略。竞争对手可能对培育期的展览会有所轻视,但当展览会进入成长期以后,就会引起竞争对手的日益关注,并会针对性地对该展览会采取竞争性的营销策略。加强对展览市场与竞争对手动态研究的主要目的就是使展会营销组织工作能有的放矢,增强竞争活力。

5. 提高会展增值功能。随着展览会的逐步成长,参展商以及参观观众逐步增多,目标客户对展会功能会提出更多的个性化需求,展览组织机构在保持展会的战略定位与品牌特色的前提下,需研究和归纳不同目标客户的各种个性化需求并与目标客户共同努力完善展会的服务功能。比如,目标客户通过参展,希望得到多方面的服务:信息发布会、市场研讨会、产业高层论坛、网络展会、贸易撮合、商务旅行等。展览组织机构要不断加强展会建设,使展览会既有自身的特色,又能兼容并蓄,派生出更多的增值功能。

(三)成熟期与衰退期的营销策略

进入成熟期,会展营销的重点应是尽力延长成熟期,减缓其进入衰退期的进程。成熟期展览组织工作的重要特征与研究方向是如何继续做好会展内涵创新与营销创新工作，增强会展的活力与品牌的持续影响力。具体营销策略有：

1. 完善会展营销的评估体系。展览组织机构需针对培育期与成长期的营销工作进行系统评估，为会展成熟期的营销工作总结经验和教训，提出进一步完善会展营销工作的设想与建议。会展营销工作与效果的评估可以由展览组织机构自行组织安排，也可委托具有实践经验的专业评估公司实施。评估体系的主要内容包括：营销质量评估、营销效率评估以及营销成本评估三大方面。会展营销评估体系的建设对调控成熟期会展的发展方向具有十分重要的意义与作用。

2. 创新会展品牌形象的内涵。成熟期会展的知名度在行业内已有基础，目标客户对会展品牌的认知度也相应提高。但会展要维持其品牌、巩固其良好的品牌形象，就需在会展品牌形象内涵上下功夫。一些国际会展品牌之所以长盛不衰，其原因就在于它有深邃的内涵。会展品牌形象内涵的创新程度在一定意义上决定了一个展会品牌在市场上的生存力。

3. 优化展览市场份额。成熟期展览会如何进行规模扩张是展览组织机构不断面临的新课题，分析与研究展览会现有的目标市场份额，找出其发生变化的原因，制订系统的营销应对解决方案，是解决这一难题的有效途径。如，可采取优化会展营销网络、扩大海外宣传与推广活动、建立会展营销网络的预警机制、调整会展选题组成等行之有效的方法。展览市场份额的优化不仅针对会展营销工作，也针对展览组织工作的每一环节，通过优化，展会的竞争力就会再上一个台阶。

4. 赢返流失客户，稳定现有客户。赢返流失客户，稳定现有客户是成熟期会展工作的重要一环。这需要强化会展客户关系管理 CRM 系统的应用，如调整工作流程，提高营销管理模式，放大每一环节的效率和控制力度，建立展览组织内部全方位的管理信息平台等，使各岗位、职能部门及协同单位间高度共享客户管理信息，做到内外各种资源的关联管理和有效利用，使目标客户的任何信息与服务支持都能实时响应，将稳定现有客户和赢返流失客户的工作落实到实处。有效地开展这项工作可以使展览组织机构保持 80% 的会展赢利能力。

5. 提炼客户知识，增加客户价值。成熟期会展，提炼客户知识，增加会展对目标客户的价值，建立以客户知识为导向的营销体系是十分必要的。因为，再完善与丰富的客户信息只有通过科学手段对其进行去粗取精，精心提炼，才具备利用价值。只有将客户知识与会展组织者的市场营销策略紧密结合起来，才能为目标客户提供最佳的展览服务。展览服务除了要提供规范及时的展览会专业服务外，还要想方设法增加客户的价值，使客户在享受优质服务的同时也能提升自身价值。

6. 建立对衰退期的预警机制。成熟期展览会的后半阶段，展览组织机构应加强对会展营销工作的各项评估，通过营销质量评估、营销效率评估以及营销成本评估,发现问题并查找原因。影响会展营销工作的因素很多,有展览会本身的,也有来自外部的,如:行业趋势、政治原因、经济环境、社会因素、天灾人祸等。通过评估工作及早建立对衰退期展览会特征的预警机制,利用科学的指标来确定衰退期展览会是否需继续扶持,或是调整、合并、取消。这些指标有:盈亏平衡点、新老参展商参展率、参展行业变动率、营销人员流动率、贸易观众参会率等。通过几届数据的比较,发现问题,必要时果断采取"关停并转"的措施,以保持展览组织机构的赢利性不受影响,有效保持营销队伍的稳定性,并为策划与组织新的会展品牌积累资源。

案例分析

小松山:把买家留住

措施一:汇聚人气

小松山是日本一家生产推土机和巨型挖掘机的集团公司。小松山参展目标并没有非常特别之处,无数参展商每年都制定出相似的主题和可以比较的目标。但是,小松山突出的地方却是用高明的措施,真正留住了买家。

小松山展区的焦点是前区和中区,这里是一个有 80 个座位的剧场式的主活动场所,舞台的台窗点缀得像飘扬的色彩斑斓的风筝。这里是参观者到达小松山展区的第一站。每隔半个小时,沃比—格林公司派出的 4 名演员就会来一段 12 分钟的演出,节目直接表现展销主题,即生产率、可靠率和价值率。

节目间隙,小松山播出婴儿潮时期出生的人喜欢听的摇滚音乐,目的是为了吸引这群人。不出所料,当熟悉的摇滚音乐响起的时候,他们从其他展台纷纷来到小松山的活动场所,并坐下欣赏着美妙的音乐。既然坐下来了,加上受到演出后抽奖送望远镜以及每人发一顶帽子的鼓励,他们也就索性看完一场演出。5 天的展览,80 个座位从未虚席。现场的气氛还感染着 100 多围观者。初步估算,至少有 8 500 人获得了 12 分钟演出传达的信息,超过了预先设定的 7 500 人的目标。

措施二:推动观众

每场演出结束时,迷人的女主持就会把小松山的帽子发给要离去的观众。这些美女并不是演员代理公司派出来的,而是麦克林先生亲自挑选的,都是他遇见的最有效率的观众组织者。她们聪明、礼貌、可爱。这种印象不仅因为她们通过了精心挑选,还因为她们有偿参加了展会开幕前一天的培训课程,同小松山另外 85 名展区服务人员进行了配合演练,她们对展览的整体情况了如指掌。大约 80% 的观众为演出所吸引进入小松山的展区，只有1/5的人去了其他展区。进入小松山展区的参观者很快就会发现，这些女主持对他们很有帮助，因为主持人熟知产品经理、工程师以及具体产品的销售代表，她们可以帮助潜在买家与小松山的任何管理者见面。

措施三：多层展示

中心活动区域的演出结束一分钟之后，还有两个更短的演示活动。这两个演示主要是对具体产品的描述：中心区的左侧是推土机和滑动装货机产品系列；右边是挖土机、轮转装货机和垃圾车。产品演示原先设计都为8分钟，但在第一天的演示中发现，右侧的演示不能让观众坚持8分钟。于是，策划者们把其中原因记下，以避免下一届展览出现同样的问题，同时把这一侧的演示时间减少了3.5分钟。女主持也运用她们学到的小松山产品知识，引导参观者积极参与进来，这样就延长了来此区域的参观者的停留时间。展区内还有一个尖端的信息系统，利用该系统，参观者和员工可以追踪公司总部的雇员，以及参加展销的多数本地分销商。宾馆、手机号码、展台工作时间以及会议日程等全部都储存在系统中，而且兼作产品示范台的15台电脑也都与该系统相连，随时可以查阅。

措施四：持续推动

如果参观者在产品演示结束之后不愿意参与销售代表组织的活动，也不想在电脑上查阅挖土机的技术指标，那么他们一定会注意到在展区后部的轮转装货机模拟装置，司机室和操纵杆是真实装货机上的复制品。这种装置就像一个复杂的虚拟现实的视频游戏，人们可以通过它来测试自己的操作技能，就像真正的重型机械的操作手。如果玩家要取得当天的最高分，那将是极大的挑战和自我满足。参赛者们排起了队，司机室里通常有10或12个人轮流操作，两分钟换一人。外面排队的人同时观看现场即兴的喜剧表演和参赛者们的操作，真是一种享受。参观者平均等待的时间为20分钟，但是，他们花在这里的每一分钟都意味着对手失去了观众本该花在他们展台上的时间。

措施五：网站点击

价值180万美元、型号为PCI800的巨型液压挖土机，只适用于采石和开矿，但却是会展上最大的挖土设备。这台挖土机是从日本拆装后运到会展举办地，然后再拼装起来的。对于参观的承包商来说，这台机器就像硕大的巨兽，本身就具有吸引力。但是，小松山把它带来并不仅仅为了展示其笨重的外表，还有其他用途。参观者们被邀请站在14.4立方英尺的挖土机铲斗里，拍摄一张数码照片。照片会立刻被贴到www.komtsuatconexpo.com网站上，这个网站大约保留6个月。网站上的照片是小松山对这样问题的回答：你如何让这些人回来访问你的网站呢？个人照片是对参观展览的回忆,这种回忆证明是对上述问题的绝妙回答。在展中和展后的6周时间里,网站就被点击了375 000次。由于点击者要查看他们的照片,所以他们也能查看小松山在博览会展出的所有21种机械产品的技术指标。

措施六:客户资料

在小松山的展区内,除了大型的机械外,还有两套单独的电脑系统通过约762m长的电缆连接着一对服务器,每套系统都相互备份,以防网络瘫痪。第一套系统包括产品示范台上的15台电脑,具有展台员工方位指向的功能,而且可以进入互联网和公司网站。第二套是13台触摸屏电脑,用来收集客户资料。事实上,这两套计算机通信系统才是小松山展区的核心部分,是公司请高科技公司按照要求设计的。资料收集系统可以直接连接到公司的"快速反应系统"。"快速反应系统"是为分销商开辟的通信渠道,在美国可以以县为基础识别分销商的身份。此外,该系统还可以很容易地收集到回答以下几个问题的信息:买家在寻找什么具体产品?他购买产品的周期是什么?他愿意小松山的分销商跟他联络吗?他愿意收阅小松山的在线新闻简报吗?被认为是潜在客户的参观者才是客户资料的收集对象。小松山在展会上收集了2 700份客户资料,麦克林先生认为他们完全达到了目标。90%的客户资料都包括了合格的问题答案,48%来自从没有购买过小松山产品的人。这说明,在现有客户的基础上,这次展览成功地扩展了潜在的客户群。

自参展以来,小松山每周都通过跟踪存在"快速反应系统"内的客户资料来追踪分销商的销售进展。到6月中旬为止,由于参展的缘故,他们已经做成了好几笔买卖,包括博览会第二天的交易。

【案例评析】

看完这则案例,人们很容易抓住其中的几个关键词:"演出"、"女主持"、"演示"、"视频游戏"、"照片"、"客户资料"。

这些词语,并非专业的展览用语,而正是这些词语,体现了"小松山"在展期工作上独出心裁的创意。

首先,我们来看"演出"。这次特别安排的演出,以半小时为间隔,以12分钟为一个演出段落,以"小松山"的生产率、可靠率和价值率为主题,以摇滚音乐为穿插点缀,以抽奖为奖励,5天内,吸引了8 500人观看,实现了把参观者留在自己展台的目标。

再看女主持,她们尽管是靓女,但又担负着重要的接待与沟通任务,严格的挑选,有偿培训,配合演习,使她们对工作应对自如。当国内的美女们还在展台上风情无限地展示自己的迷人身段和漂亮脸蛋时,"小松山"的美女们已经得心应手地参与到了展览的商务环节之中,左右逢源。

至于演示与视频游戏环节的设计，充分体现了项目策划人的"互动"理念。这一互动，让参观者在"小松山"的展台上又停留了22分钟。

粗略地估计，从演出、演示到视频游戏再到网上观看个人照片，每个参观者在"小松山"展台与网站上停留的时间近90分钟。

本章小结

(1)主办单位、参展商和专业观众，是构成一般展览的三大要素。与一般贸易的价值链不同，会展的价值链呈三角关系。

(2)展览会的成功，离不开参展商、专业观众的参与；品牌会展的提升、发展，更离不开参展商、专业观众的长期支持；参展商是会展产品开发的核心因素；会展产品的开发是会展企业长期生存的必要条件，也是会展企业保持活力和竞争优势的重要途径。

(3)会展产品生命周期包括培育期、成长期、成熟期、衰退期。相应的价格策略、营销策略也应配合着会展产品的生命周期来加以制定。

本章重点词

会展的价值三角　参展价值　会展质量　会展产品生命周期

复习思考题

1. 分析在会展产品的三角价值链中，各营销主体的价值取向是什么？
2. 会展产品价值三角中的各方如何提高其自身的价值回报？
3. 谈谈你对会展质量的理解。
4. 选择某一展会作为对象，试从会展产品生命周期的角度来分析其营销策略。

第四章

会展分销渠道营销

HUIZHAN FENXIAOQUDAO YINGXIAO

本章概要

本章结合传统营销理论，根据会展营销的实际运作手段，对会展分销渠道营销进行了论述。首先介绍了会展分销的渠道和类型，然后分别对各种类型的分销渠道进行论述、分析，包括内部营销的意义、工作原则；选择代理商的原则、代理商的管理、代理商的控制与激励；整合会展营销资源、寻求支持赞助单位、寻求合作单位、建立营销网络。

会展产品分销渠道的研究，在国内仍属空白。在本章中，我们尝试结合传统营销理论，根据会展营销的实际运作情况，对这部分内容进行论述。

会展必须通过一定的市场分销渠道，经过分配过程，才能在适当的时间、适当的地点，以适当的方式提供给目标市场，从而满足参展企业的需要，实现会展企业的市场营销目标。

分销渠道，对具体有形的商品而言，又称市场通路。美国市场营销协会在1960年给分销渠道下的定义为：分销渠道是指"企业内部和外部代理商和经销商（批发和零售）的组织结构，通过这些组织，商品（产品、劳务）才得以上市行销"。

菲利普·科特勒认为："一条分销渠道是指某种货物或劳务从生产者向消费者移动时取得这种货物或劳务的所有权和帮助转移其所有权的所有企业和个人。"

根据上述论述，我们认为，会展项目分销渠道是指会展项目在策划、设计完成后，其使用权被参展企业认购的途径。它的起点是主办、承办单位，终端是参展企业，中间各种途径均可称为分销渠道或市场通路。

分销渠道是会展营销的其中一种方式，要更好地达到会展营销的目的，还必须根据会展营销的目标及目标受众的具体情况选择合适的分销渠道。

第一节　会展分销的特点与类型

一、会展分销渠道的特点

（一）直接分销渠道多于间接分销渠道

直接分销渠道是一种由会展主办、承办单位在其市场营销活动中不借助任何一个中间商，而直接把会展项目销售给参展企业的销售渠道，也就是所谓的零层次分销渠道。通过直接分销渠道，会展主办、承办单位可以直接获得参展企业的信息，有助于改善会展项目的信息和强化会展企业的形象。在会展项目直接销售量大和参展企业购买力较稳定的情况下，会展主办、承办单位可以省去中间商的分销费用，从而降低成本，提高效益。目前，国内会展企业大多采用这种分销渠道。

间接分销渠道是一种会展主办、承办单位借助中间商向参展企业销售其会展项目的渠道类型。间接分销渠道是目前较少使用的销售渠道。销售渠道越长，会展项目市场扩展的可能性就越大，但会展主办、承办单位对销售的控制能力和信息反馈的清晰度就越差。

（二）短而窄的分销渠道

根据间接分销渠道中介入中间商层次的多少，会展项目分销渠道可以分为长渠道与短渠道。会展项目大多由会展企业自己完成分销任务，因此它的分销渠道较短，会展企业承担的销售任务多，也就能够较有力地控制分销渠道和进行价格、服务、宣传等方面的管理。

根据一个时期内会展项目销售网点的多少、网点分配的合理程度以及销售数量的多少，会展项目分销渠道可以分为宽渠道与窄渠道。分销渠道越宽，分销渠道的每个中间环节中使用同类型中间商的数目就越多。销售网点的增设，就是指加宽会展项目的分销渠道。一般性、大众化的产品主要是通过宽渠道进行销售的，但是，会展项目由于具有专业性较强、费用较高的特点，它的分销渠道较窄。

（三）多通路的分销渠道

根据会展企业采用分销渠道的类型，会展分销渠道又可分为单渠道和多渠道。单渠道是指采用的渠道类型比较单一，如所有项目全部由自己直接销售或全部交给中间商。有时候，会展企业根据不同层次或地区参展企业的不同情况，采用不同的分销渠道。如在本地区采用直接渠道，对外地采用间接渠道，或同时采用长渠道和短渠道，这些都称为多渠道。这种多渠道结构也称作双重分销。一般情况下，如会展企业的规模较小或经营能力较强，可采用单渠道销售会展产品；反之，则可采用多渠道，以便提高销售的覆盖面。

二、会展分销渠道的类型

（一）内部制

内部制是指会展企业将员工群体当作顾客，视为“上帝”，通过对他们宣传、推销并为他们提供各种“服务”和各种激励手段，使其理解、接受企业的形象、项目、经营宗旨，从而让他们更好地为外部顾客提供服务。外部顾客得到了满意的服务，就会信任会展企业和它推出的会展产品，也就愿意购买该会展产品。这样，会展企业就达到了推销其产品的目的。

（二）代理制

代理制指会展承办单位授权相关企业开展招展业务。代理制分两种，一种是区域代理制，即授权某企业在指定区域开展业务；一种是专业代理制，指授权某些特定企业（如专业的广告公司）在其特定的客户群体中开展业务。

（三）合作制

合作制指通过赞助单位、协办单位、支持单位等合作单位开展招展业务，即通过与有关媒体、国际组织、行业协会和商会，国内外其他会展和政府主管部门等机构合作，共同进行招展业务。随着经济全球化步伐的日益加快和中国会展市场的日益国际化，合作制营销正为越来越多的会展企业所采用。

（四）部门制

部门制指会展企业内部独立成立招展业务部门，开展招展业务。通常，招展业务部会采取派出工作人员登门拜访、电话交谈等形式直接与目标客户建立联系，传递会展信息。人员推广灵活性强，信息反馈及时，具有一定的亲和力和说服力，在招展工作中有着不可替代的作用。

下面我们将对这些类型的分销渠道一一论述，部门制的相关工作，涉及会展市场营销的各方面，其思路、方法与本书内容相同，在本章中不再赘述。

第二节　内部制渠道

一、内部营销的意义

对制造业来说，并非每个员工都与顾客接触，营销工作通常由专门的营销人员完成。而在服务业，由于生产与消费的不可分割性，每个服务部门的员工都有机会接触顾客，他们被顾客视为服务的组成部分，其言行举止会对顾客体验以及企业形象传播起到关键作用。一次优质服务会比营销人员的若干次推销更能让顾客动心，而一次劣质服务或者不经意的粗鲁言行会让营销人员的努力付之东流。

在会展活动中，参展企业评价一个会展项目优劣的重要标准之一是会展企业提供的产品与服务的好坏。只有优秀的会展工作人员才可以让服务过程达到最高的质量，使服务效果令参展企业满意。

在现实中，会展企业经常面临的一个问题是工作人员的过快流动。员工的高度不稳定状态使会展企业的工作质量无法提高，甚至迅速下降，这对以年度性项目为主的会展企业来说无疑是十分不利的。因此，如何降低员工的流失率，稳定员工队伍并使他们始终保持良好的工作热情，对会展企业而言是至关重要的。为此，应在会展企业内部开展适时有效的针对员工的营销活动，提高员工的满意度，从根本上改变这一状况。

二、内部营销工作原则

（一）向员工宣传、推销本企业

会展企业要像对待外部消费者一样，不遗余力地向员工宣传企业的宗旨、企业文化、企业的实力、企业的发展前景、企业的工作作风、企业的工作环境等。凡是要向参展企业进行的宣传，希望参展企业接受的会展项目、经营方式、促销活动等，都要先向内部员工大力宣传，使他们理解企业要做的一切，并首先被吸引，对此感到满意。这是促使每位员工真正积极有效地投入工作并为顾客提供良好服务的有效方法。

（二）管理中注重进行双向沟通

一些会展企业在进行员工管理时，通常会花很大的精力去制定各种原则、规定、工作规程和工作规范，以及各种奖惩制度，使员工按照企业的要求工作，却很少注意员工对企业事务、管理方法和企业产品的意见，造成没有正常的渠道供员工发表对于经营的意见和看法，久而久之就会使员工产生消极情绪，从而降低工作热情。相反,若员工的思想和意见受到管理者的重视,则能够调动他们的主观能动性。同时,管理者通过与员工的交流可以得到更广泛的信息,还会发现意想不到的切合实际的好意见和好建议。因此,管理人员在向员工宣传企业的各种规章制度、工作计划、会展项目和服务等信息的同时,也要使员工有机会传达他们的要求、改进工作的意见以及他们发现的消费者需要,进行双向沟通。

(三)创造良好的工作环境

良好的工作环境对员工保持愉快的工作情绪和提高工作效率起着重要的作用。会展企业希望员工用自己愉快的情绪感染参展企业,使参展企业在会展活动中实现参展目标,这就特别需要给员工以尽量好的工作环境。这主要包括:

1. 清洁的会展场地。会展企业应为创造清洁的工作环境提供必要的条件,如通畅的排气、排水渠道,方便的垃圾收集及外运方法,容易清洗的墙面与地面,尽可能大的工作空间等。这种设计使员工只要尽到责任就可获得清洁的工作环境。

2. 设计科学的制服和着装规范。制服能方便参展企业识别,也是会展企业档次、经营者品位的体现。制服的设计应配合企业经营环境,突出会展企业的特色。

(四)使员工看到发展前景并能自我实现

在一个企业中,个人有无晋升的机会对员工是很重要的。为此,会展企业应该制定有效的提升和调职政策以激励员工。这也是进行内部营销、留住和激励员工的一种有效途径。而且,会展企业还要给员工自我实现的机会,在员工的工作、责任范围内适当放权,以企业的精神、宗旨和原则为指导,以培养员工必要的技术和知识为保障,使员工在自己的岗位上能动地安排、处理好分内工作,让其在工作中有自我实现的感觉。这对于调动员工的积极性,激发其对工作的兴趣,并愿意长期在同一个岗位做同一项工作是十分有益的。

(五)创造集体协作的氛围

从心理学角度看,大多数人都希望自己的思想和行为能够与群体一致,愿意与群体共同奋斗,在群体的事业中表现自己,并实现个人的创造力。为群体的事业做贡献,通常比个人独自奋斗取得成功更能使人产生高尚感和荣耀感。因此,创造集体协作的氛围是会展企业优质服务的关键,更是留住人才、激发员工工作积极性的一个不可忽视的重要方面。

第三节　代理制渠道

随着经济全球化的发展,会展的招展对象已经不局限于本国,要在全球范围寻找参展商。根据招展对象的地域性，在目标顾客所在地设置代理商能更好地为展会提供优质的参展商和专业观众。

一、选择代理商的原则

（一）经济的原则

经济效益是一切营销决策的基本出发点。在选择代理商时，应当考核选择代理商所需要花费的成本以及可能引致的销售收入的增长，以此评价代理商选择的合理性。

（二）控制的原则

会展企业与代理商都是相对独立的经济实体，它们之间在管理上不存在从属关系。因此，选择代理商时，应充分考虑对其控制的程度。代理商是否稳定可靠，对会展企业能否维持并扩大市场份额，实现其长远目标至关重要。如果代理商对会展企业的依赖性较强，会展企业对代理商的控制就较容易，其选择代理商的风险就较小。

（三）适应的原则

代理商对于会展企业而言，属不完全可控因素。会展企业与代理商之间作为一种协作关系，它们之间是相互适应的关系。这种适应性体现在三个方面：

第一，地区的适应性，即根据不同地区的市场环境，建立与之相适应的代理商体系。

第二，时间上的适应性，即根据不同的会展项目在市场上的适销状况，采取不同的代理商政策与之适应。

第三，对代理商的适应性，即根据代理商的销售实力、商业信誉、管理水平状况，对不同的代理商采取不同的渠道策略。

总之，会展企业在选择代理商时，应保留适当的弹性，根据市场及其环境的变化，适时做出调整，以促进营销目标的实现。

综上所述，会展企业应根据上述原则综合考虑所选择的分销渠道，仔细权衡利弊，以做出正确的决策。

二、代理商的管理

只有加强会展分销渠道的管理，才能保证营销活动顺利进行，实现分销渠道的目的，使会展企业获得良好的经济效益。由于会展间接分销渠道的构成较为复杂，管理难度较大，因而对会展分销渠道的管理，主要是指加强对间接渠道的管理。所以，如何调动代理商的积极性、主动性，使其充分表现出应有的合作精神，并且随着市场的变化灵活地调整会展企业与代理商的关系是分销渠道管理的主要内容。

（一）加强与代理商的合作

会展企业与代理商从根本上存在着一致的经营目标，存在着相互关联的经济利益。代理商的工作开展越顺利，会展项目的销路就越好。因此，会展企业应支持和协助代理商开展促销活动。会展企业应了解代理商不同的需求，维护与尊重代理商的利益。首先，会展企业应向代理商及时提供有关会展企业及会展项目较为全面的信息资料。其次，会展企业应加强广告宣传，帮助代理商分担一定的会展推广费用，这实质是对代理商一种有力的支持。最后，为激励代理商，会展企业应对业绩良好的代理商给予必要的奖励，以建立双方良好的合作关系。

（二）对代理商的评价

会展企业应采取切实可行的方法，对代理商的工作绩效进行检查与评价，主要表现为评估代理商销售指标的完成情况、代理商为会展企业提供的利润额和费用结算情况、代理商推销会展项目的积极性、代理商对会展产品的宣传推广情况、代理商对参展企业的服务水平、代理商之间的关系及配合程度等。通过评估，会展企业可以了解代理商工作中的优势与不足，并采取相应的措施进行分销渠道的结构调整。

（三）会展分销渠道的调整

当会展市场状况发生变化，或者代理商业绩不佳而影响会展企业营销目标的实现时，就要及时调整会展分销渠道。会展企业调整会展分销渠道的方式主要有以下三种。

1. 增减会展分销渠道中的代理商。当会展企业的销售策略发生改变，如将专营渠道改为密集型销售渠道或将密集型分销渠道改为选择型分销渠道，会展分销渠道的宽度都会发生相应改变，这就需要对现有代理商的数量加以增减。此外，会展企业还要剔除效率低下、对分销渠道整体运作有严重影响的代理商，或增加较为合适的代理商。

2. 增减某一会展分销渠道。从提高分销效率的角度考虑，会展企业可以缩减一些分销作用较小的渠道，以更有效地实现分销目标。

3. 改变整个会展分销渠道，即放弃原有的会展分销渠道，建立新的会展分销渠道。当会展企业对原有的营销组合实行重大调整时，或者原有的会展分销渠道功能严重丧失与混乱时，都有必要对原有的会展分销渠道进行重新设计与组建。

三、代理商的控制与激励

（一）渠道控制

正如交通规则保证公路交通顺畅一样，市场通路的有效控制是市场通路的活力之源。弗兰奇·拉文认为，通路控制的目的在于赢得中间商的合作。进行通路控制的方法主要有：

1. 胁迫。胁迫是一种消极的控制方法，不利于双方的长远合作，如果过分使用，还会使代理商纷纷离去，但对那些对会展企业依赖程度较高的代理商在不合作时可以使用。代理商对会展企业依赖越大，胁迫的威力越大。当然，从代理商撤回资源或中止关系需要付出代价，但对那些不合作的，为会展企业造成不良影响而不作改进的代理商，会展企业对其已失去信心，没有下次合作的可能时，只有通过胁迫的方式强迫它履行这次合作的责任，如果胁迫失效，哪怕以赔偿为代价中止合作也是必要的。

2. 额外报酬。会展企业要求代理商执行特定任务时，代理商往往会向企业要求更高的报酬。如，会展企业要了解当地参展企业的相关信息，一些代理商就会要求企业支付信息费。支付了这笔费用，会展企业就能得到需要的信息。因为额外报酬的驱动，代理商可以为企业较好地完成特定任务，比胁迫收到的效果要好一些。

3. 履行责任。签订责任合同是会展企业常用的控制代理商的方法。会展企业也可以向代理商提供让利、服务和技术培训，以此要求代理商履行责任。这种方法使用起来比较有效。

4. 利用专业权威。会展企业在自己的项目领域具有丰富的知识，对一些代理商特别是专业代理商具有较大的吸引力。利用会展企业的专业权威是一项有效的方法，因为代理商必须从企业那里得到专业知识的培训，离开了这些帮助它的经营就无法成功。

5. 营造声誉。聪明的会展企业总会不惜成本地维护和营造自己的声誉，一些加强形象宣传的举措会得到很多代理商的欢迎。

（二）渠道激励

代理商有自己的经营体制与利润目标，哪怕与会展企业配合再紧密也不会使其以会展企业的利益为重，代理商与企业的配合热情和动力来源于会展企业对它的鼓励、支持及带给它的实际利润。会展企业为使代理商有良好的表现，必须采取必要的措施，对代理商进行激励。

1. 根本性激励。代理商首先是参展企业认购的代理商，然后才是会展企业的销售代理商，与参展企业一样，他们总希望得到物美价廉的项目或展位。会展企业提高项目的辐射力和服务水平，就从根本上为代理商创造了良好的销售条件。这是对代理商最根本性的激励。

2. 驱动性激励。代理商有自己的利润目标和价值取向，会展企业通过对代理商营业数量、信誉、财力、管理能力的考核，给予较高的让利和折扣，合理分配利润，是对代理商的驱动性激励。

3. 保健型激励。产销矛盾不可避免，但企业应尽力把其影响降至最低限度。一方面，会展企业要弄清楚代理商的需求；另一方面，要明确自己能满足代理商的什么要求，并与代理商的需求结合起来，妥善解决矛盾，这是对代理商的保健型激励。

4. 辅佐性刺激。市场信息是市场推广活动的重要依据，会展企业要及时将市场信息传递给各级代理商，以便他们及时调整销售措施，这是对代理商的辅佐性刺激。

第四节 合作制渠道

一、合作的核心——整合会展营销资源

营销资源即主办者的办展资源，它包括资金、人力、物力。其中，比较直观的是物力，比如办公设备和通信工具，而最为重要的是信息资源和社会关系资源。

信息资源指目标客户的信息、合作单位的信息，还有关于该项目的行业、产业的信息，如该行业发展趋势、该行业的热门话题、行业的亮点等。

社会关系指与该展览所属行业的主办单位、主管部门的关系，与全国及海外合作伙伴、展览组团代理的关系，与各大专业媒体和公众媒体的关系等。

其实，展览还有一些资源常常为人们所忽略，但它们对展览的影响又十分巨大，它们是：

其一，同行对此产品的反应。同行是否经营同类的展览项目，特别是本地、本区域的同行，如果有同类项目的话，就必须慎重考虑。

其二，该产品举办的时间选定。原则上要避开国内外同类展览的举办时间，特别是与该产品相似的品牌展览，两者的举办时间起码要相隔 3 个月以上。

其三，创意命题。项目确定后，展览名称的命题需要有创意，要抓住行业的亮点和市场的特点进行命题。

合作制渠道关键在于将以上资源进行整合，利用资源的互补效应，通过寻找赞助商、协办单位、支持单位等合作招展，以达到会展营销效应的最大化。

下面主要就展会与赞助单位的合作原则、方法等加以论述，之后简要论及寻求合作单位，建立营销网络的问题。

二、寻求支持赞助单位

（一）赞助的原则

1. 相关性原则。一般来说，所举办的展览项目与提供赞助的企业或机构都有一定的相关性，这一点在专业性会议或展览中表现得十分明显。如在协会会议中赞助的企业大都是行业内部的企业，在专业性展览中赞助的企业也基本上是行业内部的企业。这些企业赞助相关性展览项目一般是为了显示自己在行业内部的龙头地位，彰显自身的实力。

2. 利益互换原则。作为赞助商来说，赞助某个展览活动是为了谋取一定的利益，也就是说，赞助商在提供赞助的同时也会要求展览活动的主办者为其带来一定的商业回报，即遵循利益互换原则。除了前面提到的赞助商赞助展览项目是为了显示自己的实力之外，赞助商的另一个非常重要的目的就是借展览活动为自己做营销。专业性展览活动聚集了来自行业内部的重要的买家和卖家，聚集了行业内的知名人士，通过赞助展览项目可以迅速扩大自己在行业内部的影响力。在综合性展览中，企业的赞助活动也能够起到营销的目的，通常在展览活动中都以媒体策划方案来为赞助企业做宣传。当然，在不同的展览项目中可以以不同的方式体现利益互换原则。

3. 不等价原则。与一般的市场交换行为要遵循等价原则不同，赞助商的赞助遵循不等价原则。这里的不等价原则是指赞助人的赞助金额与展览活动本身的成本无关。例如，举办一个展览活动也许其实际的成本支出只有 50 万元，但由于展览活动本身的影响力很大，能够给赞助商带来巨大的商业回报，有众多的赞助商提供赞助，最终所获得的赞助收入达 500 万元。也就是说，赞助商是否赞助以及赞助多少并不是以展览项目的实际成本为依据，而是依靠赞助商对所赞助活动的主观评价。

（二）寻求赞助的目的和目标

这是展览会成功的关键环节，寻求对口的主管部门和单位作为展览会的主办或支持单位，可以提高展览会的档次、规格和权威性；可以扩大展览会的影响力，吸引媒体的广泛关注，便于展开新闻宣传；可以提高行业号召力，有利于组织目标客户参展和目标买家参加；能代表行业的发展状况和趋势；能有效地形成项目的品牌效应,最终实现可持续发展战略。

寻求赞助的目标包括行业的政府主管部门、行业的权威协会、具有广泛影响力的行业媒体等。

(三)清楚赞助单位的要求

展览主办者必须了解赞助所能提供的一切潜在利益,从赞助企业的角度发掘赞助所能带来的利益。赞助单位的收益主要有:

1. 进入特定目标市场,获得销售机会。比如,一家啤酒厂赞助某地的一个大型展会,从而在该地开拓市场,获得销售啤酒的机会。

2. 树立/提高企业/品牌形象。比如,在奥运会、亚运会这些大型活动中提供赞助会获得展览冠名权、排他权(排除其他竞争的资格)、网络传播机会、广告销售权、媒体展露、标志权、赞助商参与制作媒体广告以强化赞助者与此次展览的联系、展示产品的资格、招待服务等提升企业品牌价值,树立优秀成功企业形象的机会。

3. 与分销商建立关系。比如,企业可能希望与参展或分销自己产品的公司建立更牢固的关系。为此,厂商可以考虑对某一展览进行赞助,前提是作为赞助整体利益的一部分,厂商可以在展览会场搭建自己产品的宣传台,获邀参加特殊庆典等,这些条件有利于与分销商们建立起牢固的合作关系。

4. 直接进行销售。比如,作为赞助内容之一,公司可以有机会直接将自己的产品或服务销售给展览参与者。

(四)赞助商对赞助产品的考察标准

赞助商对赞助产品(展会)的考察标准主要包括:

1. 展览的认知度有多少?是同类型中最好的吗?参加展览可以提高企业的知名度吗?

2. 展览是延续性的还是一次性的?

3. 展览组织者的声誉如何?组织者有没有成功举办此类展览或其他展览的记录?组织者有没有帮助产品达到其赞助目的安排技巧?组织者是否具备赞助者希望与之相联系的形象与要求?组织者自己的责任、权利、义务明确吗?对于认可的事项,组织者有没有绝对的控制权?组织者的员工对客户要求是否能做出灵敏的反应?他们容易接触吗?

4. 赞助确能获得的利益与预测有多大距离?有没有机会对产品和相关商品进行直接销售或进行产品测试?是否符合公司的指导方针?

(五)选择赞助商的标准

赞助商要为展览项目提供一定的资金和实物赞助,因此需要赞助商具有一定的资金实力和良好的声誉。同时,赞助商的层次和水平也在一定程度上反映了展览项目的质量和层次。因此,并不是只要有机构或企业提供赞助,展览项目的主办方就会接受。一般来说,展览项目的主办方要根据一定的标准来选择赞助商。

1. 报价因素。企业所报的赞助价格是会展企业最重要的考虑因素之一。报价越高,说明该企业的实力越强,越能够为展览项目及时安全地提供赞助。

2. 资质因素。赞助企业必须是有实力的企业,是行业内的领先企业,发展前景良好,有充足的资金支付赞助费用。

3. 信誉因素。一定要考虑赞助企业的市场信誉因素,尤其在赞助商为展览项目提供企业所生产的产品时更要认真考虑。赞助企业的信誉不仅能够保证所提供的赞助产品的质量,而且能够反映出展览项目本身的信誉。

4. 市场推广因素。赞助企业在市场营销和广告推广方面投入足够的资金和做出其他努力,以充分利用所赞助展览项目进行市场营销,同时宣传和推广企业自身和展览项目。

(六)寻求适当的赞助者的方法

最有可能成为赞助者的机构,是那些希望与参加展览的观众接触的机构,或者是展览可以协助其解决某个特定问题的机构,以及那些正在寻求重新定位、扩展进入新市场或推出新型产品或服务的机构。展览主办者要学会分辨这些机构。

分辨结束后,根据展览的性质,有些组织就可能成为目标赞助者。举例来说,一位园艺展的组织者可能会注意到有一家园艺公司刚刚推出了一种新肥料,如果能使公司相信本次展览为公司提高知名度、增加新产品的销售量提供了良机,该公司就会考虑赞助。

展览管理者还可以通过参阅公司的年度报告或浏览其网站等方法来寻找潜在的赞助者。这些材料可以表明某一机构当前所遵循的发展方针,表明它们适合进行什么样的赞助,以及是否会对赞助有特殊要求。这些信息可以显示某机构是否存在赞助的可能。

另一个分辨潜在赞助者的方法就是看谁曾经赞助过类似的展览。为此可以查阅宣传材料或相关网站。

一旦分辨出合适的潜在赞助者,就要确保对每一个潜在赞助者进行更加详细的调查。调查的内容包括赞助者愿意赞助的展览类型、该机构是否与特定的行业有关联、在策划周期中何时调配赞助预算、赞助策划书应该何时送达赞助企业以及送给企业的什么部门或什么人。对于小型企业,这个人可能就是首席执行官或总经理。中型企业的市场部经理或公关经理就可以对此问题做出决定。在大型企业,负责赞助的部门有可能设置在市场部、公共关系部或公司事务部。计划书送出后，通常要在适当的期间进行跟进。

三、寻求合作单位，建立营销网络

这是展览会展览组团成功的重要环节。寻求对口的合作单位，作为展览会的展览组团代理，能提高展览会的影响力，加快信息的有效快速传递；可利用资源、优势互补，加快资源整合；可最大限度挖掘新客户，壮大参展队伍；能最大限度地降低展览成本。

案 例

第四届中国国际供电会议（CICED2010）赞助邀请函

会议介绍

中国国际供电会议（CICED）是在国际供电会议组织（CIRED）支持下，在中国举办的区域性国际供电技术交流研讨会议。与会者主要是从事电网规划、设计、运营、管理的工作者，以及电力设备厂商、科研工作者等工程人员。会议将搭建一个交流观点、研讨技术、了解全球先进技术成果的平台，是一个凝聚智慧、共同探讨电网发展经验和未来趋势的重要会议。CICED 致力于加强世界电网企业、电力设备制造商和电力工作者的合作与联系，共同提高供电技术水平。

第四届中国国际供电会议（CICED2010）将于 2010 年 9 月 13～16 日在江苏南京举行。会议由中国电机工程学会、中国电工技术学会、中国可再生能源学会联合主办，国际供电会议组织（CIRED）协办，美国电气电子工程师学会电力与能源分会（IEEE/PES）、英国工程技术学会（IET）技术支持，江苏省电力公司、英大传媒集团提供支持。届时，将有来自世界各地 500 多名输配电行业的高级管理者、技术专家参加本次盛会。

赞助详情

一、综合类赞助

（一）金牌赞助商

（二）银牌赞助商

二、单项类赞助

（一）会议茶歇赞助

（二）会议资料包赞助

（三）会议论文集光盘赞助

（四）会议电脑设备赞助

（五）会议纪念册赞助

（六）会议活动用车赞助

（七）会议代表证赞助

（八）会议用本笔赞助

赞助说明

1. 欲赞助本次会议的企业，请先填写赞助申请表，并与第四届中国国际供电会议组委会招商组洽谈赞助条款，签订赞助协议书，待协议书生效后执行。组委会招商组按照赞助级别和赞助协议书签订的时间先后安排活动及广告位置。

2. 会场内大型广告展板仅为综合类赞助商提供。

3. 大会会议指南仅为综合类赞助商提供广告版面。

赞助申请办法

请登录中国国际供电会议网站 www.ciced2010.org.cn 下载赞助申请表，填妥后传真或邮寄到：第四届中国国际供电会议组委会招商组：

地址：北京市东城区××街××号国家电网报社（100004）

第四届中国国际供电会议（CICED 2010）赞助申请表

中国·南京金陵会议中心 2010 年 9 月 13～16 日

年　月　日

赞助机构名称	
通信地址	邮政编码
联系人	电　话
传　真	E-mail
公司网址	
我公司申请赞助第四届中国国际供电会议（CICED 2010）	
□ 金牌赞助商 □ 银牌赞助商	□ 会议茶歇赞助 □ 会议资料包赞助 □ 会议论文集光盘赞助 □ 会议电脑设备赞助 □ 会议纪念册赞助 □ 会议活动用车赞助 □ 会议代表证赞助 □ 会议用本笔赞助
签署：	（单位公章）

本章小结

(1)会展分销渠道的特点是直接多于间接、短而窄、多通路;类型有内部制、代理制、合作制、部门制。

(2)只有优秀的会展工作人员才可以让服务过程达到最高的质量,使服务效果令参展企业满意;内部营销的工作原则是向员工进行企业的宣传和推销,管理中注重进行双向沟通,创造良好的工作环境,使员工看到发展前途并能自我实现,创造集体协作的氛围。

(3)选择代理商的原则包括经济、控制、适应;如何调动代理商的积极性、主动性,使其充分表现出应有的合作精神,并且随着市场的变化灵活地调整是代理商管理的重要内容。会展企业与代理商的关系是分销渠道管理的主要内容。

(4)合作的核心是整合会展营销资源;寻求支持赞助单位要遵循相关性、利益互换、不等价的原则;选择赞助商以报价因素、资质因素、信誉因素、市场推广因素作为标准。

本章重点词

分销渠道　直接分销渠道　间接分销渠道　内部制　代理制　合作制　部门制

复习思考题

1. 会展分销渠道有何特点?
2. 如何选择代理商?
3. 如何控制与激励代理商?
4. 寻找赞助单位时,要让它有何收益?

第五章 会展促销活动营销

HUIZHAN CUXIAO HUODONG YINGXIAO

本章概要

本章对会展促销活动营销进行了全面的介绍和论述，概述了会展促销的功能、原则、效应、方式；介绍了会展公共关系的基本模式、形式、决策；说明了招展宣传的对象、内容与渠道，以及会展广告、新闻工作在操作中的相关问题；提到了人员促销的重点和目标；在会展营业促销中，介绍了会员制促销的作用和特点。

会展促销(Exhibition Promotion)，是会展企业通过各种营销宣传手段，向参展企业传递会展项目与服务的有关信息，以实现会展项目与参展企业的有效沟通，从而影响参展企业购买行为的活动。

第一节　会展促销概述

一、会展促销的功能

(一)传播信息

传播信息即通过会展促销活动使参展企业了解会展产品与服务的有关信息。

(二)刺激需求

刺激需求即会展企业通过促销活动加深参展企业对相关会展产品的认识，唤起参展企业的需求，通过劝说和提示参展企业认购有关会展产品，达到扩大销售的目的。

(三)强化竞争优势

会展促销通过对同类会展产品某些差别信息的强化传递，使参展企业意识到所宣传的会展产品的特色和优势。

（四）树立良好形象

树立良好形象即在扩大会展产品销售的同时，树立起会展企业和会展产品在公众心目中的良好形象，从而为企业的长远发展创造有利条件。

二、会展促销的原则

（一）出奇制胜原则

利用参展企业求新、求奇的心理来制定促销措施，就是出奇制胜原则的心理学依据。新奇式促销策划重在创意内容的新奇上，内容新奇能引起消费者的心理共鸣，至于促销选用的工具，只是为了更好地烘托主题，以帮助促销方案的顺利进行。因此，企划人员在进行这类促销策划时，要重点将功夫下在创意、内容的新奇上。

（二）让利诱导原则

利用人们的趋利本能，采取奖券、折价、减价、赠奖、竞赛、印花、会员、积分等形式来促销，是让利诱导原则的具体体现。运用这一原则，必须注意设计让利的幅度，否则，让利幅度太小，参展企业不会响应；如果幅度过大，又会增加企业成本。

（三）突出优势原则

利用促销活动突出会展产品的特色和优势，能使参展企业对产品留下深刻的印象，产生认购冲动。

三、会展促销的效应

（一）“注意力”效应

在激烈的会展市场竞争中，会展企业必须制定有效的会展促销策略，针对目标市场和公众，选择适当的促销手段和富有创新性的促销方式，才可能将参展企业的注意力从令人眼花缭乱的同类会展产品的宣传活动中吸引过来。同时，实施这样的策略也可以扩大会展产品和会展企业的知名度，从而激发参展企业的认购需求和引起更多潜在参展企业的关注。

（二）名牌效应

与传统产品不同，会展产品的质量存在着事前不可评估性。而我国目前的会展市场上，一些会展企业的服务质量难以令参展企业满意。因此，建立企业品牌，提高企业信誉度与顾客信任感是会展企业发展的关键，增加产品的无形价值，如通过 UFI 认证的会展无疑具有更强的吸引力。为了树立品牌，一方面要通过内部管理与控制提高质量；另一方面，要尽量运用广告、公共关系等手段，加强对企业形象长期性、持续性的宣传，以获取名牌效应。

（三）特色效应

在进行市场调查分析、确定市场定位的基础上，会展企业应针对主要目标参展企业的需求，突出企业在某一领域的核心竞争力与独特之处。这就需要采用合适的促销策略，在消费者心目中建立对本企业的鲜明的形象，从而增进企业与顾客间的了解与沟通。

四、会展促销方式的检验

（一）促销目标是否准确和清晰

这主要包括以下方面：促销活动是否涉及面广泛？是否有能力接触到不同类型的参展企业，同时也可以完成多个目标下的任务？促销活动的对象是消费者、中间商还是服务人员？

（二）促销是否瞄准会展产品的参展企业

这主要包括以下方面：目标消费者是否习惯会展企业的这种促销形式？如果不习惯，他们是否认为它不合适？这种促销是否可以减少会展产品及服务的购买风险？促销活动的所有条款是否都好懂、易记？促销向参展企业提供的是即时利益还是延时利益？参展企业为了获得优惠条件，必经付出多大程度的努力？促销活动的所有条款是否具有灵活性，是否向参展企业提供了多个选择机会？

（三）促销是否有利于取得竞争优势

这主要包括以下方面：竞争对手最近是否也在使用该工具进行促销？竞争者对于类似或更优的促销活动产生反应的速度如何？

（四）促销活动的成本效益如何

这主要包括以下方面：促销活动预期的最大效果有多大？促销提供的条款是否可以尽量减少促销费用？预期的促销费用的准确程度如何？促销会不会对服务能力给予过大的压力？在设计促销方案时，是否已考虑获利参展企业的数量？

（五）促销活动有没有进行整合

这主要包括以下方面：该促销活动能否和营销组合中的其他因素（广告、人员推广、公关等）整合成一体？该促销活动是否可以增强会展企业的广告效果，或是有利于会展品牌的建立？该促销活动能否和其他促销活动整合在一起形成一个具有吸引力的事件？

（六）促销活动实施的可行性如何

这主要包括以下方面：为了取得促销活动的成功，管理者和服务人员要付出多少努力？会展工作人员是否希望促销活动可以促进其经营任务的完成？参展企业的经营者能否控制促销活动全过程的费用和时间的安排？参展企业的经营者在此之前是否具备类似促销活动的经验？在促销活动实施过程中和结束后，促销的影响时间有多长？

（七）促销活动是否便于效果的评估

这主要包括以下方面：是否存在评估促销反应的标准，如何评估？是否可用较低的费用对效果进行评估，并与其他同类或不同类的促销活动进行比较？参展企业反应是否集中在促销推出后的很短的一段时期内？是否存在一些不相关的因素降低了评估的精确度，而且增加了其费用？

（八）促销在法律上有否冲突

这主要是指某一类型促销活动的制定和实施是否存在法律上的约束？

第二节　会展公共关系促销

一、会展公共关系概述

会展公共关系是指会展企业或组织为了取得企业或组织内部及社会大众的信任与支持，为自身的发展创造最佳的社会关系环境，在分析和处理自身面临的各种内部和外部关系时所采取的一系列决策和行为。会展公共关系对于塑造企业富有魅力的公众形象，提高知名度与美誉度，以增强市场竞争力具有重要的作用。

建立良好的会展公共关系，要求会展企业或组织加强与公众的有效沟通，努力通过会展公关活动将本企业或组织能够为社会提供的贡献率准确传达给社会公众与参展企业，树立起良好形象。此外，会展活动一般每年进行，因此，其公共关系具有战略性和长期性的特点，需要会展企业或组织有计划、长期不懈的努力。

二、会展公共关系营销

（一）会展公共关系的基本模式

会展公共关系营销是会展利用各种传播手段，与包括参展商、会展服务商、观众、政府机构和新闻传媒在内的各方面进行沟通，建立良好的社会形象和营销环境的活动（见表5－1）。

表 5-1　会展公共关系的基本模式

产　品	公共关系的基本着眼点
核心概念	通过与公众沟通，建立良好的社会形象和经营环境
营销目标	较少是为了直接将展位销售出去，主要是为了树立办展单位和会展的良好形象，希望通过良好形象改善会展的经营环境
客户关系	比较牢固，竞争对手较难破坏
价　格	不是竞争手段
营销强调	树立办展单位和会展的良好形象
营销追求	提高办展单位和会展的社会知名度，树立良好形象，不追求单向营销支出的回报，着眼于长期利益
市场风险	小
对方的企业文化	可以不了解
营销结果	客户基于对办展单位或会展的信赖，且与办展单位或会展建立起一种长期的关系

（二）公共关系营销作用

公共关系营销的作用主要表现在：可以协助展会拓展新的展览题材，策划、举办新的会展；可以促进展会与客户建立良好的关系；可以协助办展单位对展会进行调整和重新定位；有利于为展会创造良好的外部环境；直接销售展位和邀请观众。需要指出的是，由于公共关系营销主要着眼于长期利益，其营销效果可能不像其他营销方式那样立竿见影。但是，一旦其产生营销效应，其作用将是长期的和持久的，展会将会长期从中受益。

三、会展公共关系的形式

展会公关工作一般包括：开幕式、招待会、拜会等。展会公关工作的对象主要是参展企业、重要贵宾、展出地的政府、工商会、新闻媒体等。公关工作是一项系统的人际交流工作，需要周密的安排。

（一）开幕式

开幕式是展览会的重要仪式，也是重要的展览公关工作，举办开幕式的主要目的是制造气氛，扩大展览会和展览组织者的影响力。开幕式的规格和档次体现展览组织者的实力和展览会的规格。

1. 开幕式的邀请对象。开幕式的邀请对象为政府官员、工商名流、新闻人士、外交使节、公司老板等人物，本身就有相当大的影响力，具有宣传价值。借助其影响,加强展览宣传,可以提高展览会的知名度并扩大展览会的影响面,从而吸引更多的观众参加展览。另一方面,这些人物都有一定的参展权或建议权,对展览会效果有着直接或间接的重要影响。

2. 开幕式时间。开幕式通常安排在展览会的第一天,但如有一些国家和地区邀请最高领导出席开幕式,则要根据该人物的时间安排开幕式。也有一些其他原因将开幕式安排在第一天之后。如果开幕式不是第一天,前几天的展览称作“预展”或“贸易日”等。如果是面对普通公众开放的展览会,开幕式可以安排在周末和节假日。

3. 开幕式筹办。开幕式工作要尽早做。重要人物时间都安排得很紧,如果不早约定,晚了就很难请到重要人物。筹办工作首先要确定人员、事项、预算等管理方面的工作以及开幕式的时间、地点、规模、程序等仪式性事项。人员包括后台的筹办人员和前台的司仪、发言人、剪彩人等。内部人员尽早指定,外部人员尽早协商确定。内部人员落实后就要分配任务,外部人员落实后,就要商量发言稿,告之细节。如果所选择的场地需要预约租用,就要尽早联系、协商、确定。时间、地点确定后其他筹办工作才能开展。

筹办工作的一项重要任务是邀请出席人。要先拟定邀请范围和名单,编印请柬,安排寄发。请柬的措辞、格式、版面一般是固定的,但是也可以有创新,给收请帖人一种新鲜感。根据需要和条件,在请柬上注明“请确认”或附上回执,要事先了解当地的邀请出席率,以便计算寄发数量。时间也要控制好,对于重要的邀请对象,可以在寄发请柬后用电话再次邀请确认。发言稿要提前写好,以便有时间互相交换阅读、修改、打印。发言宜短,要避免套话废话。

开幕式会场要布置好。如果需要,提前安排书写横幅,用词、尺寸、颜色等都要考虑周到并交代清楚。主席台上根据需要安排发言台、座椅、扩音设备。其中,座席排位要事先商量好。座椅上要做记号,以防坐错。如果人多,可以往主席台上安排一个引座人员。是否在主席台上提供饮料要视当地习惯和条件事先商定。有些展览会的开幕式比较简单,主席台上人员一律站立。这种安排要考虑年老体弱者。很多开幕式设来宾座席,要布置好。有时,要考虑在前排留出给不上主席台的贵宾的座位。这些座位或者贴上标签,或者在走道上设路标,或者安排人员看守。

现场设备不仅有扩音设备,还包括照明设备、空调设备等。要安排人负责调制。如果放背景音乐或其他录音,要事先准备好磁带并向设备控制人交代好。

4. 开幕式的程序。一般是司仪宣布开幕仪式开始,主宾顺序发言致辞、剪彩和参观展览。隆重的开幕式甚至安排演出和放烟花。

在会场入口处可以设签到处。签到处的作用是维持入场秩序、记录来宾情况。签到处的工作包括检查、收取请柬、索取来宾名片或要求签字、发胸牌或胸花以及发资料袋等，资料袋内准备展出资料、发言稿、主席台名单、开幕式程序、礼品等。签到用具有签到台（最好铺上台布）、签到牌、签到笔、签到簿。签到处的人员一般安排外貌举止俱佳的女士。

休息室供重要人物使用，尤其是主席台上的人物，在休息室等齐了一起上台。要通知签到处人物的姓名，重要人物一到，就引进休息室。如果可能，要安排一名礼宾官，负责迎接引导贵宾。

签到处收到的名片是很有价值的资料，要指定人收集、分类保存。接受邀请参加开幕式的人士或多或少对展览会有公关、宣传价值。

有些展览会会收到不少花篮，可以考虑布置在主席台或布置在开幕式会场入口以增加气氛。如果花篮上有赠者名称，要注意恰当的排列顺序。

剪彩需要安排的用具有立杆、彩带、剪刀、手套、托盘员、持彩人（如果不是用立杆拉彩带，托盘人和引导人的任务是指挥剪彩人就位和开剪）。托盘员要事先进行适当的培训，包括等候、上台、排列、递剪刀、递手套、剪彩、下台的顺序、步伐、立姿等。持彩人、托盘员一般安排外形气质好的女士，另外着装也要考虑周到。彩带传统上使用红绸，并结大花结。对于展览会的庞大开支而言，绸彩带的费用微不足道，但是，众目之下把一整条红绸剪断，容易给人浪费的印象，可能引起微词。因此，现在不少展览会改用纸质的专用彩带。

开幕式的内容一般包括参观展览馆。路线要事先安排好，算好时间，通知相应的展览摊位。参观过程中，谁引路、谁解说陪同最好事先有安排。重要人物都应有人陪同，不要冷落谁、丢失谁。如果开幕式后是招待会，要将重要人物引到招待场地。如果重要人物在参加开幕式后离开，要送上车。

表演、放烟花比较专业、复杂，需要委托专业公司来做。

5. 开幕式新闻工作。开幕式应当通知新闻媒体，并安排好自己的摄影报道人员。开幕式的效果在很大程度上依赖于新闻报道，从某方面看，举办开幕式就是给媒体提供报道素材。此外，根据当地的规定通知有关部门安排好停车、引导、保卫、消防等事项。

举行开幕式的目的是扩大展览影响，如果展览会影响已经很大、知名度已很高，就不一定举行开幕式。欧美很多影响大、效果好、务实的贸易展览会不举行开幕式。这些展览会把宣传精力主要放在新闻工作上，对于这些展览会，新闻工作就是公关工作。

（二）招待会

招待会是在展览会上与关键人物或重要客户接触的重要方式。举办招待会的主要目的是扩大交际范围，加深与参展客户的关系。

1. 招待会的规模。招待会的规模视需要和条件可大可小。规模比较大的有开幕式招待会、答谢宴会等，规模小的招待会实际上就是宴请。招待会不论规模大小，都是公关交际工作。招待会可以根据需要多次举办，至少举办一次。第一次招待会可以在展览会开幕当晚，规模可以大一些，之后可以视需要举办一些规模小的招待会或宴请。

2. 招待会的邀请对象。招待会的邀请对象主要是最重要的参展企业以及政府有关部门的官员、工商界名流。此外，邀请范围还可以包括目标媒体，利用招待会做一些新闻宣传报道。

3. 招待会的主要时间安排。招待会的主要时间应当留给展览企业与参展企业、当地工商人士、政府以及新闻记者结识交谈。不过，邀请重要人物出席招待会，安排重要人物主持并做简短讲话有利于提高招待会的气氛和效果，招待会讲话可以概要介绍展览企业、展览目的。展览企业重要人物在招待会前后站在门口迎送客人是比较好的做法，可给客人留下更好和更深的印象。

4. 招待会管理。招待会涉及费用、人员、事项、时间等管理因素，因此要制订计划、统筹安排。招待会需要考虑的事项包括范围、邀请对象、地点安排、酒水安排、座位安排、讲话安排等。展览期间招待会可能比较多，因此，要早做安排。人数多的招待会用自助方式，以便出席人员可以自由交谈。自助方式还有一个优势是饭菜酒水费相对低。使用自助方式的招待会可以另外安排一单间供少数主要人员用餐。主要人员在发言并与招待会出席人员稍做接触后就离开。这是一种习惯做法，但是不公开说明。如果安排是坐餐方式，要考虑桌次及座次，这是一项比较费神的工作，要考虑不同地区的不同习惯，尤其在重视排位的地区要特别用心。排序决定后要书写打印座位标签，餐前放在相应的位置上。排序有专门知识，应请教专家或参阅专业书籍。排序除了考虑习惯之外，还要考虑便于交流。

（三）拜会

拜会是一种“走出去”的公关方式，主要形式是展览企业方面的人员上门拜访参展企业的有关人士。拜会是一种礼节，表示对被拜会人的尊重，同时也是公关工作，其目的是为了获得被拜会人的支持。

拜会人可以是高级别的人士，比如展览企业方面的高级官员拜会重要参展企业相关人士。级别高的拜会多出于宣传和巩固关系的考虑，作用是建立更进一步的联系，并通过被拜会人间接地扩大展览会和展览组织的影响。

级别高的拜会要早安排，用书信、传真等方式约会确定，用电话再次确认。如果拜会级别高，具体安排人还需要事先为拜会人提供有关被拜会人的基本情况，以便拜会人掌握，使会谈气氛融洽一些，内容更有针对性。拜会可以配备一些资料和礼品。拜会人在拜会后的适当时间可以致函被拜会人表示感谢，告之相应的展出效果，并表示愿意长期保持关系。

(四)贵宾工作

贵宾工作是一种“请进来”的公关方式，主要形式是邀请相当级别的人士参观展览，因此，也称作“贵宾参加”工作。贵宾参加的主要作用是提高展览知名度，扩大展览影响，以吸引参展企业的注意和参加兴趣。但是这项工作的目的要通过新闻宣传方能实现，因此要与新闻工作紧密结合。

贵宾可以是展览会所在地的政府高官、工商名流、企业巨头，也可以是参展企业方面的人士。从这方面看，贵宾为重要人物。不论是哪方面的贵宾，都有宣传效应。

安排工作要尽早做。要联系贵宾的秘书或助理，充分说明展览的意义，以使秘书或助理做出安排。另外，要与展出地相关的部门协调好有关安排，包括机场接送、参观、招待会、宴请、拜会等。

贵宾参观应当认真准备，时间、地点、接待人、资料、礼品等都要安排妥当。贵宾到达之前，准备迎接。参观展览时，展览会组织方面的重要人物要一路陪同参观展览。陪同贵宾参观时，要有详有略地介绍展览情况，并准备回答问题。但是一般的经验是越高级别的贵宾“金口”越不开，参观之后，可以安排一个小型招待会。安排要正规，习惯上，贵宾要作简短发言，发言应提及展览单位。

(五)支持单位

支持单位是指向展览企业提供支持的单位的统称，包括赞助单位、后援单位、协办单位等。支持单位对提高展会的知名度、扩大影响力和吸引更多的参展企业参加都有着重要作用。

支持单位可以是政府有关部门、工商会、行业协会等。支持方式可以是提供经费、帮助宣传、协助办展。由于支持单位本身具有一定影响力和号召力，因此展览企业借助支持单位可以提高宣传和公关工作的效果。

获取支持的因素是关系，展览企业平时应当与有关单位保持良好的关系。具体支持展出事务在展览企业制订展览工作方案时就要商定，然后正式发函征求支持单位的意见，说明需要哪些方面的支持。如果同意支持，有关单位应当正式复函。如果口头答应，却未复函，展览企业应当索取正式函件。与支持单位有关的宣传工作和公关展览有很多种。

首先是名义。展览企业可以在所有的宣传资料上列明支持单位，造声势、抬身价。

其次是宣传。展览企业可以向支持单位提供展出情况，在支持单位的内部刊物上登载。如果支持单位对口，其刊物的宣传效果可能比公开发行的专业刊物的效果更好。

再次是公关。展览企业可以邀请支持单位的领导出席开幕式、招待会等。

最后，拜会、参观等工作也可以与支持单位联系起来。展出结束后，一定要给支持单位发函致谢并寄上展览总结报告，让支持单位了解有关工作和结果，增加互相了解，以利于以后长期合作。

（六）会议

会议是一个统称，包括报告会、研讨会、交流会、说明会、讲座等。在展览会期间举办会议是很普遍的做法，并有普及的趋势，会议和展览是相互配合的，可以以会议为主，也可以以展览为主，根据组织者的要求不同而定。

会议是展览企业提高展览会档次和为参展企业提供服务、扩大影响的直接而有效的方法。会议可以吸引来本次展览相应行业的许多行家、决策人物和有影响的人物。会议内容可以是介绍展览会，展览产品的性能、用途、使用方法，也可以探讨相关行业或产品新的发展趋势。会议是场地展览的补充，是展览会的一个重要组成部分。会议的直接目的是丰富补充展出内容。但是由于会议通常能吸引真正感兴趣的参展企业，而且很多参加者是决策人物、专业人员或咨询人物，他们大多有相当大的影响力，因此展览企业可以通过这些人士间接地扩大影响。展览会议最好能得到当地行业协会、工商会、研究所、政府部门等机构支持，以便更具号召力，吸引行业内更多的有影响的人士出席，从而增强会议的影响力和宣传力量。

（七）评奖

评奖是一种具有宣传价值的活动，展览企业可利用评奖大做宣传文章。评奖团大多由专家组成。评奖对参展企业是一种肯定，使之感到参展投入物有所值。评奖内容多种多样，包括展品、设计等的评奖。展品评奖比较多，而且可以细分为很多种，展品评比能吸引行业的注意；而设计评比一般是参展企业之间的评奖，展览会要事先通知所有参展企业。参展企业需要提前报名，提供展品，并提供详细的技术介绍和说明。展览会评比不太可能使用专业测试，大部分是看外观，简单操作，看专业测试资料后下结论，经“权威人士”的民主投票方式评出金奖、银奖、铜奖或其他名称的奖。

四、会展公共关系决策

会展公共关系决策主要包括以下两方面的内容。

第一，确定会展公共关系活动目标和对象。确定公共关系活动目标和对象要与会展企业的整体目标及调查研究中所确认的问题紧密结合起来，使之具体化，具备可操作性。在此基础上,明确公共关系活动的对象。

第二,确定公共关系活动的行动方案。会展公共关系活动是由一系列活动组成的,这就要求运用相应的策略加以指导,制订好行动方案。在进行公关活动过程中,要求会展企业要树立“诚信共赢”的思想,对参展企业、参展观众和社会负责;会展企业要坚持实事求是与真诚合作的态度,去改善与参展企业的关系;会展企业要考虑企业的长远利益,有放眼未来的战略眼光。此外,可以选择多种公关手段进行公关活动,如新闻发布会、公关会议、展览会及对外开放接待参观、纪念庆祝活动等,使公关宣传的信息以最有效的方式传播出去,并力求达到预期效果。

第三节 会展宣传与广告促销

一、招展宣传的对象、内容与渠道

(一)招展宣传对象

宣传的第一项工作是确定招展对象,也就是确定招展目标,决定招什么样的参展者和招多少数量的参展者。

1. 参展者的类别。参展者可以按以下标准进行分类:

(1)参展者的经营类别。经营类别也就是专业类别,展览有不同的性质,要做到专业对口,对于参展申请者,不能来者不拒。必须根据展出目标和任务、会展性质将参展者限制在一定的专业或行业范围内。比如,展出组织者的战略目标是促进电器产品的出口,而展览会也是电子展览会,那么,就必须将参展商限制在电子行业,排除其他行业的公司。确定展览对象的性质,一方面是为了在整体上实现展出目标;另一方面也是为了避免非专业的参展者过多,以致影响展览的权威性。

(2)参展者的规模类别。这主要是说,要根据不同展会的性质,考虑参展商的规模,有针对性地进行招展工作。比如,国外集体展出组织者,尤其是由政府资助的展出,往往将展览单位规模限制为中小企业。集体展出的主要目的就是帮助缺乏经验但有潜力的中小企业开拓市场。但是,如展出目标是建立某方面的形象,那么就需要有实力的大公司来支撑门面。

2. 参展者的范围。所谓展览范围,是指参展者的数量。这不是组织者完全能控制的因素,而要受两方面的制约。一方面受参展单位意愿的制约,有可能感兴趣并且申请参展的公司非常多,也可能感兴趣并且申请参展的公司非常少。另一方面受展览承办机构的制约,主要体现在承办机构的规模、声望以及展览场地的大小。

决定展览对象不仅是为了展览宣传更有针对性,而且也是为了选择展览对象时有标准和依据。

(二)招展宣传资料

招展宣传工作的第二项任务是准备宣传资料,包括展览会资料、市场资料、组展要求和安排、协议或合同、集体展出的好处和优势等资料。资料的形式有:新闻资料、情况介绍资料等。

1. 新闻资料。新闻资料主要用于宣传,其目的一是向潜在参展者阐明展出项目的情况,二是引起潜在参展者的参展兴趣。新闻资料应简短、全面。简短是指内容言简意赅,表达最主要的方面;全面是指资料要包括展览会的基本情况(比如时间、地点、内容、性质、市场规模、特点、潜力等)、组织者联系地址、参展手续、停止日期、集体展出的优势等方面的基本情况。

2. 情况介绍资料。情况介绍资料的基本范围与新闻资料相同,不过内容更为详尽,使潜在参展者能够对展出项目有足够的了解,以便其作出判断和决定。情况介绍资料可以包括参展申请表以及参展的基本要求和手续。情况介绍资料可整理成套,供潜在参展者索取,也可由展览组织者主动提供给重要的潜在参展者。

(三)招展宣传渠道

首先要清楚确定展览的目的是什么,是希望别人来参加、教育大众、介绍服务,还是增加曝光率?不同的目的将有不同的宣传渠道方式。当今社会已进入行销时代,如何通过各种有效的渠道将展览信息传递出去,将会是决定展览成功与否的一个重要因素。

作为展出承办机构,成功招展宣传表现为以下几方面:确定策略,制定宣传目标,将展览内容持续有效地推广出去,让需要知道的人看到展览内容并产生兴趣,甚至影响其他人一起来参加,这样推广才会成功。

一般来说,不同的宣传方式有不同的功效。具体来说,广告宣传是将相关展览信息传递给大众;推广宣传这种宣传策略,是用来增加报名人数;而公关宣传的目的是使参展企业、专业观众等加强对主办单位的印象。当然,一切目的都是为了有效的展览推销。

现在的社会媒体众多,各种媒体都有不同的读者对象。如果媒体的读者对象与展览的对象不一致,那么媒体的读者数量再多也没有意义。因此,要选择与展览对象一致的媒体。

宣传规模视展览需要和展览承办机构的财力、人力情况而决定。宣传时间要安排好,一是要提前安排,不能太晚,否则来不及筹展;二是要分步骤、分层次开展宣传工作。

为加强宣传强度和效果,展览宣传的主要渠道是广告宣传和联络,广告宣传为单向传播的宣传,联络为双向交流的宣传。

二、会展广告

广告是展览宣传的重要方式,也是吸引参展企业的主要手段之一。与此同时,广告也是较昂贵的展览宣传手段。因此,对广告安排要严格控制,登广告要目标明确,根据需要、意图和实力来安排。

(一)广告规模

广告预算决定广告规模,要根据需要和条件决定广告预算。如果经费充裕,可以多在几家媒体上反复登载广告。如果经费有限,集中力量在少数影响大、效果好的媒体上做广告就可以了。广告开支与效果不一定成正比,选择合适的媒体是降低成本、提高效率的最好办法。

(二)广告时间

广告时间也需要安排,在一般情况下,做出展览决定后就开始安排广告宣传,要持续一段时间,每次宣传的时间间隔要事先安排好。连续刊登广告有利于加深客户的印象。美国的一项调查显示,比起未刊登广告的展览企业,连续登 6 次广告的展览企业要多 50% 的参展企业,登 12 次整版广告的展览企业要多 70% 的参展企业。

(三)广告媒体选择

选择媒体主要看媒体的对象是否是展览企业的目标参展企业。如果是消费品的展出,可以选择大众传媒,包括大众报刊,电视,电台,人流集中地的招贴、旗帜等。如果是专业性质的贸易展出,就要在综合媒体上刊登广告,或选择针对专业观众的专业媒体,包括专业报刊、内部刊物、展览刊物等。

1. 电视和电台。消费性展览会的组织者多使用电视和电台来做广告宣传,因为它们是覆盖面最广的媒体,告之效果十分理想,但费用通常很高。

2. 互联网。由于网络的迅速发展,在互联网上做广告的情况越来越普遍。利用网络做广告费用低廉,覆盖面却非常广。但网络上信息量太大,被淹没的可能性也很大,展览企业在选择网络媒体时要充分考虑到这一点。

3. 专业刊物。专业刊物是指生产、流通、贸易、技术等领域的专业报纸杂志,专业刊物如果与展览企业的目标参展企业一致,那么在其上刊登会展信息效果会很好,而且费用比大众媒体低。某一专业领域往往会有数家报刊,如果预算有限,就要选择影响最大的专业报刊刊登广告。如果预算充足，可以多使用几家刊登广告。交叉使用行业内的不同刊物刊登广告可以加深参展客户的印象。

4. 内部刊物。内部刊物指政府有关部门、贸促机构、工商会、行业协会等创办的刊物。在内部刊物上刊登广告的优势是读者专业。内部刊物的发行对象多是特定的专业读者，在其上刊登广告费用低、效果好；缺点是覆盖面不够理想。展览企业如果与内部刊物有特殊关系，可以在做广告的同时安排新闻性质的报道，以加强宣传的可信性。

5. 广告夹页。在重点刊物中设广告夹页，可以刊登丰富的信息和照片，印刷质量也容易控制，可给人留下较深印象。

6. 广告牌。广告牌主要用于吸引公众注意，激发公众参展的兴趣。

（四）广告战略

当今社会，各种广告可谓充斥着人们的生活，人们对广告宣传已很麻木，对很多广告往往采取置之不理的态度。因此，制定并实施富有创意的广告战略至关重要。

除了在众多可以使用的媒体工具，如出版物、网络、广播、电视、户外广告中进行合适的选择外，专业的媒体计划者还会考虑“覆盖率”、“频率”和“时间安排”等因素。

覆盖率指的是在某一给定时期内，接触到该媒体信息的潜在客户的数量。覆盖率和频率同时用来分析、比较预算相同的各种媒体计划。在一项媒体计划中，覆盖率或频率通常作为优先考虑的目标，当这些目标显著不同时，很容易在可替代的计划中进行选择。

媒体计划还常常会强调一些其他的关键性战略，其中包括：

“选择主流媒体，重磅出击”——例如，选择行业中的顶级杂志进行高强度的广告宣传。毕竟在这种杂志上做广告可以接触到目标市场中的大批观众。

“先入为主”——对于会展促销来说，要尽早传出消息，给潜在观展者充分的时间以便进行决策、预算及其他工作。

（五）广告制作注意事项

1. 广告内容要简洁、清楚、准确。清楚是广告成功的关键。阅看广告的人只关心事实，因此广告用语一定要简洁明了。广告用语要讲究措辞语法，但是切不可过于修饰。广告对象不是语言学家，广告所表达的内容要使一般读者能立即领会。

2. 广告内容要有吸引力，要全面。要将有关信息传达给目标观众，还要吸引观众的注意和兴趣。因此，仅仅刊登公司名称、联络地址、展出目的、展出产品是不够的，必须强调项目的特色、适合哪些需要、对参展企业带来的益处等，要有承诺。如果可能，要在广告中提及会展企业在当地的代理或代表，注明有兴趣者可以索取更详细的信息。

3. 广告要有规模，要重质量。广告要有一定规模，可以相对集中投放，即次数可以少些但容量可以大些(报刊的大版面、电视、电台的长时间)，这样做比分散做效果好。时间短、版面小往往被人忽略，效果不佳。对广告质量最有影响的人是广告设计师和撰稿人，他们可能不太在乎广告公司的盈利，他们最关心的是作品的质量，与他们建立良好的关系，可能会使他们下功夫制作出高质量的广告。刊登广告可以使用代理。代理有专业技术和经验，可以协调广告安排，并且报价可能比直接的媒体报价低。展览会所在地的广告代理比展出者所在地的代理要好，展出地代理熟悉当地的新闻媒体并与之有更密切的关系，且熟悉当地的广告文化。

(六) 不同媒体的优劣比较

不同媒体的优劣比较见表 5 - 2 所示。

表 5 - 2　不同媒体广告的优劣势比较

广告媒体	优　点	缺　点
报纸	时效性强，较有弹性；对当地市场的覆盖面广；可信度高，费用较低	延续时间短；广告表现力差；广告不易被记住
杂志	声誉与可信度高；持续时间长；广告表现力强；易于被传阅；地区和人口选择性强	广告周期长；发行量少；价格偏高
广播	地区覆盖面广；地区和人口选择性强；成本低；信息传播不受时间与地域限制，及时、灵活	缺乏视觉吸引力，表达不直观；听众记忆起来相对较困难
电视	视听并存、图文并茂，富有感染力；传播范围广，速度快	费用高，时间短，观众选择性小；存在一定设计制作难度
直接邮寄	灵活性强；读者的专业性强；受时空限制少	针对性不强，限制创造性的表现；人员、时间、经济投入相对高，有时会引发收件人的反感
户外广告	灵活性强；可重复展示；成本低；醒目	针对性不强，限制创造性的表现；内容局限性大
网络广告	成本低；受时空限制少；读者的专业性强；地区覆盖面广	诚信度不高

三、会展新闻工作

新闻工作是宣传工作的一个重要环节。因为新闻采访报道一般是免费的，而新闻报道的可信性比较大,效果比广告还要好,因此,新闻工作是一种低成本、高收益的宣传工作,对任何展览企业都很重要,缺乏经费预算的展览企业更应当多做新闻工作。

(一)新闻工作准备

1. 指定新闻负责人员。展览企业首先要指定新闻负责人,新闻负责人一方面要全盘负责新闻工作,另一方面要掌握参展企业的全面情况,负责与媒体打交道。为做到这一点,新闻负责人应当具有相应的知识。展览会负责与新闻界打交道的人员称作新闻官;负责新闻工作的机构通常称新闻部或新闻办公室,规模小的也称作新闻组。

展览会提供给新闻媒体使用的地方通常称作新闻中心。新闻中心设有供记者使用的电话、传真、电脑、打字机等设备,新闻中心工作人员可以协助记者安排采访,提供全套展览会和展览企业资料。新闻中心还提供饮料甚至食品,是记者工作休息的地方。展览会组织者在展览会场设置新闻信箱,通常设在新闻中心内,供参展企业使用或租用,放置参展企业的新闻资料等。展览会新闻机构会组织一系列的新闻工作,主要有新闻稿发布(综合新闻稿、专题新闻稿、企业新闻稿、展览新闻稿等)、新闻资料袋发送、记者招待会、摄影专场、展览报告会等。

2. 选择媒体并列出名单。要选择参展企业观看并重视的媒体,列出名单。合适是基本的标准。对于组织贸易展览的展览企业,相关的媒体有经济报刊、电子媒体、展出地当地报刊等。

3. 与媒体进行直接联系,多打交道,建立并巩固良好的关系。新闻工作具有长期性,与媒体保持良好的关系是新闻工作成功的重要条件。媒体可以指新闻单位,也可以指为其工作的人员,包括新闻、贸易专栏评论员、电视台电台采访人员、摄影师、编辑等。登门拜访最重要的媒体编辑,利用电话与有关记者保持联系,邀请他们座谈等,都是拉近与媒体关系的有效方法。与媒体的良好关系有助于得到其最大的支持并获得最高的报道率。

(二)新闻工作方式与程序

新闻工作有不同的方式,有一定的程序和时间要求。展览企业的新闻工作程序是使用合适的新闻方式,通过合适的新闻媒体,将展出信息传达到合适的观众,也就是参展企业。展出经常使用的新闻工作方式有:举行记者招待会;编发系列新闻稿;提供新闻专题报道;提供展览场地照片;邀请主要媒体的记者参加采访展览;安排专访特刊;等等。新闻稿分综合新闻稿和专题新闻稿。要按一定的频率向媒体寄新闻稿。对重点媒体可以进行直接人际联系并提供专稿。

在做出展览决定后,要在展出地举办一次记者招待会,全面介绍展览企业情况和展览组织、准备情况，以及展览场地、本次展览目的、主题等情况。招待会上要提供新闻资料袋，装有全套新闻资料。新闻资料袋可以给所有有关新闻媒体，以及其他有关部门包括工商会、行业协会、政府有关部门等。如果是全国范围的展览，可以考虑在参展企业集中的其他地区也举办记者招待会。

新闻工作也应进行相应的策划，有策划、有步骤地开展新闻工作有助于提高工作效率和效果。展览新闻工作策划的内容包括：

1. 任命新闻负责人，或联系委托代理收集、整理、更新目标新闻媒体和人员名单；

2. 制订新闻工作策划方案，准备、编印新闻材料，开始新闻宣传，发新闻稿；

3. 发布展览会的基本消息，将情况提供给媒体，安排记者招待会（落实时间、地点、发言人、内容、议程等），预订展览会新闻中心信箱；

4. 准备新闻资料袋，向媒体提供展出有关情况、资料，请记者参加记者招待会；

5. 收集媒体报道情况，如果在展览会期间对记者作过许诺（比如提供信息、案例，安排采访等），一定要尽快予以办理，或告知何时将办理；

6. 向未能参加展览的记者寄资料袋，向出席招待会、参加展览的记者发感谢信，向所有相关记者寄展览新闻工作报告，迅速、充分地回答看到相关新闻报道的读者来信。

（三）新闻工作内容特点

新闻媒体刊登展览消息会有良好的宣传效果，不仅可以吸引更多有价值的参展企业的注意，同时也可以加深客户对展览组织者的印象，提高展览组织者的形象。一般来说，新闻媒体只对有新闻价值或特别的展览感兴趣，展览企业必须认识到这一点。另外，不同的媒体对信息有不同的侧重点。

（四）新闻资料

向新闻人士提供的资料可以不局限于展出内容，因为新闻人士比展会观众兴趣面广。新闻资料可以指形式上的资料，比如新闻稿等，也可以指内容上的资料，比如采访的内容等。新闻资料用于寄发新闻媒体，放在展览会的新闻中心或在展台内。新闻资料要准备充足。新闻资料包括新闻稿、特写、新闻图片、参观邀请等。

1. 新闻稿。新闻工作的主要任务之一就是编发新闻稿。新闻稿是企业供给媒体的主要的基本新闻资料，如果内容新，符合新闻要求，被采用的可能性就大一些。要注意，新闻稿的内容必须是新闻媒体感兴趣的、有报道价值的。另外，新闻稿的最终读者是参展企业和目标观众，因此要了解他们的兴趣，按他们的兴趣安排内容。新闻稿的数量可以根据参展企业的规模、展出规模以及需要决定。

在展览会开幕前 2 ~ 3 个月甚至更早，会展企业可以考虑编发第一份新闻稿，综合介绍展出情况(展览会日期、地点、主题、参展企业、展出分类、展出主要目的等)。这之后,可以定期编发新闻稿,内容要更为具体一些。

开幕式当天要编发一份新闻稿,介绍贵宾参观、讲话等情况,并可以附上贵宾参观、观众参观等的照片。

展览期间,可以编写一份或数份新闻稿,介绍一些重要贸易接触、成交情况以及其他有新闻价值的信息,可以使用照片。

闭幕后安排一份新闻稿,总结展出成果或效果,促进后续工作,展望未来发展。

新闻稿的行文风格和格式最好与媒体一致,以方便记者使用。新闻稿的写作基本规律是写明时间、地点、人物、事情和原因,英文称为五"W",即 who,what,when,where,why。

新闻稿要简短,最好不要超过一页 A4 纸,最好使用新闻稿专用纸,顶部标明"新闻稿",有公司名称、地址等;注明新闻稿发出日期和新闻负责人的姓名、电话、传真,以便记者、编辑索取详细情况;只能一面打印,行距要大,留出编辑的改稿面积。

了解新闻媒体的出版频率或周期以及截稿期,计算好时间,及时安排邮寄新闻稿。新闻稿不仅可以提供给新闻界,也可以提供给客户。

2. 新闻图片。新闻图片是媒体不可缺少的材料,它可以衬托新闻宣传,好图片比好文章更可能被采用。有关新闻图片的注意事项包括:要在原环境中拍摄,注意照片的可信性;照片最好由新闻或工业摄影师制作,这类摄影师了解媒体对照片内容和规格的要求;照片背面可以附上照片概要、公司地址、登载许可,注明"免费"字样常常有助于编辑采用照片。照片的质量一定要高,要清晰。

3. 新闻资料袋。成套的新闻资料可以装入资料袋,称作新闻资料袋。新闻资料袋是向媒体提供资料的主要形式,散开的资料容易混淆丢失。资料袋可以在记者招待会上散发给媒体,可以寄发给媒体,可以放在展览会的新闻中心供记者自由拿取。新闻资料袋的内容主要是新闻资料和展出资料。在记者招待会上提供的资料袋可以装有发言人名单、发言稿,以及招待会概要等。

(五)记者招待会

记者招待会是会展企业与新闻界人士建立并发展关系的机会,是将会展企业及展会情况全面介绍给新闻媒体的方式。记者招待会举办成功的关键是招待会的内容是否有吸引力。

会展企业必须有充分的、能吸引新闻媒体兴趣的内容,方可考虑举办记者招待会。记者招待会可以在开幕前也可以在闭幕后召开。开幕前的招待会多介绍展出目的和展出内容;闭幕后的招待会多介绍展出结果。记者招待会可以邀请重要参展企业参加。

记者招待会可以在展览会的新闻中心或在展出地的饭店里举行。在何地举办招待会与企业规模和预算有关。如果展出规模很大并且重要,多在饭店里举办招待会。在展台上举办招待会的优势是熟悉环境,可以向记者展示产品。在展览会新闻中心举办招待会的优势是设备齐全,能显示档次,记者容易专心。安排记者招待会的时间也要注意。有一种观点认为,上午 10 ~ 12 时举办记者招待会最好,招待会一般限制在一个小时内。

如果要举办招待会,一定要提前做准备。准备工作要细致准确,主要包括以下内容:

1. 内部商定时间、地点、程序、内容、人员 、司仪讲稿等。

2. 注意时间安排,与其他已安排的活动不要冲突。

3. 一周前书面邀请记者,邀请范围除媒体记者外,还包括展览会高层人士和重要客户。三天前用电话再次邀请,并确定是否出席。

4. 准备新闻资料、讲话稿、产品照片甚至讲话人的照片等,装袋。充分准备答复记者可能提出的问题。

5. 布置现场,包括主席台、座席、花篮、招贴等,安装、调试设备(包括扩音设备、投影设备、幻灯设备、照明、空调等),此外还有胸牌、签到簿、纸笔、饮料、纪念品等。准备工作要充分,要有专业水平。记者招待会的头绪比较多,要制订专门的工作计划。

记者招待会最好由主办单位的高层领导主持或发言,展台人员应当在现场。发言必须简短,发言时间最长 10 分钟,发言人数最多 3 人。记者提问的内容和时间比较难预计,但根据经验,一般不会超过 1 小时。要准备回答苛刻的问题,以免现场出现冷场或惊慌失措的情况。新闻资料袋可以在招待会前就散发,让记者尽早着手删改、补充其报道。会上准备食品会给记者留下较好印象。

记者招待会另有一种专业形式,称作拍摄专场,是专门为摄影和摄像记者安排的。总之,新闻媒体不同,记者招待会的方式也不同。

(六)记者采访

举办记者招待会时,可以考虑安排记者采访工作。规模小的企业、单独的参展企业可能没有精力大做新闻工作,接待采访是更现实的选择。记者采访可以由会展企业主动邀请安排,也可以是记者自己随意安排。与记者招待会相比,记者采访范围要小,但是灵活,可以进行深入的交流,工作量也相应小。工作做得好,也会有很好的宣传效果。

展览新闻负责人要与媒体保持密切的联系,主动邀请新闻记者和编辑参观采访。如果有特殊的参展企业和特殊的活动能吸引新闻采访，一些记者可能会走访展台。不论是邀请来的记者或者是自己上门的记者，都要认真接待。接待记者采访应由新闻负责人出面，要清楚记者的兴趣所在，协助安排记者的采访活动，给记者提供方便。

电视、电台采访人员可能要求特别的帮助，比如电源、安静的环境等，要尽力安排。展台新闻负责人选择被采访人时考虑其知识程度和交谈能力。电视采访人员可能会要求重新摆展品以求更好的拍摄效果，甚至要求将展品拿到电视台播放使用。如果可能，就给予协助。但是，要权衡电视宣传的正面效果和展台受影响的负面效果，怎样更有利就怎样做。记者拍展台时，争取让其将参展企业名称、展品摄在画面内，并要提醒范围内的展台人员注意举止。

记者招待会和记者采访要有后续安排，一是确保发稿，二是提供展出新材料，三是书面表示感谢。即使未报道，也要为记者参加招待会、参观展台花费时间表示感谢。

第四节　会展人员促销

一、人员促销的特点与作用

所谓人员促销，是指会展企业的从业人员通过与参展企业（或潜在参展企业）的人际接触来推动展位销售的促销方法。从事推销工作的人员通常称为推销员或业务员，随着推销活动的发展，目前，多采用推销人员或销售代表等来称呼从事此项工作的人员，有时也称销售顾问。

（一）人员促销的特点

1. 双向的信息沟通。双向的信息沟通是人员促销区别于其他促销手段的重要标志。在推销过程中，一方面，推销人员必须向参展企业介绍会展项目本身和与项目有关的信息，通过向参展企业传递信息，招徕参展企业，从而促进展位销售；另一方面，推销人员必须把从参展企业那里了解到的有关对所推销的项目及对该企业的有关信息，诸如对项目及服务的态度、意见、要求、市场占有率等反馈给展览企业，为企业的经营决策提供依据，从而有利于企业取得良好的营销效果。

2. 灵活的促销方式。在人员推销过程中，买卖双方直接联系，现场洽谈，机动灵活。通过面对面的交谈，有利于推销人员根据参展企业的态度和反映，及时地发现问题，进行解释和协调，抓住有利时机促成参展企业的认购行为。特别是通过直接的接触和交流,可以融洽推销人员与推销对象之间的感情,促成相互之间建立起良好的人际关系,从而使成交迅速、成功率高。

3. 双重的推销目的。在人员推销活动中,推销人员不仅通过鼓励、讨价还价将展位卖出去,还要通过宣传、交往、服务等来说服和鼓动参展企业认购,使参展企业愿意购买、乐于购买,并在购买中得到满足,即在满足顾客需要的同时达到卖出商品的目的。人员推销的双重目的是相辅相成、相互联系的,不可偏于任何一方。

4. 多样的需求满足。在人员推销过程中,不仅是激发参展企业的需求,引起它们购买欲望的需求引导过程,还是一个了解参展企业需求,为它们提供服务以满足其多种需要的过程。

(二)人员促销的作用

人员推销是一种双向沟通,即使在通信技术日益发达的今天,它仍有不可替代的作用。其作用主要表现在:

1. 寻求客户。巩固老客户,吸引新客户,不断发现潜在的需求和市场是人员推销的一项最经常的工作。为此,推销人员必须首先研究与需求相关的资料,如市场调研资料的有关资料等,从而明确并了解自己的目标客户,提供相应的服务来满足其需求。

2. 传递信息。推销员是信息传递的使者。人员推销通过销售人员把会展项目的信息准确有效地传递给潜在的客户,使其了解项目与服务,激发其对本企业项目产生需求;同时,还能将客户对本企业项目与服务的反映、意见、要求以及其他需求信息及时反馈给企业,促进企业改进营销策略,更好地满足客户的消费需求。人员推销起到的是一种信息双向传递的作用。

3. 扩大销售。人员推销的中心任务就是推销展位,扩大销售。推销人员与客户直接接触,面对面地为客户解答疑问,可以增强客户的购买信心;并且通过销售技巧的运用,可以诱发客户的购买欲望,从而达到扩大销售的目的。

4. 提供服务。服务贯穿于人员推销的全过程。推销人员为客户提供的服务,按销售过程划分,有售前、售中、售后服务。不能将展位推销出去当作是唯一的和最终的目标,不但要注重售前、售中服务,更要重视和加强售后服务。推销人员提供的服务包括给客户提供咨询、给予技术帮助等。

5. 建立关系。在建立与客户的良好合作关系,尤其是长期关系方面,人员推销具有独特的作用。通过建立客户档案、定期回访、与客户进行经常性沟通、为他们提供必要的服务等方式,可以为会展企业建立起稳定牢固的客户基础,有利于企业的长期发展。

二、人员促销的方法

会展人员促销的方法主要有发函、打电话、拜访等。

（一）直接发函

直接发函，就是将各种资料直接寄给潜在的参展企业，并邀请它们参加展览。直接发函是一种直接的但是单向的宣传方式。直接发函是展览业使用最广泛的宣传方式，也是成本效益最佳的展览宣传方式。每一个展览组织者、承办者都应该安排直接发函工作。直接发函工作要根据需要和预算安排工作量。由于现代电子技术的迅速发展和普及，利用电子手段包括电子邮件、传真等发送邀请的现象越来越多。

1. 直接发函对象。直接发函主要针对已知的参展企业。所谓已知的参展企业，指展览企业本身以及展览企业所委托的发函代理所掌握的目标企业或其他部分。寄发目标除现有客户、潜在客户外，还应包括政府有关部门、商会、行业协会、新闻单位等。拟定参展企业名单是直接发函的关键工作。好的展览会组织者应有参展企业数据库，以行业、地区、产品兴趣、公司规模大小等为标准，展览时可以利用。展览企业还应积极地走出去参加其他公司的展览，从中寻找潜在的客户，邀请其参加自己的展览。

2. 直接发函日程安排。日程安排有两方面考虑，一是要安排尽快发函。当组织者做出展览决定后就要开始，对参展企业来说，参展是公司经营的一项较大决策，企业要进行统筹安排，太晚把展览信息传达给参展企业是不利于客户统筹安排的。二是对参展企业要多次发函，反复提醒，当然要配合其他的宣传手段。

3. 直接信函内容。直接信函内容要精心设计，必须能引起目标客户的参展兴趣。当然，针对不同的客户有不同的内容呈现方式，对老客户有时可以简单到一份展览订单，对要争取的目标客户也可以复杂到包括资料、照片等大量内容。一般情况下是将展览公司情况、展会介绍资料寄给目标客户。

（二）直接联系

直接联系工作是一种通过电话联系和登门拜访的直接的、双向的宣传方式，是加强直接发函效果的一种措施，可以和直接发函工作结合起来做。

直接联系的具体对象是最重要和重要的两类参展企业。拜访是一种比较特殊的方式，由于成本较高，因此只针对少数最重要的客户。这类客户参加展览或者有商业价值，或者有很大的新闻价值。

对于一些重要客户，发函、电话、拜访工作要结合起来做。先发函邀请，继而打电话邀请，最后上门邀请，这样可以达到最佳的推销效果。

三、人员促销工作的重点——促使参展商连续参展

(一)参展商在展览价值链中的地位

一般来说,一个展览能够进行,必须有四个要素:主办者(展览公司)、参展者(在有些展览中,主办者同时也是参展者,两者身份同一)、客商(观众)和场馆。展览公司处于展览的中心地位,而参展商和客商又是其中的关键角色——他们参与与否,直接关系到展会能否办起来;场馆则是展览得以进行的必要条件。

以上四个因素缺一不可。但从价值方面分析,展览的收入主要是参展商的参展费、政府及厂商的赞助。在商业性展览中,政府的赞助一般不多,且大都用在与政府有关的活动上;厂商的赞助也很有限,主办者需提供相应的回报。因此,在整个展览中,主办者的收入主要来自参展商。足够多的参展商的介入,是展览得以运转的关键。主办者的主要收入,他所赖以活动的舞台,以及展览的社会效益等,均由此产生。

也许有人感到这一看法过于偏激,客商不是一样重要吗?的确,从展览的操作方面来看,参展商和客商是相辅相成的两个极为重要的方面。没有参展商就没有客商;没有客商也没有参展商。参展商和客商可以平起平坐,没有“高低贵贱”之分。但从价值方面来看,两者的地位则略有不同。如前所述,一个展览能给主办者带来直接经济效益的是参展商。客商应邀参加展览,会给运输企业、宾馆、酒店、旅游公司等带来效益,但不会给主办者带来直接的经济效益。

因此,从一定意义上可以说,客商也是为参展商服务的。这一情况与主办者的理念也是一致的。例如,一个出口商品交易会,举办者的目的是为生产商或外贸公司出口提供服务平台。而客商只是使这个服务平台发挥作用的不可或缺的重要前提。不能因为客商重要,就把举办展览的目的说成是直接为外国客商从中国进口商品服务。

当然,并非所有的参展商都能给主办方带来利润。由于举办展览的成本开支较大,因此,大部分参展商所交的参展费,也许只能维持展览主办者的一般费用,但这丝毫不会降低参展商在展览价值链条中的地位。

(二)参展商连续参展是展览公司的利益所在

参展商的参展,可以是一次性参展,也可以是连续性参展。一次性参展与连续性参展,其意义不完全一样。对一个定期举办、连续举办的商业展览而言,展商的连续参展显得十分重要。

首先,参展商是否连续参展,常常是一个展览成功与否的重要指标。这是因为,展览中的成交统计,因为某些人为因素,常常不能准确反映展览的实际成效。展览的参加者,有些过于沉稳,签了合同不愿上报;有些则好大喜功,人为地多报成交量。这使一些展览的成交统计存在虚假成分。这种情况现在还难以改变。但

是，参展商对展览实际上有自己的评价。展览办得好，参展商自然愿意继续参展；效果不好，参展商自然不愿继续参展。所以，参展商是否连续参展，在相当意义上可以说是对上届展览成效的一个客观反映。

其次，对展览公司而言，参展商连续参展所带来的利益还表现在拓展新老客户所需费用方面的不同。一般而言，新客户的开拓，需要较多的广告投入，需要更多的通信联系费用，而保持一个老客户所需的费用则要低得多。有人认为，开发一个新客户是维持一个老客户成本的5倍。实际情况可能会因各单位具体情况不同而有所不同，但保持老客户所需费用较低，则是无疑的。因此，有专家认为，“保证主办单位最大利益的一个方式是一定要保持现有的展商”。

（三）参展商的参展效益是展览综合效益的重要体现

展览的效益是综合的，它包括经济效益和社会效益两个方面。经济效益主要是指展览主办者或承办者的经济效益，而参展商的效益、客商的效益，以及各类酒店、交通部门的效益，国家和地方税收的增加等，可以统称为社会效益。这些是有形的，此外还有一些无形的社会效益，如促进城市的基础设施建设，增加社会就业，促进城市居民文明程度的提高，提高城市在国内外的知名度等。

参展商的效益是展览综合效益非常重要的方面。参展商的效益好，必然会带动客商的效益，展览主办者的效益也会有一定的保障。参展商效益低，其他各方都获得较好的效益，则这种效益是畸形的，无法长期维持，展览公司最终也将难以生存。

展览公司的责任在于始终把参展商的效益放在重要地位，在筹办展览的全过程中顾及这些效益并加以体现。

（四）树立参展商在展览公司客户群中的核心地位

展览公司虽然有各种各样的客户，但参展商是最重要的客户，在整个客户群中处于核心地位。对展览的主办者来说，树立以客户为中心的思想，在很大程度上是树立以参展商为中心、为参展商服务的思想。展览的主办者必须从众多的客户群中确定这一关键客户，并加大服务的力度，以此带动其他有关工作的展开。

以招商工作而言，展览公司不是为招商而招商，而是直接为参展商服务的一个重要方面。因为它是提高参展商效益的基本前提，没有客商的积极参与，参展商的参展效益必然会受到严重影响。再如展览期间的接待尤其是对客商的接待工作，表面上与参展商没有任何关系，但实际上依然是为参展商服务的。很明显，如果客商因为展览的组织部门接待不好，下次就不会再光顾这个展览，到时候受到损失的仍然是参展商。此类事情积累多了，也会最终殃及展览公司自身，甚至会殃及展览举办地——展览所在城市自身。

展览公司仅仅树立以参展商为服务中心的思想是不够的，还应该树立长期为参展商服务的思想。对参展商提供的服务，不仅贯穿于展览会的始终，而且应该延伸到展览会结束以后。对参展商的服务大致可以分为展前、展中、展后三方面。展后服务既是展中服务的延伸，又属于新的展前服务——相对于下一届展览而言。现在，展览公司一般比较重视对展商提供展览期间的服务；对展前服务，有些方面的工作一直在做，但做得不够自觉，还有一些工作则没有开展；对展后服务则大多不太重视。应该改变这一情况，使展后对参展商的服务工作受到同样的重视。

（五）协助参展商提高参展效益

如前所述，参展商的参展效益，取决于诸多因素。作为展览的举办方，要尽量协助参展商提高参展的效益。

第一，加强与参展商的沟通，帮助其选派好参展员工，做好客商的接待工作。

参展人员的选择至关重要。不熟悉技术及商品性能的员工不能作为展位工作人员，更不能聘请不熟悉情况的临时工充当展位工作人员；参加出口商品交易会，必须选派懂得外语的人员参加。此外，工作人员必须有责任心，那些只顾晚上玩得痛快，白天在摊位上打瞌睡的人，或者只顾自己看报纸不理睬客商的人，下次不能再派他作为会展工作人员。有条件的参展单位要统一着装，有利于树立企业良好的形象。参展企业应对参展人员开展培训，对客商的接待要热情、周到、耐心、有礼貌；解答要详尽，对客商提出的要求，只要合理并且能做到，要尽可能满足。对展览公司组织的各种研讨会、报告会等配套活动，要事先安排参展员工参加，如有可能，则应专门选派懂技术的科技、管理人员参加，以提高参展的综合效益。

第二，提请参展企业重视客商邀请工作。

展览会的客商邀请工作主要是展览主办者的任务。但是，参展企业如能参与客商邀请工作，对提高企业的参展效益也是十分有利的。因为参展企业所邀请的客商多是自己的中长期客户，具有很强的针对性，因而更有成效。有些参展商可能有顾虑，怕自己的客户跑到别人那里去。应该说，这种可能性是有的，但不是必然的。参展商如果对自己的参展商品有信心，在价格性能比方面有优势，有竞争力，则不必担心。客户经过比较后，会更坚定信心，不仅不会丢失客户，反而有利于巩固客户。另一方面，参展商邀请客商应具有普遍性。如果每个参展商都能参与客商的邀请工作，则有效客商就增加了，则所有参展商都能从中受益。

第三，说服参展企业转变观念，加大广告投入。

参展企业要不要在媒体上做广告，这在境外不是问题。我们发现，在我国台港澳地区和国外，参展企业都非常注意在参展之前做广告。但在内地，这种情况目前仍属少数。这是我国参展企业还不太成熟的标志。提高参展企业的参展效益，是展览公司与参展企业的共同职责。不仅展览公司应该做广告，参展企业也应做广告。参展企业的广告与展览公司的广告一起进行,彼此呼应,相互配合,可以形成更好的广告效应,对提高参展商的参展效果,具有很好的作用。我国企业习惯于日常广告,不注意参展前的广告,这是一种不好的做法。实际上,展览前企业的广告效果比平时的广告效果更好。

第四,敦促企业重视展位设计与布置。

虽然有些展览兼有销售任务,但就总体而言,展览与销售是不同的。展览是在一个相对比较短的时间里,集中向观众展示企业的形象与产品。展览公司可能会组织很多客商来参观,但客商是否到你的展位参观,则取决于参展企业员工是否热情、展位布置及展位位置是否合理。企业布展,就是通过平面、立体艺术造型,借助于光电声色的作用,引起观众的注意,激发观展客商参观展位与洽谈的兴趣,达到双向交流的目的,进而促使其购买产品。展位布置尤其是其设计,专业性很强,要求很高。一个好的设计,可以令人赏心悦目,而一个糟糕的设计,不仅引不起人们的兴趣,而且令人生厌,从而无法达到应有的目的。因此,应说服企业重视展位布置,并鼓励企业聘请专业展览公司进行设计,以获得理想的效果。

(六)关心参展商,提高彼此的忠诚度

有一种说法,就是展览公司应想方设法提高参展企业的忠诚度①。

我们认为,此话单纯主张提高参展企业的忠诚度有失偏颇,应倡导展览公司与参展企业彼此忠诚,也就是两者之间应建立一种新型的关系,平等对待,彼此尊重,诚信守法,互惠互利。由于参展企业是展览公司的"衣食父母",因而展览公司应该主动地开展这方面的工作。

第一,展览公司应及时总结每次展览的举办情况,发现问题及时改进,或在下次办展时改进。需要强调的是,在对参展商服务方面,应做出认真总结,一条一条地予以落实、改进。

第二,关心参展商成交情况的落实,总结参展商成功的经验和不成功的教训,并通过适当途径向其他企业介绍,以提高整个参展商的参展效果。

第三,举办参展企业培训班,对企业参展的有关问题,如客商心理问题、展位设计与布置问题、参展工作人员素质提高问题等,请有关专家讲课,提高参展企业的实际操作水平。

第四,开展联谊工作,如通过会员俱乐部等组织形式,加强展览公司与参展企业的联系。展览公司可以通过一定的途径,向会员无偿提供一些商业供求信息;为重点参展企业提供展览知识方面的服务;优先保证它们参加展览公司组织的各种

① 见"第二届中国国际展览和会议展示会"资料,2001年1月。

培训;等等。

第五,为鼓励参展商连续参展,展览主办方可视情况,对连续参展的企业给予一定的展位费减免优惠。

第五节 会展营业促销

一、会展营业促销的作用

营业促销,又称营业推广或特种推销,指企业运用各种短期诱因鼓励用户购买产品的行为,一般用于短期和额外的促销工作,着眼于解决具体的促销问题,具有形式多样、短期效应和非连续等特征。营业推广的作用主要有:

第一,刺激购买行为,促成交易。当参展企业对会展项目没有足够的了解和没有做出积极反应时,通过营业推广的一些促销措施,如附带赠送展位或发优惠券等,可引起参展企业的兴趣,刺激它们的购买行为,从而在短期内促成交易。

第二,有效地影响消费者,抵御竞争者。当竞争者大规模地发起促销活动时,营业推广往往是在市场竞争中抵御和反击竞争者的有效武器,如减价、试参展等方式常常能增强对参展企业的吸引力,从而稳定和扩大自己的客户队伍,抵御竞争者的介入。

第三,帮助代理商,促进与代理商的合作。会展企业在展位销售中同代理商保持良好关系,取得他们的合作是非常重要的。企业常常通过营业推广的一些形式,如折扣、馈赠等劝诱代理商更多地同厂商保持稳定的业务关系,从而有利于双方的中长期合作。

二、会展营业促销的方式

(一)免费营业推广

免费营业推广是指参展企业免费获得会展企业赠给的某种特定物品或利益。例如,某展览会在某特殊的日子免费赠送参展企业特殊的服务项目等。这种营业推广方式的刺激和吸引强度大,参展企业也十分乐于接受。

(二)优惠营业推广

优惠营业推广是指会展企业以低于正常水平的价格,使参展企业可以购买到特定的会展项目展位或获得利益,如折价券、折扣优惠等。这种折价让利的促销方式,可以使参展企业获得实惠,在现实中运用十分广泛。

（三）竞争营业推广

竞争营业推广是指在会展企业事先控制好的促销预算约束下，通过举办竞赛、抽奖等推广活动，提供给参展企业、代理商、推销人员赢得奖金的机会。竞争营业推广中的抽奖和兑奖都是为了吸引参展企业、代理商的参与兴趣，扩大销售量。

（四）节庆事件营业推广

节庆事件营业推广是指利用节日或某一事件进行营业推广活动的方法。会展企业通过创新性的活动或事情，使自己成为大众关心的话题，从而吸引媒体的报道和参展企业的参与，从而达到提升企业形象的目的。这种营业推广方式影响力大，效果明显。

（五）会员制营业推广

会员制营业推广是一种十分有效的促销手段，广州国际美容美发化妆品进出口博览会（美博会）的成功，很大程度上依赖于其会员制。因此，我们将在下面对此进行专题讲解。

三、会员制促销

在实际的经营过程中，会展企业为了能争取到长期的稳定消费者，往往采用会员制作为一种促销的方式，不过目前这种方式还没有引起很多会展企业的重视。会展企业会员制促销的一般做法是：由参加某一会展项目的企业组成一个协会，加入协会的条件是交一笔小数额会费，成为会员后便可在一定的时期内享受有折扣的优先服务。会员一般以会员卡作为具有会员资格的凭证。

（一）会员制的作用

1. 有助于形成长期稳定的参展企业来源。对会展企业的经营者来说，设立会员制、进行会员促销并不等于简单的折价销售。这里根本的区别在于会员制以有组织、有约束的形式为会展项目和服务的销售确立了一个长期的、稳定的参展企业群，而折价促销则不具有这样的功能。

2. 能培养忠实的参展企业群体。实行会员制促销，参展企业只要交纳一定的会费就可成为会员，凭会员卡可在价格、服务等方面享受优惠，这些措施都有利于培养长期忠诚的参展企业，稳定客源。会员的资格期一般为 1 年，期满后再续交会费，延续会员资格。初入会时，展览项目和服务以比较优惠的价格供给，待参展企业具有固定的参展习惯后，延长资格时，可视情况在价格上进行适当调整，但仍会使会员享受一定的好处，以利于会员成为该企业的忠实参展企业。

3. 给会展企业带来会费收入。会展企业在参展企业入会时，可以收取相应的入会费用。有些会展企业的会费收入还相当可观，有时比销售展位的纯利润还多。

（二）会员制促销的特点

1. 俱乐部会员制具有严密合理的制度。会员制作为一种机制，必须要有相应的企业与会员双方认可的制度。它包括入会条件、手续、会员资格、会员义务和会员权利等。会员制的主要特点是把参展企业限定在某一特定的范围内。会员在实力等方面都比较接近，会员之间容易交流沟通。会员有名额限制，一般不得超过定额发展会员。

2. 会员制使加入的会员产生归属感。会员制能让参展企业有一种归宿感。会员制让会员享受到各种综合的服务项目和会员专用项目，专用项目具有排他性，是一种身份的象征。

3. 针对会员档案开展多种差异化服务。会展企业根据会员档案定期拜访会员，寄送礼品，并向会员介绍新的会展项目。同时，建立会员顾问委员会，俱乐部从会员顾问委员会获得信息，还可以通过顾问委员会向会员推出俱乐部的个性化会展项目和服务。

（三）会展企业会员的开拓与发展

大多数会展企业都是以本项目内的参展企业为对象开展经营活动的，所以对于会展企业而言，确保固定的参展企业群是很重要的。同时，为了求得更大的生存与发展空间，会展企业也要通过多种形式积极地向外拓展新的客户，把这些新的参展企业吸引成为固定的参展企业。在这个过程中，会员制度可以说功不可没。

开拓新市场，使之成为会员的主要方法之一就是依靠现有会员的介绍，通过“口碑效应”及其他利益刺激使新会员增加。

第六节　同类展会促销

一、同类展会促销概述

同类展会，是指与本展会项目性质相似、主题相近、展品范围重叠的展览会。在进行同类展会营销时，选择的同类展会不一定是与本展会展品范围完全相同的展览会，如本展会为综合性展览会，则可以到细分的专业性展览会进行营销，同样，专业性展览会可以到综合性展览会上针对本展会的目标客户进行营销，且效果更佳。有的展会同样为相似题材专业性展览会，但是由于其定位不同，也是很好的同类展会选择对象，如世界五大车展定位各不相同，它们之间的相互营销可以达到“多赢”的效果。

同类展会促销，是指办展机构直接派出营销人员到国内外其他同类展会上去推广自己的展会的一种营销方法。营销人员可以在这些展会上租用专门的展位来推广自己的展会，也可以不租用展位而逐个现场拜访客户，征求他们的参展意向，接受企业的参展申请。展会现场推广的优势非常明显：同类展会上集中了大量的客户资源，它可以直接面对面地与大量目标客户接触，直接倾听他们对参展的意见，可以直接得到他们的回复，因此，效率很高。

二、同类展会促销的分类

同类展会之间一般都存在着竞争关系，而这种竞争关系的强弱程度也会随着同类展会之间的空间距离而发生变化，通常而言，空间距离较近的同类展会竞争比较激烈，空间距离较远的同类展会竞争比较缓和。因此，根据同类展会之间的地理空间距离，大致可以将同类展会划分为三个层次：同城之中的同类展会、国内其他城市的同类展会和国外的同类展会。针对不同层次的同类展会，其营销策略的侧重点也会有所不同。

（一）同城之中的同类展会营销

在我国的许多城市，由不同主办方组织的相同题材的展会一年要举办两个以上，在北京、上海、广州等会展业发达的城市，同类展会一年内多次举办的情况较多，即有可能出现通常所说的重复办展现象。而有些需求量比较大的行业，其展览会也比较多，如近年来车展在我国的多个城市呈“井喷”之势，一年之内少则三四个，多则十来个。

在同一个城市之中的同类展会进行营销，有优势也有劣势。

优势是：首先，由于距离相近，营销人员不需要长途奔波就可以赶到现场进行营销活动，相对来说，营销成本较低；其次，营销人员对于交通路况、场馆分布、同类展会的情况等各种信息都比较熟悉，很快就可以进入工作状态，提高营销效率；最后，由于身处同一城市，营销人员在处理问题的过程中能够运用的资源相对较多，解决问题的能力与效率会提高不少。

劣势是：同一个城市之中的同类展会一般都处于竞争状态，有的同类展会的竞争十分激烈，甚至到了“你死我活”的地步，同类展会之间的防范意识较强，有的展会主办方可能会采取一些预防措施防止其他展会工作人员来到现场“挖顾客”。因此，在一个城市内进行展会促销是同类展会促销需要十分谨慎的，不要采取过激行为，以免引起对方的强烈不满和引发冲突。一般而言，同城同类展会之间是不会让对方在本方现场租赁展位来进行营销活动的，同时也不会禁止（也很难禁止）对方营销人员私下拜访客户。

(二)国内其他城市的同类展会促销

国内同类展会促销,是指针对除去同一城市的国内其他同类展会进行营销活动,如在广州举办展览会,则可以派出营销人员到北京、上海、深圳等城市的同类展会进行现场营销。

相对于同城之间的同类展会,国内其他城市的同类展会与本展会项目的竞争较小,双方合作的空间较大。一方可以到另一方的现场进行客户拜访,也可以在对方的展会现场租赁展位进行推广活动,甚至可以在对方开展期间举行推介会、对接会、发展论坛等招商招展活动。当然,这一切活动均需要得到对方的允许与认可,双方经过深入交流、密切合作、签订协议,可以形成战略合作伙伴关系。一般来说,这种关系发生在实力相差不大的展会项目之间。双方签订合作协议后,一般履行的是对等的权利义务条款,如在官网上发布或链接对方的展会信息,在展会现场为对方提供免费展位进行营销活动,以及协助对方开展各类会议推介活动等。

国内其他城市之间的展会营销也有许多不利之处。首先,我国地域广阔,城市众多,在全国各地存在着许多同类展会,不可能把所有的同类展会都作为选择对象,如何选择一个合适的可合作同类展会是一个难点。其次,与其他城市的同类展会既有合作也有竞争,在合作方面,协议条款的谈判耗时耗力,也可能遭遇对方提出不平等条款,即使有合作协议,对方出于自身利益也可能对于协议内容履行不彻底。最后,前往其他城市进行营销,少了“地利”之便,所谓“人生地不熟”,开展营销活动会受到很多方面的制约,导致效率降低而成本增加。

(三)国外同类展会促销

国外同类展会,由于距离较远和展会定位不同,不同国家举办的展会,很多情况下彼此之间的竞争并不是很强,所以可以与国外同类展会合作,在各自的展会上推介对方的展会,或采取其他合作方式争取彼此的合作和共赢。

随着我国会展经济的快速发展,我国的会展业与欧美发达国家的会展业联系越来越密切,一方面越来越多的外资会展准备移植到中国举办,另一方面,外国参展商到中国参加展览会、开拓市场的欲望也逐渐强烈,同时,中国会展企业也开始在国外办展。这些发展趋势都表明中国会展业正快速地与国际接轨,也给国际同类展会之间的互相合作提供了机遇。

对于我国的会展企业来说,开展国外展会营销有着重大的意义。目前,我国的展览会国际化程度不高,缺乏优质的国外参展商,大部分打着“国际展”旗号的展会都名不副实,如果能够通过国外同类展会招徕大量国外参展商,便可以迅速提高展会的国际化程度,提高在行业内的知名度与影响力。

当然,由于多方面的原因,开展国外同类展会促销难度较大。第一,前往国外开展营销活动需要耗费大量的人力、物力、财力，一般的小型会展公司根本无力承担这么高的费用，只有实力雄厚的会展公司才有能力实施此策略。第二，前往国外同类展会开展营销活动需要有良好的国际资源，这其中少不了外国驻华机构、贸促机构、国外招展代理，甚至政府部门等的从中协调，若没有良好的公共关系，国外的营销活动基本无从下手。第三，由于国内外双方不甚了解，双方信任度不高，对于合作的前景看法出入较大，谈判时间长，需要考虑的因素较多，整体的合作成本较高。

三、同类展会促销的方式

（一）现场客户拜访

现场客户拜访即在同类展会开展期间前往现场对参展商进行逐个拜访，直接与潜在客户接触并开展业务介绍和推销工作。现场客户拜访可以集中地与客户进行面对面交流，得到直接的反馈信息，获取客户的有关信息资料，了解参展商的参展意向，同时了解该展会的市场动态，如展出规模与展出效果、参展商满意度，以及相关经验等。

现场客户拜访要取得明显的效果，需要做好精心准备。一般来说，现场客户拜访有以下几个步骤。

1. 拜访前准备。出发前，注意仪表仪容，明确拜访目的，对潜在的客户信息做大致的了解，检查是否带齐了必备的资料，如名片、客户名单、宣传资料、价目表、笔记本等。

2. 打招呼。营销人员在拜访客户的过程中应面带微笑，主动做自我介绍，通过初步的交谈确定该展位的负责人（展台经理）。如果负责人不在，不要马上离开或改变态度，应与展台内其他工作人员保持友好关系，为接下来的工作开展做准备。与对方交谈时，说话要明确，避免使用易引起含糊回答的问话方式。观察负责人的情绪，选择恰当的话题，如客户的参展效果等对方比较关心的话题。

3. 销售陈述。经过初步交谈后，应明确表明自己的来意，向客户展示自己展会的优势与展出效果，解释正在执行的销售方案、促销政策，告诉客户公司产品的优势和双方眼下的利益及潜在的利益。

4. 迅速取得有效反馈。在展会现场，拜访人员与参展商都需要面对大量谈判，各自的时间都非常紧张，如果战线拉得太长，既浪费时间，又耗费精力。因此，经过阶段性交谈后，可以确定对方的初步意向，在展会现场，一般是不会直接签订合同的，但是可以确定后续的联络时间与联系方式，在取得对方的信息反馈后便可以告辞进行下一个客户拜访了。

5. 信息整理与跟进工作。在拜访完所有的潜在客户后，应该对搜集到的资料进行汇总加工，建立客户数据库，列出参展商的参展意向等级，然后根据现场获得的信息向各潜在客户开展进一步的联络工作。

（二）现场展台营销

现场展台营销，即通过向同类展会租赁展台（若双方是合作关系，可申请免费展位）开展营销活动。现场展台营销，一方面可以使营销人员免去来回奔波之苦，有更加充足的时间与精力投入到营销工作中；另一方面，在展会现场拥有展位能够迅速地与周边展位的参展商融为一体，同时，在与其他参展商交流时，能够增加对方的信任度，有利于后续工作的开展。也可以通过一些促销活动，吸引其他的参展商前来了解情况，推广展会项目，甚至直接签订参展合同。

（三）现场推介会

现场推介会，即通过在同类展会期间举办专场推介会，邀请参展商和专业观众参与，使企业和推介对象面对面交流，以达到介绍自身产品、服务、理念等目的，通过现场提问作答的方式增进双方彼此的了解，易于营造气氛促成理想的双边考察效果。推介会可以在会展中心的会议室举办，也可以在星级酒店举办。推介会的重点是邀请到尽可能多的参展商和专业观众参与，这需要同类展会的主办方的协调和帮助，如提供各参展商与专业观众的信息资料，帮助联络会议室与会议设施，在官网与参展手册上发布推介会信息等。推介会与单纯的客户拜访与展台营销相比，档次较高，显得更加正式、有权威性，可信度高、互动效果好。推介会与客户拜访、展台营销结合使用，可以取得更加明显的效果。

案例

（一）公关盛会——2010 年上海世博会

世界博览会是由一个国家的政府主办，有多个国家（地区）或国际组织参加，以展现人类在社会、经济、文化和科技领域取得的成就的国际性大型展示会。其特点是举办时间长、展出规模大、参展国家多、影响深远。举办世博会，可以给举办国家创造巨大的经济效益和社会效益，宣传和扩大举办国家的知名度和声誉，促进举办国社会的繁荣和进步。

2010 年上海世博会，是上海有史以来最宏大的一次公共关系活动。在申博过程中，从大规模、全方位的宣传，到支持申博网上签名、出访国际展览局 87 个成员国等一系列活动，处处可以看见现代公关意识的闪现，这些，还仅是一支前奏曲。

围绕办博工作的陆续开展,这场公关盛会正在缓缓启幕。

世博会的两大公关活动是“沟通”与“推介”。“沟通”指针对潜在参展者的对话和公关活动,旨在吸引尽量多的参展者参加2010年上海世博会。“推介”与“沟通”相似,但其对象主要是潜在游客和商业伙伴,目标是提高参观人数,并获得足够的收入。“沟通”与“推介”具有很高的关联度。不过,由于目标对象不同,沟通计划通常在早期开展,而推介活动则相对延后。

1.沟通计划

2010年上海世博会的宏观目标主要有三个:吸引200个国家(地区)、国际组织参与上海世博会;塑造一个较有影响力的世博会形象;营建一个关于上海世博会主题和副主题的全球对话平台。明确公关活动的受众,是成功的第一步。沟通计划的受众是参展者,2010年上海世博会计划吸引的参展者分为四大类:外国政府;全球性和地区性政府间组织;非政府组织和非营利性民间组织;中国内地各省、市、自治区和港澳台地区。

沟通策略是指为获取目标受众而采用的渠道。自1851年英国伦敦举办第一届展览会以来,世博会因其发展迅速而享有“经济、科技、文化领域内的奥林匹克盛会”的美誉。世界博览会不同于一般的贸易促销和经济招商的展览会,是全球最高级别的博览会,因此,不论通过何种渠道,都必须确保世博会形象塑造的一致性和连贯性。

(1)外交和官方途径:世博会组织者与参展国和国际组织(含非政府组织)通过政府间外交和其他途径开展沟通;在注册过程中与国际展览局成员国进行积极有效的沟通;通过国际展览局秘书长和中国政府总代表进行高层沟通;通过那些积极参与和支持上海世博会的国际展览局成员国进行推介;通过中国常驻联合国、世界贸易组织等国际机构代表团和贸促会对非建交国进行参展沟通;学习以往世博会及国际通行做法,通过各国驻华使团进行沟通;充分利用2005年日本爱知世博会和2008年西班牙萨拉戈萨世博会进行沟通;举办一系列推介会,重点介绍上海世博会的计划和进程;在上海和世界其他目标市场举办一系列世博论坛。

2005年日本爱知世博会举办期间,第三届上海世博会论坛的成功举办以及中国馆的“上海周”活动吸引了众多参观群众和各国媒体的目光,在这一官方平台上充分展示了中国、上海对举办世博会的热情与信心。

(2)推介巡游:组织者推出一系列主要针对政府、跨国企业、国际组织的推介巡游活动,以鼓励它们参与上海世博会。上海世博会组织者于2006~2007年间制订了在世界各国的推介巡游计划。推介巡游将由会议、招待、讲演、媒体采访和其他与上海世博会主题相关的活动构成。推介巡游同样是释疑解惑、提高各方参与热情的良好机会。推介巡游是上海世博会全盘沟通策略的重要组成部分。在互联网和全球媒体的时代,仍然没有哪一种方式可以代替面对面的互动和对话,组织者将阐明参与上海世博会的价值和利益。国际媒体可以帮助传播上海世博会的信息和意义,但是这仍然不能取代组织者和关键政府、企业和媒体领导人之间面对面的互动和对话。推介巡游是对官方沟通的有益补充,可以提高2010年上海世博会在目标国家和地区的形象。

(3)直接针对国际组织:上海世博会的主题“城市,让生活更美好”与很多国际非政府组织的使命密切关联。组织者将通过访问和其他直接沟通方式,获得这些组织的支持或参与。

上海世博会的主题“城市,让生活更美好”触及人类的生活、文化交流、经济发展、科技创新、社区重塑以及城乡地区的和谐发展,这些主题与很多国际非政府组织的使命相关联。联合国及其专门机构、其他政府间组织和区域性组织都曾积极参与过以往的世界博览会,这为吸引各国际组织积极参与上海世博会奠定了良好的基础。

今天,由于国际合作和全球化日益深化,由主权国家组成的区域性集团(如欧盟、海湾合作委员会或东南亚国家联盟)和多边组织正在国际舞台上扮演着重要角色。由于国际联络变得日益频繁,国际组织正在区域性和全球事务中扮演着越来越重要的角色。国际组织的参与将是上海世博会成功的一个重要因素。目前,有30万个非政府组织活跃在全世界。邀请具有广泛国际影响力的非政府组织参与将扩大上海世博会的全球参与范围。

通过双边的交流与合作,世博会组织者将组织丰富多彩的学术活动、展示和媒体活动以进一步在国际组织中加强对上海世博会的理解和支持。全世界很多大学都有与中国学术机构的学生交流合作的活动,这同样也将为提升上海世博会参观人次创造机会。

(4)媒体沟通:上海世博会组织者邀请国际媒体来沪采访,对上海和上海世博会进行报道,并将与目前在中国设有机构的国际媒体发展关系,充分准备并向媒体、受众提供连续不断的信息、新闻、特写和宣传材料。此外,中国和上海媒体机构将加强与国际媒体机构的合作,共同设计并实施与世博会相关的报道。

(5)在全球重大活动上进行推介:组织者将在各类相关的国际活动和论坛上利用各种机会推介上海世博会。

2. 推介计划

在推介上海世博会的过程中,主办方将强调世博会是重要的世界级超大型活动,具有文化多样性、内涵丰富的特点。应该宣传并强调上海世博会的重要性及其对世博会传统的创新。

(1)推介计划的目标是:吸引7 000万游客参观世博会,通过门票销售、企业赞助、特许产品的销售及商业物业的租赁,实现总额96.1亿元人民币的收入;在中国、参展国、国际展览局成员国及其他国家提高上海世博会的知晓度;实施一系列推介活动,以扩大世博会的知名度和影响。按沟通与实施方法的不同,我们可把目标受众分为国际参观者和国内参观者。推介策略是指为获取目标受众而采用的渠道。不论通过何种渠道,都必须确保世博会形象塑造的一致性和连贯性。

(2)文化活动:在世博会筹办阶段,将精心设计创造一批具有国际影响的知名品牌文化活动,孕育形成一批包含上海城市文化特点、吸引普通群众参与、深受广大群众喜爱的市民文化和活动品牌。把上海世博会的主题和知名品牌文化活动有机结合起来,将中国文化资源与上海世博会资源进行有机整合,共同传递上海世博会的崇高理念,展现中国文化的精粹。“迎接2010年世博会上海国际海报大赛”已持续了半年多,受到了海内外的广泛关注。一年一度的“上海世博会文化节”,通过新颖活泼的文化内容和丰富的艺术形式,扩大社会影响,传播世博会理念。

(3)互联网的使用:互联网及相关的信息技术将成为向全球观众宣传上海世博会的重要工具。通过与本地及海外的主流媒体、新闻网站、商业网站或其他国际网站的合作,利用以互联网为载体的沟通与推介活动,在网上推介上海世博会。充分利用网站拥有众多网民的特点,以形式多样的方式进行有效的沟通与推介。

上海世博会官方网站“世博网”及时、全面地提供世博会各方面的信息,成为向全球观众发布世博会独家新闻、信息、最新动态的信息源。网站将积极开展营销和推广活动,逐渐发展成为了解上海世博会最新信息最有效的途径。

主办方将提高世博会官方网站在主要搜索引擎上的排位,便于主办方有效控制网上发布信息的内容。主办方可让相关机构在网站注册,使之可以获得世博会更多的资料。主办方可借此获得庞大有效的沟通对象数据库,方便向目标机构发布信息和新闻。

主办方将结合新媒体技术进行调查、统计、比赛、投票、问答等。此类服务收费低廉,可以向民众直接发布世博信息,吸引民众对上海世博会的广泛关注。

(4)媒体推介:充分发挥报刊、电台、电视台、网络等媒体的传播优势。拍摄、播放反映筹办上海世博会进展情况和民众热情参与世博的专题节目;在卫视频道开设上海世博会频道专栏;办好上海世博杂志。制订实施上海世博会出版工程计划,通过招投标方式,组织策划和编辑出版具有统一标志、多语种的上海世博会专题系列出版物。建立上海世博会报道的专职记者、编辑和相关负责人的宣传网络,定期发布世博会各类信息,在全国范围内形成世博会宣传报道的热潮,及时、准确、全面地向新闻界介绍筹备工作的进展情况。在互联网上提供及时、独特、丰富、个性化及互动的内容,可吸引更多观众上网。

世博会主办方将把上海世博会官方网站与相关政府和门户网站进行链接,与中国著名网络媒体共同开设世博会平台，及时发布世博会各类信息，使民众及时了解上海世博会的进展情况。

（5）旅游推介：充分利用中国及上海特有的历史文化积淀和民情民俗，积极开发具有特色的旅游商品，使旅游商品形成内涵丰富的系列，包括自然风光、人文古迹、传统文化和民间传说。组织上海世博会文化旅游纪念品设计大赛，并推出若干具有较高艺术水准、浓缩上海海派文化精神、能满足各方面需求的旅游文化纪念品。

联络相关旅游机构，在国内市场上进行公关促销，开发上海世博会旅游路线。在每年的国际旅游交易会设立宣传台，推出上海世博会国际旅游形象大使。加强与国内其他旅游热点城市之间的合作，联合设计和推广与世博会有关的专项文化旅游产品。

今天，尽管对世界各国领袖、名人和普通民众而言，可以拥有许多彼此互动的机会——从体育和文化盛事到政治峰会和商务会议——世界博览会仍然是不同国家和文化之间开展沟通的一个重要、独特、无可替代的途径。世界博览会是人类独一无二的经历，是衡量当今文明的里程碑，它展现了人类未来发展的愿景。

（资料来源：李凌超：《公共关系在会展业的应用研究》，有改动）

（二）广州大学城美容及个人护理品展宣传推广方案

1. 宣传方式与途径（见图5－1）

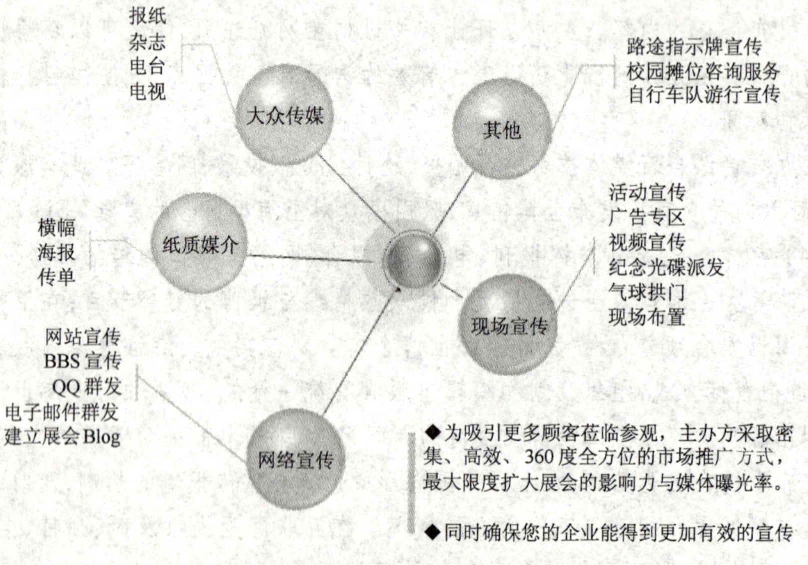

图5－1 宣传方式与途径

2. 大众传媒(见表5-3)

表5-3 大众传媒名称及宣传形式

名称	形式
校园消费杂志	每月1期,每期约50 000份。其中30 000份在广州大学城各高校内派发(含与各高校合作的商场及校园内设点),剩余20 000份派发于白云、天河五山的各高校校区 刊登关于本次展会的B5规格杂志一个版面的广告
广州大学广播台	每天中午、傍晚两期节目,展前三天广播声带循环宣传
新快报	新快报——羊城晚报报业集团主办,1998年3月创刊,是国内第一份实现全彩印刷的大型综合性日报,对开32版。《新快报》以关注民生、服务社会为宗旨,以新锐的办报理念与鲜明的编辑风格为特色,强调新闻与资讯的实用性 进行会展现场采访及新闻稿报道
可乐生活	逢周四出版,发行量38万余份,零售以广州为主,覆盖珠三角地区;订阅以广东省为主;读者群为时尚而有活力的消费群体;两版专题报道 将刊登一期跨版专题报道
中国会展杂志	半月刊,发行量(每期)30 000册。目前中国唯一经国家新闻出版总署批准公开发行的会展业杂志,中国会展业具广泛影响力的核心传媒 展前、展中、展后进程文章选登
YOUNGD广东青少年网络电台	秉承"不一样的网络电台,非一般的互动社区"的办网理念,整合资源,发掘优势,将YOUNGD网打造成为华南地区乃至全国最受青少年喜欢的多媒体互动平台 进行网站新闻稿报道、节目报道
广州大学报	每月2期,每期约10 000份,其中90%在校内派发,10%寄给各高校 以新闻稿形式报道

3. 纸质宣传(见表5-4)

表5-4 纸质宣传形式

名称	形式
传单	1. A4规格彩色宣传单10 000份(含抽奖券、商家名录) 2. 传单派发:广州大学5 800份(58%);星海学院、广州美术学院、广州中医药大学、广州药学院、广东外语外贸大学、中山大学、华南师范大学7所高校将各派发600份,共4 200份(42%) 3. 在大学城9大高校粘贴以4张A4规格传单拼成的A2传单阵 4. 针对广州大学城内繁华场所直接分发,如食堂、商业中心等人流较大区域;以宿舍、住宿楼为单位直接投递 5. 抽奖券在会展现场派发

续表

名　称	形　　式
海　报	1. 针对会展前期宣传将在广州大学校内张贴1个系列共12张海报 2. 广州大学城内的星海音乐学院、广州美术学院、广东外语外贸大学、中山大学、华南师范大学等高校将各张贴1张海报 3. 针对整个大学城的各个校内繁华场所粘贴,如食堂、宿舍宣传栏等人流密度大的区域
横　幅	展前、展中,在广州大学校内3大学生饭堂各挂1条会展的横幅,共3条

4. 网络宣传(见表5-5)

表5-5　网络宣传媒介名称及形式

名　称	形　式
56.com视频网站	目前是中国最大的视频分享平台 会展视频将在56.com视频网站原创版首页推为网页头图3天;在56.com大型活动合作联盟首页推为链接3天
网易新闻	含时政新闻、国际新闻、国内新闻、社会新闻、体育新闻、时事评论、新闻图片、新闻专题、新闻论坛、军事、历史等多个新闻栏目 进行展后跟踪报道
广州美容网	广州最大的美容、美发、化妆品行业门户网站 进行展后跟踪报道
BBS	在广州大学BBS发帖置顶,广州大学城各高校BBS发帖宣传
广州大学新闻中心	做展中报道
广州大学旅游学院网	做展前或展中报道 学院网站能兼顾展前宣传、展中报道和展后总结
会展BLOG	及时更新会展内容,置顶参展公司的宣传内容
QQ群	新生群、协会群、同乡会群、学生会群、实习群、兼职群等

5. 其他宣传(见表5-6)

表5-6　其他宣传形式

名称	形　式
自行车队游行	以10部自行车组成自行车队伍,以强大的声势吸引关注,环游大学城;每辆自行车后座分别插着印有会展信息的彩色竖旗,队伍前后分别播放有关会展信息的录音
指示牌	教学区路边摆放醒目指示牌,会展宣传期间张贴10张
舞台背景板	舞台宣传

6. 宣传物料编制

(1) 舞台背景板(图 5－2)

图 5－2　舞台背景板

(2) 会展海报(图 5－3)

图 5－3　会展海报

(3) 会展传单(图 5－4)

图 5－4　会展传单

(4)会展眉板(图5-5)

图5-5 会展眉板

(5)会展指示牌(图5-6)

图5-6 会展指标牌

7.宣传计划时间安排(表5-7)

表5-7 广州大学城美容及个人护理展宣传推广总体流程

时间 项目	2010年																	
	5月																	
	3日	4日	5日	6日	7日	8日	9日	10日	11日	12日	13日	14日	15日	16日	17日	18日	19日	20日
前期宣传																		
张贴前期海报																		
派发黑白传单																		
悬挂横幅																		
第一轮网络宣传																		
中期宣传																		
张贴中期海报																		
派发黑白传单																		
后期宣传																		
第二轮网络宣传																		
派发彩色传单																		
张贴指示牌																		

续表

时间 项目	2010 年																	
	5 月																	
	3 日	4 日	5 日	6 日	7 日	8 日	9 日	10 日	11 日	12 日	13 日	14 日	15 日	16 日	17 日	18 日	19 日	20 日
校内外媒体宣传																		
现场布置																		
现场宣传																		
活动宣传																		
广告宣传																		
视听宣传																		

本章小结

(1)会展促销的功能包括传播信息、刺激需求、强化竞争优势、树立良好形象；遵循出奇制胜、让利诱导、突出优势的原则；达到“注意力”效应、名牌效应、特色效应；促销方式多种多样，但要便于评估。

(2)会展公共关系营销是利用各种传播手段，与包括参展商、会展服务商、观众、政府机构和新闻传媒在内的各方面进行沟通，建立良好的社会形象和营销环境的活动；展览公关工作一般包括：开幕式、招待会、拜会等。

(3)会展宣传的第一项工作是决定展览对象；决定展览对象不仅是为了展览宣传有针对性，而且也是为了选择展览对象时有标准依据。招展宣传资料的形式有：新闻资料、情况介绍成套资料等；展览宣传的主要渠道是广告宣传和联络，广告宣传为单向传播的宣传，联络为双向交流的宣传；广告是展览宣传的重要方式，也是吸引参展企业的主要手段之一；登广告要目标明确，根据需要、意图和实力安排；新闻工作是一种低成本高效益的宣传工作，对任何展览企业都很重要，缺乏经费预算的展览企业更应当多做新闻工作。

(4)会展人员促销的特点是双向的信息沟通、灵活的促销方式、双重的推销目的、多样的满足需求；人员推销是一种双向沟通，即使在通信技术日益发达的今天，它仍有不可替代的作用。会展人员促销的方法主要有发函、打电话、拜访，会展人员促销是一种直接的、成本比较低的宣传方式。人员促销工作的重点是促使参展商连续参展。

(5)营业促销，又称营业推广或特种推销，指企业运用各种短期诱因鼓励用户购买产品的行为，一般用于短期和额外的促销工作，着眼于解决具体的促销问题，具有形式多样、短期效应和非连续等特征。会员制促销是当前十分有效的一种促销手段。

(6)同类展会促销,是指办展机构直接派出营销人员到国内外其他同类展会上去推广自己的展会的一种营销方法。

本章重点词

会展促销　会展公共关系　拜会　贵宾　支持单位　人员促销　营业促销　会员制促销　同类展会促销

复习思考题

1. 会展促销有什么效应?
2. 会展公关主要有哪些形式?
3. 制作会展广告要注意些什么?
4. 设计一个开幕式程序。
5. 如何帮助参展企业提高参展效益?
6. 同类展会促销对主办方的作用有哪些?

第六章 会展新型营销

HUIZHAN XINXING YINGXIAO

本章概要

本章介绍了会展市场经营观念的变化、营销趋势和几种新型的会展营销方式，包括会展绿色营销的含义及运用；会展电子商务的技术基础、活动范围、特点、功能、基础设施体系和网络展览会；会展整合营销的功能、战略、合作伙伴、实现途径等。

第一节 会展市场经营观念演变与营销趋势

会展市场经营观(Exhibition Marketing Philosophy)是会展企业一切经营活动的出发点，也是会展企业制定营销战略和策略的根本指导思想。随着会展业的发展，会展企业的营销观念同其他各种类型企业的营销观念一样，也大致经历了以下几个演变阶段：

一、产品导向阶段

所谓产品导向，就是以生产为中心的企业经营的指导思想。在市场发展的初期阶段，会展企业生产什么，会展市场就供应什么，没有选择的余地，即所谓“皇帝的女儿不愁嫁”。因此，会展企业经营管理者的精力，主要集中到如何扩大生产和降低成本上面，“以量取胜”、“以廉取胜”，这就形成了以生产为中心的企业经营观点，就是一般所说的“以产定销”的观点。会展企业的商品销售、广告推广等处于无足轻重的地位，根本没有市场经营部门。由于物资短缺，需求旺盛，许多产品供不应求，因而产品观念在企业界颇为流行，会展企业也是依此观念运作。这一时期，会展项目处于粗放经营阶段，很多会展项目成为真正的“博览会”，综合式、非专业的集市型展览会随处可见。这一时期在中国会展市场的时间不长，但这种低级的运作模式在一些经济欠发达地区仍长时间存在。

二、销售导向阶段

随着会展企业不断增加,会展项目供给增大,形式翻新,会展商品开始供过于求,市场竞争越来越激烈,扩大会展产品销售已成为会展企业的中心任务。如何有效促进会展产品销售,就成了会展企业决策者关心的课题。于是不少会展企业开始转向“销售观点”,即以销售为中心的企业经营指导思想。“我卖什么,顾客就买什么”,是这种经营观点的核心。在此观点指导下,会展企业十分注意运用推销技术和广告宣传,向现实买主和潜在买主大量推销会展产品,以期压倒竞争者,提高市场占有率,取得较为丰厚的利润。为此,会展企业也扩大了招展部门的职权,设置了招展业务部门,增加了市场调研、广告宣传等部门,形成了以招展为核心的企业经营体制。由于这种观念是从既有产品出发的,因而还没有超出“以产定销”的范围。这一时期,会展批文依然红火,招展部门的作用被人为放大,诸多坑害参展企业的吹嘘、欺骗行为屡有发生。

三、市场导向阶段

市场导向可称之为消费者导向,对会展业而言,就是以参展企业为中心的企业经营指导思想。企业经营的重点放在研究参展企业的需求上。会展企业占有市场、扩大市场占有率是件极不容易的事。因此,只有加强市场研究,才能策划设计出合适的会展项目;也只有摸清市场需求,并根据需求设计项目,才能获得最大利润。会展企业必须面向广大参展企业,切实为参展企业服务,使参展企业满意。会展企业的经营思想开始发生根本性的转变,从“以产定销”转变为“以销定产,适销对路,产销结合”,这一阶段流行的口号是“顾客至上”。

四、社会责任导向阶段

近年来,倡导兼顾消费者需要、社会利益和企业利益三者统一,追求现实与长远利益有机结合的社会责任导向的营销观念逐步受到了社会与企业的认可与接受。这种观念认为,企业的任务是确定目标市场的需要、消费者的利益,增进消费者和社会的福利,比竞争者更有效地向目标市场提供其所期待的服务,对于危害或不利于社会利益的需要,企业有责任实行“反营销”。会展企业的经营管理贯彻社会营销的观念,是因为会展服务凭借的物质产品是社会上其他相关行业和部门的产品。而且,参展企业是会展活动带来的社会收益或成本的直接接受者,只有当会展业带给社会的效益大于成本,会展经营活动才会被参展企业所接受。因此,会展项目开发和发展中引起的资源破坏和垃圾污染、空气污染、社会环境破坏等综合性问题就必须引起高度重视，并加强治理工作。

五、会展营销趋势

（一）全球化营销趋势

目前，国内各个行业面临的最大现实问题就是全球化，会展业也不例外，会展市场的全面开放犹如离弦之箭，已成不可逆转之势，国家间的界线日渐模糊，不同文化背景的人们之间的交流也日趋频繁。在这样的环境下，会展业的发展也必然呈现出全球化的趋势，即各国在会展管理体制、会展管理技术以及会展管理实务方法等方面开始全面接轨。加入世界贸易组织为我国会展业的发展提供了与世界接轨的契机。一方面，我国政府的会展主管部门将从入世的碰撞交流中，充分学习和借鉴会展发达国家在会展管理体制上的成功经验；另一方面，我国的会展企业在入世后的“与狼共舞”中，在管理标准和营销方式上将与世界先进水平接轨。为此，会展的营销也必然出现全球化营销趋势。

（二）信息化营销趋势

信息化程度既是中国会展业与国际接轨的一个重要衡量标准，也是会展业发展的必然趋势。这里的“信息化”有两层含义，一是要尽可能地掌握国际会展业中最前沿的东西，包括行业最新动态、理论研究成果、展会信息或专业设备等；二是在会展业中充分利用各种信息技术，以提高行业管理和营销活动的效率。

会展信息化营销趋势表现为：首先是加强与国际会展组织或世界知名会展公司之间的交流与合作，并定期向国外发布我国的会展信息，以及时掌握全球会展业的最新动态。其次，在会展业中积极推广现代科技成果，逐步实现行业管理的现代化、会展设备的智能化和活动营销组织的网络化。最后，充分利用国际互联网（Internet），推动国内会展业的信息革命，如开展网络营销、举办网上展会等。在德国，网上销售和网上展会等互联网业务发展很快，但德国会展业的发展规模和势头并未因此受到影响。在美国，网络技术的发展水平和应用范围大大超过其他国家，但会展业在新经济时代呈现的特征和趋势则与德国基本相同。据美国展览研究中心（CEIR）的调查，美国企业目前仍然把参加贸易展览会作为最有效的市场营销和对外交流联系的途径和方法，并认为如果把这种方式与其他方式如电子商务和商业广告等联合起来使用，则成功的可能性更大。面对日新月异的电子商务和电子媒体的发展，超过 50% 的参展企业认为展会的作用和意义不会因此而降低，另外还有 1/4 的参展企业认为展会存在的意义和发挥的作用会变得更大、更重要。对那些常参加展会的参展企业来说，这个比率更高，愿意增加或保持现有的参展规模的参展企业占全部参展企业的 87%，认为展览会在网络时代的作用和影响不会降低或变得更大的参展企业占89%。可见,电子商务和电子媒体的快速发展和广泛使用并没有把企业从传统的展览市场中拉走。事实上,对专业展览会的行业分布进行具体分析后发现,IT业专业展会的增长势头最为强劲,这恰恰说明,信息网络经济部门仍需要传统媒介——贸易展会来扩大和发展它们的业务。

事实上,展会组织者的主要业务不在于对展会本身进行管理,而重在采取各种措施,利用各种手段——实物展览、网上虚拟展览、网上销售或是其他形式,成功有效地把买卖双方组织到一起,增加他们参加和参观展览会的兴趣和价值。从这一点来看,电子商务、展会网站、网上销售等各项业务都在展会组织者的业务范围之内。新经济时代,展会组织者对各项业务效果的评价标准也要适应这种变化。

(三)品牌化营销趋势

品牌是会展业发展的灵魂,也是中国会展业在21世纪实现可持续发展的关键。综观世界上所有会展业发达国家,几乎都拥有自己的品牌展会和会展名城。例如,德国慕尼黑每年要举办40多个重要展览会,其中有一半以上是本行业的领导性展会,高档次的展会为慕尼黑赢得了大批参展商,也增强了对旅游者的吸引力。增强中国会展业的国际竞争力,品牌化是必由之路。目前国内已初步涌现出一批具有品牌知名度的会展企业或展览会,如北京国际会展中心、上海国际会议中心、大连星海国际会展中心、北京国际汽车展、深圳高交会、光亚展览贸易有限公司等,这些品牌企业或展览会为我国其他城市发展会展业积累了宝贵的经验。然而,这些民族化的会展品牌与德国、意大利等国的国际性会展公司或展览会相比,无论在品牌的知晓度上,还是在品牌的无形价值或扩张程度上,均存在着很大的差距,尤其在利用品牌进行营销方面,差距更为明显。

(四)专业化营销趋势

"只有实现专业化才能突出个性,才能扩大规模,才能形成品牌",这已成为国内会展界的共识。专业化是中国会展业发展的必然选择。营销的专业化也是如此,随着中国会展业的发展尤其是与国际会展市场的进一步接轨,国内会展业必将在展会策划、整体促销、场馆布置、配套服务等方面走上一个新台阶,各类专业会展人才也会越来越多,组展过程将呈现出专业化、高水平的特点。

(五)创新化营销趋势

21世纪是创新的世纪,在这样一个追求个性的时代里,一种事物如果不能常变常新就不能获得持续发展的能力。会展业在中国是一项新兴的经济产业,并且与会展发达国家相比竞争力明显不足,因而唯有不断创新才能突出自身的特色,最终实现"以弱胜强"。

中国会展业的创新可分为四个主要方面，即经营观念创新、会展产品创新、运作模式创新和服务方式创新。经营观念创新是指我国会展企业应树立“不求最大，但求最佳”的经营思想，即在最大限度地满足参展商和观众需求的前提下，实现企业综合效益的最大化；会展产品创新主要包括不断开发新展览会和大力培育品牌展会；运作模式创新即在组织方式或操作手段上进行变革，以适应新的市场形势，如推进会展企业上市、向海外移植品牌展会、开展网上展会等；服务方式创新则指按照“以人为本”的原则，并充分利用各种现代科技成果，为参展商和观众提供更超前、更便捷的配套服务。在今后的一段时间里，推进创新将成为我国各主要城市发展会展业必须坚持的一项重要原则。

（六）多元化营销趋势

从整体上看，世界会展业正在向多元化方向发展，具体包括产品类型的多行业化、活动内容的多样化和经营领域的多元化。首先，会展业的蓬勃发展对会展产品类型提出了越来越高的要求。中国会展企业应根据当地的产业经济基础和自身的办展实力，积极开发新的专业性展会。专业内容可涉及汽车、建筑、电子、房地产、花卉等各个行业，关键是要尽快形成自己的品牌。其次，会展形式正在从传统的静态陈列转向融商务洽谈、展会参观、旅游观光、文化娱乐等项目于一体，这是全球会展业发展的必然趋势。最后，面临激烈的行业市场竞争，我国的绝大多数会展公司都在努力拓展本企业的经营项目，形成“一业为主，多种经营”的格局，以分担经营风险，增强企业综合竞争力。

（七）生态化营销趋势

可持续发展是人类社会永恒的话题。任何一项经济产业要获得持续、健康的发展，都必须寻求经济效益、社会效益和生态效益的统一。可以预见，生态化将成为会展业发展的必然趋势。中国会展业的生态化主要体现在以下四个方面：

一是注重场馆的生态化设计。投资者在兴建会展场馆时将从会展场馆选址、建筑材料选择、内部功能分区等方面，突出生态化的特色，有关管理部门也会对此制定相应的规范。目前，“绿色会展场馆”的概念在国内已经相当流行。

二是大力倡导绿色营销理念。会展城市在组织整体促销或展会主办者在对外宣传招展时，都将更加强调自身的生态特色和环保理念，以迎合参展商和大众的环保需求心理。

三是强化环境保护意识。除积极建设绿色场馆外，展会组织者和场馆管理人员将比以前更加注重节能降耗和三废处理，在布展用品的选用上也将做到易回收的材料优先。

四是以环保为主题的展会将倍受欢迎。随着中国会展业的日益成熟，国内会展产品中必将涌现出大量与环保相关的专业展会,并且这些展会具有极大的市场潜力。

第二节　会展绿色营销

一、绿色营销的含义

绿色营销是社会责任导向的市场经营观的一种反映。会展业的绿色营销可以分为狭义和广义的两方面:狭义的会展绿色营销指会展企业在营销过程中的环保行为;广义的会展绿色营销指的是会展企业在整个营销过程中充分体现环保意识和社会意识,向参展企业和观众提供科学的、无污染的、有利于节约资源使用和保持生态平衡的会展项目与服务。

二、绿色营销在会展中的运用

在会展中运用绿色营销的理念可体现在如下方面:

一是优质高效。目前会展活动中的"同期展"问题严重,这些"同期展"质量粗糙,不但会影响专业会展和品牌会展的生存,更给自然界带来了额外的压力。所以,实现绿色会展,就应该避免同期展,要不断优化展会,同时在会展项目的开发与主题设计上,体现绿色环保的理念。

二是节能低耗。会展是一种无污染的朝阳产业,但是,会展活动本身可能造成环境污染,传统会展的组织者和参与者常常出现铺张浪费的现象,如夏季馆内空调温度过低、采用不可回收材料搭建豪华展台等。而绿色会展要求在会展活动中主办单位、承办单位应注意环境保护,注意避免会展活动成为某些疾病的传染源,不在活动过程中出现铺张浪费的现象等。

三是绿色环保。要求会展活动过程中使用可回收或可循环再用的材料,尽量减少排放到环境中的各类废弃物,在会展场馆的建设上,要避免或减少对环境的破坏,同时可以通过绿色植被、观赏花卉、人工瀑布等营造绿色环境,增强生态环境功能。会展场馆的内部交通,尽量采用绿色交通工具,如使用以太阳能为能源的机车,或畜力交通工具。

四是在餐饮服务方面,餐厅应推广绿色有机食品,不选择国家禁止的珍稀野生动物及益鸟、益兽等来开发特色餐饮。餐厅服务员应考虑客人的利益,向点菜客人介绍、推荐菜肴时,要做到经济实惠、营养配置合理、不浪费。在客房服务方面,饭店可以积极开发绿色客房，设置不吸烟客房等。

五是倡导绿色会展理念，为参展企业树立良好的形象，增加品牌认知度和联合贸易的机会，取得双赢。

在国际市场上，绿色消费已成为主流。“绿色会展”树立了企业具有较高的环境法制观念和环境道德观念以及强烈的社会责任感的良好形象。这样的企业更能获得国际的认可和消费者的信赖和好感，有助于树立良好的企业形象，增加企业的品牌认知度。

绿色营销追求经济效益、社会效益和环境效益的统一，既能满足当代人的需要，又不损害后代人的发展。因此，绿色营销作为实现会展业可持续发展的有效途径，无疑将成为现代会展企业进行营销活动和市场开拓的必然选择。

第三节　会展网络营销

会展网络营销主要是运用电子商务进行的会展营销活动。电子商务有着传统会展业无可比拟的独特优势，它提供了一个更为快捷、互动、有效的商务通道。

按照电子商务对传统会展业介入程度的不同，可以将会展电子商务分为两个层次：一是不完全会展电子商务，即在会展的运作过程中部分地借助电子商务方式为展会服务，如网上广告、订货、付款、售前售后服务，以及通过网络进行市场调查分析、财务核算、生产安排等；二是完全电子商务，即网上会展，会展的组织、举办等各个环节都实现了电子化，组展商、参展商和观展者之间的交流主要通过互联网进行，它代表着会展产业未来的发展方向。

一、会展电子商务的技术基础

从技术的角度看，会展电子商务是采用数字化电子方式进行会展信息数据交换和开展会展商务活动的，比较多的是运用以 Internet 为基础的多种电子手段实现交易。

二、会展电子商务的活动范围

会展电子商务所涉及的贸易活动包括两个方面：一是面向市场，以市场活动为中心，包括促成会展交易实现的各种商业行为（网上发布会展信息、网上公关促销、会展市场调研和实现会展交易的电子贸易活动），网上会展企业洽谈、会展产品展示、售前咨询，网上产品交易、网上支付、售后服务等；二是面向企业内部，利用网络重组和整合会展企业内部的经营管理活动，实现会展企业内部的电子商务，包括会展企业建设内部网，利用业务管理系统、客户关系管理系统、物流管理系统和财务管理系统等实现会展企业内部的管理信息化。

三、会展电子商务的特点

（一）营销理念的提升

会展电子商务是一种网络营销方式，网络营销是在众多新的营销理念的积淀、新的实践和探索的基础上发展起来的。网络营销理念吸纳了众多新的营销理念的精髓，但又不同于任何一种营销理念。计算机科学、网络技术、通信技术、密码技术、信息安全技术、应用数学、信息学等多学科的综合技术，给予了网络营销以厚重的技术铺垫；近半个世纪以来多种营销理念的积极探索，给了网络营销以丰富的学术内涵；近十年来电子商务和网络营销的实践，给了网络营销以冷静的思索和理性升华的机遇和可能。因此，网络营销具有鲜明的特色：它反映网络经济的内涵和特点；揭示了网络营销带给企业的深刻变革和无限生机；形成了一种开拓市场的进击能力，有效地整合了各种资源；真正地做到了把客户当作财富，当作企业的一种战略资源；顺利地实现了买家和卖家的最短路径连接和最快速度成交；从根本上提升了企业的核心竞争能力。因此，网络营销是以往一切营销理念所无法比拟的，是对营销理念的巨大提升。

（二）开放性、全球性的体现

网络的连通性，决定了网络营销的跨国性；网络的开放性，决定了网络营销市场的全球性。传统营销理念和营销方式，是在一定的范围内去寻找目标客户，而网络营销，是在一种无国界的、开放的、全球的范围内去寻找目标客户。市场的广域性，文化的差异性，交易的安全性，价格的变动性，需求的民族性，信息价值跨区域的不同增值性，网上顾客的可选择性，这些都给网络营销提供了广阔的发展空间，带来的是更大范围成交的可能性，更广域的价格和质量的可比性。

（三）资源整合交叉延伸

在网络营销的过程中，将对多种资源进行整合，对多种营销手段和营销方法进行整合；对有形资产和无形资产的交叉运作和交叉延伸进行整合。这种整合的复杂性、多样性、包容性、变动性和增值性具有丰富的内涵。特别是，营销商务软件在这种多维整合中发挥了重要作用，扮演了重要角色。多种资源、多种手段整合后所产生的增值效应，是对传统市场营销理念的重大突破和重要发展。

（四）经济利润的增值

网络营销的快捷性、资源的广域性、地域价格的差异性、交易双方的最短连接性、市场开拓费用的锐减性、无形资产在网络中的延伸增值性都将使我们极大地降低交易成本、经营成本，提高企业利润，给企业带来经济利益。

（五）对市场的冲击穿透

网络的进击能力是独有的。网络营销的这种冲击性及由此带来的市场穿透能力，明显地挑战了4P和4C理论。无论是在信息搜索中的进击，还是在发布后的进击，都是在创造一种竞争优势，在争取一批现实客户，在获取显在商机，在扩大着既有优势的范围。

（六）极强的实践操作功能

网络营销实践性很强，它通过对以往营销理念的审视和对新理论的运用、检验，在实践中不断积累经验，提高其应用价值。

四、会展电子商务（网络营销）的功能

（一）信息搜索功能

信息搜索功能是网络营销进击能力的一种反映。在网络营销中，将利用多种搜索方法主动、积极地获取有用的信息和商机；将主动地进行价格比较，了解对手的竞争态势，进行决策研究。搜索功能已经成为营销主体能动性的一种表现。随着信息搜索功能由单一向集群化、智能化方向的发展，以及向定向邮件搜索技术的延伸，使网络搜索的商业价值得到了进一步的扩展和发挥，寻找网上营销目标将成为一件易事。

（二）信息发布功能

发布信息是网络营销的主要方法之一，也是网络营销的一种基本职能。网络营销所具有的强大的信息发布功能，是古往今来任何一种营销方式所无法比拟的。网络发布信息的范围、停留时间、表现形式、延伸效果、公关能力、穿透能力等都是一流的。更加值得提出的是，在网络营销中，网上信息发布以后，可以有效跟踪，获得反馈，从而更便于交流和沟通。

（三）商情调查功能

网络营销中的商情调查具有重要的商业价值。对市场和商情的准确把握，是网络营销中一种不可或缺的方法和手段，是现代商战中对市场态势和竞争对手情况的一种电子侦察。通过在线调查或者电子询问调查表等方式，不仅可以省去大量的人力、物力，而且可以在线生成网上市场调研的分析报告、趋势分析图表和综合调查报告。其效率之高、成本之低、节奏之快、范围之大，都是以往其他任何调查形式所做不到的。这就为广大商家提供了一种快速反应能力，为企业的科学决策

奠定了坚实的基础。

（四）销售渠道开拓功能

网络具有极强的冲击力。传统经济时代的经济壁垒、地区封锁、人为屏障、交通阻隔、资金限制、语言障碍、信息封闭等，都阻挡不住网络营销信息的传播和扩散。新技术的诱惑力，新产品的展示力，文图并茂、声像俱显的昭示力，网上路演的亲和力，地毯式信息发布和爆炸式信息增长的覆盖力，将整合为一种综合的信息进击能力，从而快速疏通各种渠道，打开进击的路线，实现和完成市场的开拓使命。

（五）品牌价值扩展和延伸功能

美国广告专家莱利·莱特预言：未来的营销是品牌的战争。拥有市场比拥有工厂更重要。拥有市场的唯一办法，就是拥有占市场主导地位的品牌。随着互联网的出现，不仅给品牌带来了新的生机和活力，而且推动和促进了品牌的拓展和扩散。实践证明：互联网不仅拥有品牌、承认品牌，而且对于重塑品牌形象，提升品牌的核心竞争力，打造品牌资产，具有其他媒体不可替代的效果和作用。

（六）特色服务功能

网络营销具有和提供的不是一般的服务功能，而是一种特色服务功能，其服务的内涵和外延都得到了扩展和延伸。顾客不仅可以获得形式最简单的FAQ（常见问题解答）、邮件列表、BBS、聊天室等各种即时信息服务，还可以获取在线收听、收视、订购、交款等选择性服务。这种服务以及服务之后的跟踪延伸，不仅将极大地提高顾客的满意度，使以顾客为中心的原则得以实现，而且客户成为商家的一种重要的战略资源。

（七）客户关系管理功能

客户关系管理，源于以客户为中心的管理思想，是一种旨在改善企业与客户之间关系的新型管理模式，是网络营销取得成效的必要条件，是企业重要的战略资源。在传统的经济模式下，由于认识不足，或自身条件的局限，企业在管理客户资源方面存在着较为严重的缺陷。

针对上述情况，在网络营销中，通过客户关系管理，将客户资源管理、销售管理、市场管理、服务管理、决策管理融于一体，将原本疏于管理、各自为战的销售、市场、售前和售后服务与业务统筹协调起来，既可跟踪订单，帮助企业有序地监控订单的执行过程；规范销售行为，了解新、老客户的需求，提高客户资源的整体价值；又可以避免销售隔阂，帮助企业调整营销策略，收集、整理、分析客户反馈信息，全面提升企业的核心竞争能力。客户关系管理系统还具有强大的统计分析功能，可以为我们提供“决策建议书”，以避免决策的失误，为企业带来可观的经济效益。

(八)经济效益增值功能

网络营销会极大地提高营销者的获利能力,使营销主体提高或获取增值效益。这种增值效益的获得,不仅由于网络营销效率的提高,营销成本的下降,商业机会的增多,更由于在网络营销中,新信息量的累加,会使原有信息量的价值实现增值,或提升其价值。这是传统营销不具备又无法想象的一种能力。

五、网络在会展营销中的应用

(一)报名

不论出席者想参加何种展会,报名是第一步。网上报名可以让出席者直接在网上填写申请表,在网上浏览展会详情,自动统计出席者人数,自动监控财务交易。运用网上报名数据库的一个最大优点是能将所有报名资料都汇总在一起,使你拥有一个不断更新而准确的报告。如果你负责销售,那么网上报名可使你将所有个人信息和展会提示发给不同的接收者。

(二)住宿安排

除了让出席者报名外,你还应该引导代表团在网上预订旅店。你可以把免费团体住宿安排应用软件、网上预订工具和你的报名数据库结合起来使用。不论在何种情况下,你都可以让展会出席者根据具体人数在网上预订房间。利用网上住宿安排软件的好处在于可以把所有住宿安排信息都储存在一个在线数据库中,及时监控住宿安排情况,并可以提前几个月或几个星期根据订房情况的变化及时调整住房安排结构。

(三)旅行

在有些情况下,你可以让展会参加者在网上做旅行安排。如果参加者能够在网上预订机票,那么机票预订系统应该自动将打折率考虑在内。这种旅行预订业务可以是免费提供的,或是与网上报名和网上预订房间系统相结合。相反,有些参展企业开始把旅行预订功能结合起来为展会报名服务。这样,公司可以为它的所有员工集中管理机票和房间的预定事务,使其更符合公司的相关政策,精确地统计公司会议和旅行支出,更有效地同旅行社沟通。

(四)选址和 RFP 工具

多年来,人们都是通过网络软件寻找旅店或会议地点并提交详细要求。如今,有些旅店搜索引擎已经加入了具体日期内的指定地址的打折信息。最新的选址和 RFP 工具添加了为参加小型会议而及时预订房间和会议地点的相关内容。你可以输入要求,了解价格和详情,若符合要求,可立即预订。

（五）预算和综合成本

你可以用一系列的网上预算工具来计算会展支出。有些预算工具可以让你对包括出席者住宿和旅费在内的基本支出做到心中有数，而有些则能让你了解所有支出。在大多数情况下，预算申请可以帮助你比较预算和实际成本。最复杂的预算工具是用来帮助公司管理和监督整个会议举办进程的。

（六）会议营销

展会组织者无须建立自己的网站，而是可以直接利用软件服务提供商（ASP），通过网络浏览器来建立自己的展会站点，宣传推广即将举行的展会。ASP 提供一系列的服务，适用于会展组织者的服务有：为出席者提供会议信息、会议简介，上载标题和图标，为会议出席者提供日程安排。根据日程安排，你的代表团可以制定出自己想要出席的展会列表。这种会议软件应和网上报名和网上预订房间系统结合使用。

（七）会展营销

交易会推广软件可以帮助会展组织者建立一个站点，向参展者和参观者推销自己的展会。你可以用这个工具来宣传你的展会给客户带来的益处，鼓励参展商购买展位或参观者购买参观门票。参展者可以浏览展位安排、展品清单、参展时间表，并可了解会展组织者的详细情况。

以上海世博会为例，具有射频识别功能的世博门票能使游客在不超过 20 秒的时间验票入园，在实现快速入园的同时，参观者因为携带了嵌入射频识别标签的门票，在通过各个出入口时，检查设备能实时记录入园信息并输送到园区管理信息平台。另外，利用信息化和虚拟现实技术，构建了园区规划建设可视化技术管理平台。在上海世博园区，中国移动开通了全球首个 TD - LTE 宽带移动通信规模演示网——这也是我国唯一具有自主知识产权的准 4G 标准网络。用准 4G 数据卡上网，速度比 3G 要快上几十倍。网上世博会不仅将在世博会历史，更将在新时代树立一个全新的标杆，直接促成互联网时代由二维至三维的转变，改变着人们的思维习惯。

六、组织会展的四种网络营销方法

（一）VIRAL 营销

VIRAL 营销方式可以向客户有效地推广展会。其做法如下：群发邮件给数据库中所有的客户和准客户，向他们解释清楚这样做的原因并表示想让他们将该邮件转发给所有可能对此次展会感兴趣的朋友和同事。群发邮件中当然还要包括登录你公司网站（包含会展所有信息）的链接。

（二）租用电子邮件地址数据库

会展组织者要想在尽可能短的时间内通知尽可能多的人，可以考虑采用租用电子邮件地址数据库的方法，如果此方法使用得当，组织者会获得一个很大的客户源。做法如下：从出租经纪人或直接从拥有数据库的公司租用电子邮件数据库地址。如果你已经同出租客户邮件地址的出版商、协会或其他组织打过交道，那就尽快同他们联系。

有一点要注意：这些公司或组织的出租行为必须事先征得其订户或会员的同意。获得了满足要求的数据库后，就可以着手给他们发送推广会展的电子邮件。有些经纪人还从事这种电子邮件数据库的买卖，如果你想从他们手中购买数据库，一定要当心。首先要看这些数据是否是最新的或是否符合你的需要；其次要查明这些数据的来源及是否事先经过授权。所发送的推广会展的电子邮件用语要生动、简洁，有吸引力。

（三）交换链接

交换链接就是指同展会有直接或间接关系的公司、个人交换网站链接。拥有你网站链接的网站越多，展会的出席者可能就越多。交换链接的方法如下：如果一个参展商把你网站的链接加到了他的网站上，那么，你可以相应地把他的链接加到你的网站里。这是个简单易行的过程。但若参展商有偿在你的展会推广网站中增加自己的链接，你就不能免费同其交换了。同理，你还可以同赞助商或准赞助商进行链接交换，专门在你的网站上为赞助商留出一块区域。

（四）电子邮件签名

在发送展会推广邮件时，为了确保工作人员在每一封邮件末尾都添加了展会信息和网站链接，你可以使用文本签名文件，该文件能被自动添加到每封电子邮件末尾。所有电子邮件软件程序都能自动完成这个过程。

七、网上展览会

目前在国际上，网上会展成为新亮点。它将传统的商务流程电子化、数字化，一方面以电子流代替了物流，大大减少了人力、物力，降低了成本，提高了效率；另一方面，组织者、参加者和观众通过网络系统联系起来，各主体间的沟通呈现即时互动的特点，摆脱了时间和空间的限制，为会展经济带来更大的发展空间。本章前文中已经提到，网上会展就是会展电子商务的完全化表现形式，通过对网上展览会和传统展览会的比较，我们可以清楚地认识到会展电子商务的特性。见表 6－1。

表6-1 网上会展与传统会展的特性对比表

特性	网上会展	传统会展
组展手段	网上发布信息,辅以在其他媒介上进行宣传	文件、传真、电话等,辅以电子邮件和互联网
信息发布范围	世界各地、非定向发布	有限范围、定向发布
展出场所	虚拟空间	实实在在的场地
展出手段	文字、图片、声音、动画等,通过逻辑说理宣传企业形象和产品形象	实实在在的产品,以直观的形象展开对外宣传
参展费用	仅需支付远程登录费	需支付展品运输费、场馆租金、施工费用、人员费用等
展出期限	一般有开始展出的日期而没有确定的结束时间,从理论上说可以无限期地进行下去	一般有固定展期
观众范围	面向广大网民,网民遍布世界各地	面向特定区域或特定专业的人士,有的只面向专业贸易观众
观众搜集目标展商的方式	借助计算机和鼠标点击,到达包含参展商信息的网页	靠走路,在展出场地中按照产品分类、展馆和摊位编号等查找目标
交流方式	依靠电子邮件、聊天室等完成彼此间的交谈、磋商	为展览活动参与者提供面对面交流的空间和机会
契约方式	依赖数据信息、电子文件等完成组展者、参展商、观众之间的约定和责任规范	依靠书面材料证明契约的达成和执行

网上展览会出现时间不久,还不成熟和完善,但与传统展览会相比已表现出一定的优势:低成本,高效率,展出时间长,展出空间无限广阔,经营规模不受场地限制,观众广泛,反馈及时,可自动统计和评估等。同时它也具有一些与生俱来的缺陷:展出信息不完整、观众不确定、信息统计上有时有偏差等。而且,人们参加展会不仅仅是了解产品信息,还需要面对面的沟通和交流。网上展览会的这些缺陷很难用技术手段加以弥补,这注定了它不可能完全替代传统展览会。网上展览会的发展需要依附于实物展览会,特别是定期举办的展览会。组展者可以把参展商的资料放到互联网上加以宣传,这也将成为传统展览会组织者吸引参展商和观众的必要手段之一。

例如,广交会下的网上广交会就是凭借"中国第一展"的品牌优势,利用广交会数十年来积累的参展商展品数据库和客商数据库资源,建立起高效便捷的网上贸易渠道，促进国内企业的出口成交。网上广交会采取与现场广交会业务紧密结合的方式，在广交会期间，展馆现场共设置42个服务点，为到会买家提供现场摊位信息查询服务；广交会宣传光盘每届发行10万套，免费向到会的采购商派发；多媒体视频推荐服务为未能亲临广交会现场的买家展示现场参展的真实情况，在广交会官方网站向采购商进行全天候展示；电子杂志通过邮件、广交会电子杂志平台等多个渠道投放，有效传递到目标买家手中，从而实现“网上洽谈，现场成交”。网上广交会成为每届广交会现场成交的有力补充，得到各方面的一致好评。

八、会展电子商务的基础设施体系

会展电子商务的基础设施体系主要是指会展电子商务的网络服务平台。会展电子商务的网络服务平台，在比较完备的情况下，由网络系统、基于Intranet（企业内部网）的管理信息系统和电子商务站点组成。

网络系统，即计算机网络是通过一定的媒体如电线、光缆等将单个计算机按照一定的拓扑结构联结起来，在网络管理软件的统一协调管理下，实现资源共享的系统。会展机构应用的网络系统分为内部网（Intranet）、外部网（Extranet）和互联网（Internet）。网络系统是沟通会展机构内外信息传输的媒介。

基于Intranet的管理信息系统是信息加工、处理、存储的工具。会展机构通过管理信息系统，在机构内部收集、处理、存储和传输信息，实现内部管理信息化。管理信息系统一般包括营销管理系统、内部流程管理系统、财务和人力资源管理系统等子系统。

电子商务网站是指会展机构在Intranet上建设的具有信息服务或营销功能的、能链接到Internet上的www站点。电子商务网站是会展机构的信息窗口，极大地方便了同业合作伙伴和消费者直接了解会展机构及其产品信息，并通过网站与会展机构进行沟通、开展交易，同时也是收集市场信息反馈的良好渠道。

网络服务平台具有以下特点：

第一，协调性强。会展电子商务网络服务平台首先是一个协调的整体，各组成部分各自独立运转但又不能单独存在，在不同技术支持下的各项交易功能能兼容，内外部网络连接畅通无断点，数据传输可靠无差错。

第二，适应面广。会展电子商务网络服务平台在服务对象上，不仅仅涉及买卖双方，而是在Internet、Intranet、Extranet等网络基础上，将会展电子商务系统中的各个角色紧密结合在一起，从而消除了时间与空间带来的障碍。因此，网络服务平台具有广泛的适应性。

第三,功能强大。会展电子商务网络服务平台将担负会展网上交易的一系列操作任务,需要有强大的网络交易功能作支撑,因此必然是一个功能强大的操作平台。一是内外部网络之间良好的互动功能;二是内部网络具有智能化的管理功能,可以有效简化交易操作流程。

第四,配置先进。会展电子商务系统对网络平台的需求不断变化,信息技术与产品的产生与换代,要求会展企业不断更新网络平台的软件及硬件配置,以先进的配置确保网络平台的功能性和广泛适应性。

九、专业会展网站

专业会展网站按照创办机构的类别可以分为四种类型,即会展综合信息网、会展中心网站、大型会展网站和会展企业网站。如表6-2所示。

表6-2 中国会展专业网站概览

网站分类	网站名称	网 址
会展综合信息网站	中国会展网	www.exp-china.com
	中国国际会展网	www.cc356.com.cn
	中国会展经济信息网	www.ceeinfo.net
	展览联盟	www.s999.net
	中会展网	www.expoinchina.com
会展中心网站	上海新国际博览中心	www.sniec.net
	上海光大会展中心	www.secec.com
	深圳高交会展览中心	www.chtf-expo.com
	武汉国际会展中心	www.whicec.com
大型会展网站	上海世博会	www.expo2010china.com
	北京国际汽车展览会	www.bjauto.chinacars.com
	南博会(中国东盟博览会)	www.caexpo.org
	义博会(中国义乌国际小商品博览会)	www.chinafairs.org
会展企业网站	中国展览总网(广州时空展贸中心)	www.2t2.net
	优博会展网(深圳市优博国际展览有限公司)	www.ubexpo.com
	广东科展网(广东国际科技贸易展览公司)	www.ste.com.cn/kz

会展综合信息网一般由会展学术机构建立,面向会展组办机构、承办场馆、参

展企业以及观展者,提供全面综合的会展信息。具体包括:对外发布会展场馆及企业的综合信息,并提供专业咨询服务;对内开展信息和学术交流,并密切关注业内动态。

会展中心网站由会展场馆等机构主办,主要面向组展机构、参展企业以及展品购买者提供展馆的有关信息。具体包括:该场馆已举办或承办的会展项目以及未来的会展活动安排,场馆的硬件设施、功能布局以及配套服务情况,同时向广大消费者提供展品信息咨询服务。

大型会展网站由大型会展组办机构创建,主要围绕定期举办的大型会展主题提供相关信息,如世博会网站。大型会展网站会展前发布招展与促销信息、提供咨询服务,会展期间跟踪发布会展交易信息、开展对外交流,会展结束后公布会展情况总结,跟踪客户需求,为下届展会做准备。

会展企业网站则由专业会展企业创办,主要面向政府、行业协会、其他会展企业等会展组展机构以及广大参展商,提供企业办展的有关信息。具体包括:会展企业为办展发布的促销信息,办展企业之间为加强协作开展的信息交流,针对参展商的各项信息服务等。

第四节　会展整合营销

整合营销是一种对各种营销工具和手段的系统化结合,根据环境进行即时性的动态修正,以使交换双方在交互中实现价值增值的营销理念与方法。其核心理念运用于会展业中就是:会展组织机构中所有部门齐心协力为目标客户的利益服务,从而最终也会更有利于自身利益的实现。整合营销是对传统营销理念的创新并进行重新构架,打破了传统营销理念将营销只作为一项管理功能的框架,要求会展组织机构针对目标客户的所有活动都进行整合与协调,以使会展组织机构能沿着既定的战略方向,朝着预期的目标运行。

整合就是把各种独立的营销方式综合成一个整体,以产生协同效应。这些独立的营销工作包括广告、直接营销、销售促进、人员推销、包装、事件营销、赞助和客户服务等。

一、会展整合营销功能

会展市场整合要先找出会展目标市场并加以整合,采用适当的营销策略对不同的目标客户群体展开营销,以获得最大的经济效益与社会效益。价格整合是所有整合营销活动的基础和关键;网络整合要求会展企业建立成熟的、全面的、立体架构的多层次、多渠道的营销网络;促销整合能使企业在本行业内获得其他品牌难以模仿的竞争优势,获取高的附加值;服务整合要以"全面顾客满意"理念为中心,让100%的顾客满意,让顾客100%的满意。

在会展市场总量一定的前提下,会展组织机构的营销努力与会展市场占有率呈正比。国际著名的会展项目能在我国取得超常规的发展,与其整合营销的努力是分不开的。国际知名会展组织机构与会展品牌项目的整合营销方式可谓精彩纷呈,不仅稳步地占领了其固有的国内会展市场,并迅速地将营销触角延伸到国际会展市场,如德国、美国、日本等发达国家的会展组织机构都积极利用各种整合营销方式在全球推广自己的品牌会展,吸引全球的企业参展。

二、会展整合营销战略的内容

整合营销是多种营销方式的整合,会展整合营销战略也是一个综合体,它主要包括以下营销战略。

(一)扩张战略

一些知名会展组织机构往往采取整合营销的方式在全球会展市场上扩张其业务。例如:爱博展览集团是法国第一大展览公司和世界第四大私营展览公司,是法国国际专业展促进会(PROMOSALONS)的成员,该公司每年举办60多个国际性展览会,参展商达17 000家,参观者超过150万。爱博集团一直致力于海外展览市场的扩张,在美国、英国、西班牙、意大利、比利时、荷兰、新加坡和中国等国家几乎同时开设了数十个独家代理公司,并在世界50多个国家设有代表处。强大的促销网络大幅度提高了参展商和参观者的数量和质量,成功实现了展览市场的扩张。

(二)促销战略

国际绝大多数知名展览会,如德国汉诺威展览公司的亚洲国际信息及通信技术展览会CeBIT Asia、意大利的MAC(米兰马契夫礼品博览会Macef Primavera)、法国的Aeronautique(巴黎航空航天展)等,都不断加强在会展组织活动中的海外促销活动,由展览会与行业专家组团赴海外招展,利用在目标市场的当地媒体刊登广告、召开新闻发布会、公益性赞助等多种整合营销方式进行会展品牌的推广与会展营销,吸引和组织众多海外参展商参展,同时也将本国企业带到国外参展。例如,德国展览组织机构纷纷在世界不同国家与地区设立代表机构,政府也积极支持海外展览市场的开拓,形成了良性互动。通过对目标市场与本国参展商提供系列与便捷的信息咨询服务,使这些会展企业以较低成本达到了会展公关策划和营销推广的目的,加强了国际营销网络的建设,加快了会展国际化的进程。

（三）持续战略

国外的大多数展览公司在策划某一主题的会展时，都会制订一个长远的规划。为了树立会展的品牌，组织者会长期在世界各地开展宣传活动，以期在最大范围内吸引参展商和专业观众。对于参展潜力较大的国家或地区，公司往往会专门派代表前去，通过新闻发布会或客户联谊会等活动推介相关展览会，并为感兴趣者提供详细的咨询服务。即使有些展览会十分畅销甚至展位已经售完，他们也会继续做宣传，以不断强化品牌。另外，国外展览公司开展营销活动的持续性也体现在对单个展览会的推广上。首先，各种推广活动将一直贯穿展会的全过程。例如，德国的主办单位在开展半年前就开始在各种媒体上宣传造势，以尽可能在深度和广度上吸引更多的参展商和贸易观众，这种努力在接下来的展会过程中表现得更加淋漓尽致。其次，每届展会的宣传推广也是连续的，以便于参展商和专业观众早日确定参展计划。此外，国外著名的展览公司十分注重其展后服务，往往在展会结束后一段时期内，参展商和与会者还能收到主办单位邮寄的有关展会的统计分析资料，以便为下次展览会做好准备工作。

（四）品牌战略

享有良好市场声誉的品牌会展无疑能给宣传促销带来许多便利。随着展览业的竞争日益加剧，几乎所有的展览公司都已认识到打造品牌会展的重要性和迫切性。

德国展览公司在创建强有力的会展品牌时，主要遵循以下七个标准：权威协会和代表企业的强有力支持；努力寻求规模效益；代表行业的发展方向；提供专业的展览服务；获得 UFI 的资格认可；媒体合作和品牌宣传；长期规划，不急功近利。

（五）网络战略

人类社会已经迈入网络经济时代，随着互联网的日益普及，它在扩大会展影响甚至改变会展格局方面起着越来越重要的作用。网络也成为国外诸多展览公司的主要营销手段之一。这些公司在举办展览会时，往往利用互联网和参展商、专业观众进行互动交流，以期及时发现服务中的缺陷并迅速改进，同时将下一届展会的举办日期和地点放在网页上，以便参展商在制订今后的参展计划时把本展览会也考虑进去。

（六）多元化战略

多元化营销战略的实施往往与经营业务的多元化是相辅相成的，因为“规模出效益”早已成为展览企业的共识。除通过收购与兼并实行会展项目的集中和集团化经营外，国外大型展览公司一般还拥有报纸、杂志、网站、电视台等媒体，以便综合动用各种手段和渠道,在全球范围内宣传、推销它们的展会。而且,是否有专业媒体的参与和支持还成为展会能否被称为世界顶级专业展览会的标准和重要构成要素之一。多元化战略里的“多元化”是指会议或会展营销手段的不断完善与创新。首先,国外展览公司的营销途径可谓多姿多彩。除了传统的广告、邮寄、E-mail 等手段外,还有如在国外设立代表处或寻求代理商、为展览组织各种形式的促销活动、组织专门人员到国外招展、拜访重要客户或召开新闻发布会等,就连展览会的宣传材料也尽可能发挥出最大效能。

三、会展整合营销中的合作伙伴

我国会展营销的实践证明,主办单位在会展项目发展的各个阶段都要有很好的人脉关系,西方展览业发达的国家都十分重视展览组织过程中的“公共关系”(Public Relationship)建设,这些关系的建设与发展为会展整合营销工作的开展奠定了基础。会展整合营销中的合作伙伴主要包括:

(一)专业行业协会和商会

行业协会和商会拥有一定数量的会员单位,行业信息灵通,关系广泛,在行业里有重要的影响和强大的号召力,是会展主办单位理想的整合营销合作伙伴。要加强与行业协会和商会的联系,定时定期地交流会展业的信息,以实现资源共享。

(二)国内外著名会展主办机构

每个会展主办机构都有自己擅长的领域和营销渠道,也有自己独特的营销技巧和营销手段,与这些机构合作,能很好地实现双方资源的优势互补。在合作过程中,需加强自身的信息管理与数据库建设,才能做到合作关系的平等。

(三)专业报纸杂志

行业内的专业报纸杂志对所属行业有一定的影响,具有一批忠诚度较高的读者,这些读者是展览会推广的潜在客户。利用专业报纸杂志对行业发展趋势比较了解、联系比较广泛的优势,不仅可以为会展营销宣传发挥喉舌作用,还可直接招展。

(四)国际各类专业组织

国际各类专业组织在专业领域中具有很高的权威性,在展览组织的过程中往往产生强大的影响力与号召力,国际性的知名展览会往往重视发挥这些组织的专业优势,加强与它们的合作,从而达到了很好地吸引国外企业参展的效果。

(五)各种招展代理机构

招展代理是与主办单位紧密合作的专门的招展单位,可以是与展览会相关的公司、旅行社,也可以是其他的组织或个人,有目标、有计划地发展招展代理对会展项目的招展工作很有益处。

（六）各行业中的知名企业

行业中的知名企业在行业里有一定的号召力，在中国通常称为行业中的龙头企业，它们的参展对行业中的其他企业有一种很好的示范效应，同时这些企业也会与主办单位建立与保持良好的合作关系，利用口碑主动影响一批企业参展。

（七）境外同类会展与会议

由于距离较远和会展定位不同，不同国家里举办的展览会，有很多彼此之间的竞争关系并不是很强。与国外同类展览会合作，在各自的会展上推广对方的展览会，或采取其他合作方式争取彼此合作，可以实现互惠共赢。

（八）境国驻华组织与机构

外国驻华使馆和领馆以及其他的境外驻华组织与机构，如国外在华注册的公司、贸易代表处、办事处等，不仅熟悉本国的基本情况，而且对所在国也很了解，且联系方便，由它们向该国企业推荐展览会一般能取得这些企业的信任。

（九）政府经贸管理部门

尽管政府部门正在逐渐淡出经济事务，但政府的行业主管部门对行业的影响力仍然很大，如每年举办的广交会、华交会等，行业主管部门都发挥着重要作用，与它们合作，不仅有利于招展，还能取得很多其他便利。

（十）网络公司与知名网站

随着互联网的普及，网络对经济信息的传递产生了越来越重要的影响，主办单位应充分利用现代的信息与网络技术，与网络公司和知名网站建立良好的合作关系，将其作为一个较好的整合营销伙伴。

主办单位可以根据自办展览会的特点和本身的优劣势，从上述机构中选择合适的合作伙伴，结成会展营销组织工作的战略联盟。整合营销的合作伙伴会有很多的组合，因此，在整合营销过程中，需重点解决的问题是如何制定和遵守行之有效的营销规则。这些规则主要有招展价格、会展宣传口径、展览服务承诺、展品范围、各单位招展地域或题材范围、会展展区和展位的划分等。这些规则需和参与各方达成共识，共同遵守，不得擅自更改，也不得擅自做出决定。合作方在统一规则的统领下，充分发挥各合作伙伴的优势和积极性，共同为会展营销组织工作服务。

四、会展整合营销的实现途径

会展营销应该具有"4P"职能，即产品（Product）、定价（Price）、渠道（Place）、促销(Promotion)职能。而现阶段我国展览组织活动中,大多数展览组织机构中的营销部门对营销活动缺乏组织与控制的职能,但却要其承担会展营销的责任,最终形成"有成绩是大家的功劳,没成绩是营销的责任"这一错误的认识,这是我国展览组织机构在营销组织工作中经常犯的"1P"病。

如何才能有效克服营销组织工作中的"1P"病?展览组织机构除了需对会展营销进行科学的指标设计和统计分析外,还应对会展营销的效果准确评价,高度重视营销的绩效量化和改善营销生产率。会展营销要确立其价值,还需以低成本和服务创新为重点,以灵活多变的整合营销策略为关键,争取拥有完整的营销职能。如何真正地实施会展整合营销,使其在展览组织过程中真正发挥作用,展览组织机构应携同相关部门与人员实现以下四个方面的转变:

(一)战术营销转向战略营销

在我国展览企业从计划经济向市场经济转变的过程中,会展营销部门在推动展览企业建立顾客意识、服务意识、竞争意识,构建现代会展营销体系方面起了重要的作用。顾客第一、品牌至上的意识已经深入展览组织机构各个部门,会展营销工作也已经基本从产品导向转到客户服务导向的阶段,各个部门的工作都围绕展览市场运转。要将会展营销从战术营销转向战略营销的主要目的是为了提升展览组织机构的市场应对能力。会展整合营销要求展览企业在实现了向展览市场营销导向阶段的转变后,会展营销需实现功能性的转变,会展营销部门需进行功能创新,将整合营销工作落到实处,为展览企业提供全方位的市场信息、分析市场变化趋势,提供决策依据和行动向导,保障企业各部门目标清晰、运转顺利。如将会展营销部门的功能比作为推动展览企业发展的发动机,在整合营销中,会展营销部门就要成为引导展览企业高速飞行的雷达系统。

会展营销功能的新定位促使会展营销工作进入新的境界,会展营销不再是某一个部门而是整个展览企业运行的重要支撑平台。会展营销职能更加重视对展览企业外部环境的研究,更加重视竞争情报体系的建设,更加重视会展营销数据库的开发,对展览企业的战略规划、战术变化更有发言权,在展览企业的地位也将更加重要。

(二)部门营销转向整体营销

整合营销的实施,要求展览组织机构改变其各职能部门、各个工作流程与市场链环环相连的链式结构,从而建立更加科学的整体营销的网式结构,充分发挥展览企业各部门的潜力。彻底打破传统营销职能部门分工的孤岛式结构,突破各职能部门逐级传导的单链结构,建立交互式网状营销组织。变接力赛为橄榄球赛,使展览组织机构中的每个人都成为发动机,而不是发动机的齿轮。

跨国展览组织机构通常根据展览市场需求成立多个由各部门人员组成的会展

项目小组,这种网状营销组织使企业比竞争对手对市场变化的应对更快捷,更容易发挥各部门的合力。为了促进各职能部门的在会展营销方面的合作,可以鼓励营销人员自行组成跨部门工作小组开展产品研发活动。曾在惠普公司任职的著名营销专家高建华先生认为,跨国公司营销管理中最有学问的地方就是"新产品定义",而新产品定义必须要有企业各部门的协同合作。

营销组织的这种转变对企业原有的组织体系、职位等级观念都形成了冲击,对营销组织管理的难度也不断加大,但是这种改变带来的创新活力与动力也是巨大的。特别是对我国的一些大型企业,在发展到一定规模以后,往往停滞不前,根本原因就在于创新精神的消失。推动企业营销组织的转变,激发内部创新,是国际跨国公司普遍采用的有效方法,值得我们借鉴。

(三)技能营销转向顾问营销

如果将以前会展营销人员的技能当作是一个驾驶员的话,现在对营销人员的要求就是要成为一个赛车手。两者在技能、心理素质、判断能力等方面的要求是完全不同的,后者是理性与激情、镇定与灵活、技巧与胆略的完美统一。作为一个会展营销人员,要加强学习专业的展览市场营销分析、管理、控制的技能,适应我国展览市场营销从粗放式管理向精细化管理转变的要求。同时应该重点培养营销人员组织协调的能力、独立思考的能力、客户管理的能力。

会展营销最根本也是最大的难题就是如何为客户创造价值,展览组织机构只有真正为客户创造价值时,会展才能被目标客户接受。在新经济时代,会展营销向目标客户销售的不仅是一项"现代服务产品",更应是目标客户所需的营销"解决方案"。因此,会展与客户间的关系更多地应是长期的战略合作关系,这对会展营销人员提出了更高的要求,营销人员要赢得客户的信任,要能够把握展览题材所属产业的发展方向,充分理解目标客户的产品发展战略,帮助搜集分析客户竞争对手的各项信息,成为客户的顾问。

(四)传统营销转向高技术营销

在经济全球化、信息化水平飞速发展的市场环境中,现代营销人员需要掌握专业的营销技能,特别是客户关系管理、电子商务、品牌建设等方面的技能。高技术营销的特征就是要求营销工作要针对会展生命周期的不同阶段,采用以高技术为重要支撑的专业营销技能,比如对采集的数据进行预测分析,利用信息技术进行营销规划、数据库营销、活动管理等。在对传统营销实践进行不断总结与提高,利用信息技术使其形成现代营销知识体系。高技术营销强调如何持续性创新会展营销与目标客户进行有效沟通的标准模式,并把它列为展览组织机构与会展品牌战略的核心竞争力。

经济全球化的加速，会展营销引发了全球营销现象，比如，展览业起步较早、会展品牌较成熟的发达国家德国、美国、英国、法国、日本等著名展览组织机构已开始抢占全球展览市场，纷纷在境外建立会展营销网络。这对我国展览组织机构与品牌会展的生存空间造成了挤压，面对机遇与挑战并存的时代背景，我国的展览组织机构与会展品牌首先要解决的问题就是要将传统营销转向高技术营销，进行会展营销过程中组织、人员与功能方面的改变，从而实现会展营销的创新。日新月异的信息技术是会展营销创新的重要手段，它不仅可以满足会展营销过程中的个性化需求，同时可实现全球性展览资源的整合与共享，实时地进行会展营销战略与战术的调整，使传统的会展营销结合高技术营销驶入现代营销的高速公路。

第五节　微博微信营销

一、微博营销

微博，即微型博客（microblog）的简称，是一个基于用户关系的信息分享、传播以及获取的平台。它以140字左右的文字更新信息，并实现即时分享。最早也是最著名的微博网站是美国的twitter。2009年8月，中国的互联网门户网站新浪推出“新浪微博”内测版，成为第一家提供微博服务的门户网站，微博正式进入中文上网主流人群视野。

目前，我国主要的微博运营商有：新浪、腾讯、搜狐和网易。其中新浪微博为国内最大的微博运营商，截至2012年12月底，新浪微博注册用户数已超过5亿，日活跃用户数达到4 620万，微博用户数与活跃用户数保持稳定增长。

（一）微博营销概述

微博营销是指通过微博平台为商家、个人等创造价值而执行的一种营销方式。该营销方式注重价值的传递、内容的互动、系统的布局、准确的定位，微博的火热发展也使得其营销效果尤为显著。

微博营销以微博作为营销平台，每一个听众（粉丝）都是潜在营销对象，企业利用更新自己的微博向网友传播企业信息、产品信息，树立良好的企业形象和产品形象。每天更新内容就可以跟大家交流互动，或者发布大家感兴趣的话题，以此达到营销的目的。

微博营销虽然已经发展了好几年，但是对于微博营销的运用仍然处于摸索之中，而且微博营销在每个行业的适用性不一样，因此微博营销在每个行业的使用程度与使用效果也不一样。目前,在我国的会展业中,微博营销正处于试验阶段,使用范围较窄、使用率较低、使用手段单一、使用深度较浅,但是,微博营销在会展活动的使用程度逐渐呈上升趋势,越来越多的展会主办方都已经建立起企业微博和展会官方微博进行营销活动,微博营销在会展活动中的运用拥有广阔的空间。

(二)微薄营销的特点

1. 成本上——发布门槛低,成本远小于广告,效果却不差。140个字发布信息,远比博客发布容易,对于同样效果的广告则更加经济。与传统的大众媒体(报纸、流媒体、电视等)相比,受众同样广泛,前期一次投入,后期维护成本低廉。

2. 覆盖上——传播效果好,速度快,覆盖广。微博信息支持各种平台,包括手机、电脑与其他传统媒体。同时传播的方式有多样性,转发非常方便。利用名人效应,能够使事件的传播量呈几何级放大。

3. 效果上——针对性强,利于后期维护及反馈。微博营销是投资少见效快的一种新型的网络营销模式,其营销方式和模式可以在短期内获得最大的收益。

4. 手段使用上——多样化、人性化。从技术上,微博营销可以方便地利用文字、图片、视频等多种展现形式。从人性化角度上,企业的微博本身就可以将自己拟人化,从而更具亲和力(如杜蕾斯自称"小杜杜",将其塑造为"可以很荤,可以很幽默;可以很贱,可以很感人;可以很雷,也可以很智慧;可以很俗,也可以很高雅")。

5. 开放性。微博几乎是什么话题都可以进行探讨,而且没有什么拘束,微博就是要最大化地开放给客户。

6. 拉近距离。在微博上面,美国总统可以和平民点对点交谈,政府可以和民众一起探讨,明星可以和粉丝们互动,微博其实就是在拉近人们之间的距离。

7. 传播速度快。微博最显著的特征之一就是传播迅速。一条微博在触发微博引爆点后,短时间内互动性转发就可以抵达微博世界的每一个角落,达到短时间内最多的目击人数。

8. 便捷性。微博只需要编写好140字以内的文案即可发布,从而节约了大量的时间和成本。

9. 高技术性,浏览页面佳。微博营销可以借助许多先进的多媒体技术手段,从多维角度对产品进行描述,从而使潜在消费者更形象、更直接地接受信息。

10. 操作简单,信息发布便捷。一条微博,最多140个字,只需要简单构思就可以完成一条信息的发布。这点要比博客方便得多,毕竟构思一篇好博文需要花费很多的时间与精力。

与特点相似的博客营销相比,微博营销在信息源表现形式、信息传播模式、用户获取信息三个主要方面有比较大的差异(见表6-3)。

表6-3 微博与博客差异性比较

差异性	微博	博客
信息源表现形式的差异	微博内容短小精炼,重点在于表达现在发生了什么有趣(有价值)的事情,而不是系统的、严谨的企业新闻或产品介绍	博客营销以博客文章(信息源)的价值为基础,并且以个人观点表述为主要模式,每篇博客文章表现为独立的一个网页,因此对内容的数量和质量有一定要求,这也是博客营销的瓶颈之一
信息传播模式的差异	微博注重时效性,3天前发布的信息可能很少会有人再去问津,同时,微博的传播渠道除了相互关注的好友(粉丝)直接浏览之外,还可以通过好友的转发向更大的人群传播,因此是一个快速传播简短信息的方式	博客营销除了用户直接进入网站或者RSS订阅浏览之外,往往还可以通过搜索引擎搜索获得持续的浏览,博客对时效性要求不高的特点决定了博客可以获得多个渠道用户的长期关注
用户获取信息的差异	用户可以利用电脑、手机等多种终端方便地获取微博信息,发挥了"碎片时间资源集合"的价值	对于博客信息,用户也可以利用电脑和手机获取信息,但是相对于微博来说,信息获取远不如微博方便快捷

(三)微博营销的应用

1. 微矩阵。微矩阵,即有规划性地建立企业的微博账号群,以实现交叉覆盖。表面上它是根据产品、品牌、功能等不同定位需求建立的各个子微博,实质上它是通过不同账号精准有效地覆盖商家的各个用户群体。在战略上通过布点、连线、成面、引爆、监测来实现营销效果的最大化。

微矩阵有三种组合模式:1+N矩阵、AB矩阵、三维式矩阵。1+N矩阵指以一个母品牌为主导,在一个大的企业品牌/官方微博之下,再开设N个产品专项微博,构成完整的微博宣传体系。AB矩阵是指以品牌形象塑造、维护为主旨,通常以一个活动/形象微博(action)+一个品牌微博(brand)的形式形成矩阵组合。三维式矩阵即在企业人、产品线、生活理念重塑三个维度上布局微博账号,以最大限度发挥企业内部资源的微博布局方式。

在会展活动运用中,以1+N矩阵为例,可以建立"企业官方微博+展会官方微博+企业领导人微博+客服微博"组合模式。企业官方微博注重展示企业文化与维护企业形象,展会官方微博侧重发布行业发展动态与宣传展会项目,企业领导人微博侧重展现领导人的个人魅力与建立良好的公共关系，客服微博主要用于与参展商或观众进行实时沟通和互动，帮助他们解决问题，提高展会服务满意度 。

2. 微直播。微直播即通过微博直播，参与直播展会新闻发布、展会开幕式、抽奖活动会或其他线下活动。微博直播可以邀请其他媒体参与转播，扩大覆盖面，改变传统现场活动互动的模式，可以将网友对话题的反馈实时呈现在现场设备上。如在2013年第21届中国（深圳）国际礼品、工艺品、钟表及家庭用品展览会上，中搜V商参加此次展会并成为展会的独家微博报道平台，对展会现场和不少创意型礼品进行了微博报道。据现场参展的某礼品企业负责人透露，其公司带来了多款家居方面的创意礼品，在本次展会上很走俏。在开展第一天接待400多位观众，而在V商平台上的转发和评论就有630多条，这还只是一条内容的转发量，不少观众对一些礼品提出了建议，甚至有直接询问价格和购买意向的。

3. 微同步。微同步即将活动网站与企业微博账号打通，或将在不同运营商注册的微博账号连通，实现内容的同步。要实现微同步，先要完善展会官方网站，注册多个平台微博账号等，并将官方网站与各微博账号建立同步连接。微同步能够将不同的平台连在一起形成一个立体网络，最大化地进行宣传覆盖。

4. 微群。微群，就是微博群的简称。微群能够聚合有相同爱好或者相同标签的朋友们，将所有与之相关的话题全部聚拢在微群里面，让志趣相投的朋友们以微博的形式更加方便地进行参与和交流。在会展活动的运用中，微群可以将参展商、专业观众、行业专家等专业人士紧密联系在一起，相互探讨行业发展状况，分享行业最新动态等。微群能够增加展会多方利益者之间的黏合度，有利于培养参展商与专业观众的满意度与忠诚度。

5. 微刊。微刊是一本个性化的电子刊物，可以自由地编辑丰富的内容来吸引更多的读者。在会展活动中，可以将展会招展函、展会招商书、新闻发言稿、展会总结报告等制作成微刊，在微博中发布，或者直接转发至参展商、专业观众、媒体等目标群体，实现精准化营销。

6. 微话题。微博运营平台会根据微博用户定期关注、评论、转发的微博话题进行排行，分别有微话题日排行榜、周排行榜、月排行榜等。展会主办方可以发布众多观众感兴趣的话题，吸引更多的用户关注展会活动，尤其是在开展期间，展会可制造的话题较多，这段时间需要进行集中营销，以便引起轰动效应。

（四）微薄营销的实施步骤

在会展活动的实际运用中，微博营销尚缺乏完整的可借鉴案例，参照微博营销的一般实施程序，大致分为如下几个步骤。

1. 建立账号。微博账号可以分为个人微博与企业微博。对于个人微博，最重要的是展会主办方领导人的微博;对于企业微博,最重要的是展会官方微博。为了使企业领导人微博与展会官方微博更具权威性,须申请官方认证。而且可以在多个平台同时注册,并实行同步连接。

2. 培养第一批粉丝。使用微博做网络推广,需要提高粉丝的数量,粉丝越多,看到信息的人越多,推广效果越好。没有粉丝的关注与参与,微博营销便无从谈起。如何吸引第一批粉丝关注,可以从以下几个方面获得。

(1)通过数据炒作公司。这是每个企业微博起步时一定要做的,营造一个大型微博的门面环境,通过第三方公司获得的粉丝虽然绝大部分都不是企业客户,但对之后的推广和营销很有帮助,因为没有人愿意关注粉丝少的微博。

(2)通过相互关注。这包括与其他展会的官方微博互相关注,争取获得行业专家、企业家、社会名人等的关注。

(3)通过微群。如果微群的主要话题和展会内容有比较紧密的结合点,那么微群里的用户就是目标用户。通过在微群中互动,获得潜在客户的关注,也可以创建展会微群,吸引对展会感兴趣的潜在客户关注。

3. 发布内容。一个微博要想拥有更多的粉丝,最重要的一条就是要有优质的内容。微博可写的内容非常多,如相关行业的评论、热门话题的讨论、有价值的经验分享等。微博内容是微博营销的核心,因此,在发布微博话题时需要进行多方考虑,以提高微博营销的效率。

(1)内容要求。微博的内容信息尽量多样化,最好每篇文字都带有图片、视频等多媒体信息,这样具有较好的浏览体验;微博内容尽量包含合适的话题或标签,以利于微博搜索。发布的内容要有价值,例如提供展会的实用资料、预告现场的精彩活动、发起展会的有奖促销活动等。

(2)内容更新。微博信息每日都要进行更新,同时要有规律地进行更新,每天5~10条信息,一小时内不要连发几条信息,同时需要掌握客户的浏览习惯,在客户活跃的时间段更新内容。研究资料显示,工作日下班后的时间段(18~23点)营销价值大,周末午饭后(1~2点)和晚饭前后(17~20点)的用户互动更加积极(这两个时间段用户转发和评论都比较积极)。

(3)优化选取关键词。微博内容要尽可能以关键字或者关键词组来开头,并且加上"#话题#"。尽量利用热门的关键词和容易被搜索引擎搜索到的词条,增加搜索引擎的抓取速率。

4. 建立目标客户数据库。在微博内容发布后,密切关注评论、转发该微博的用户,这些用户就是对展会感兴趣的潜在客户,关注这些用户,并将这些用户进行分类整理,如将参展商和专业观众分类汇总,建立潜在客户数据库,该数据需要定时完善,加入新的潜在客户资料,清理无价值的客户信息资料。

5. 与目标客户进行互动。定期发布话题供粉丝讨论,增加微博的活跃度。对于粉丝的评论给予及时回复,增加与粉丝之间的感情。通过与目标客户的互动,实现双方的及时有效沟通,体现展会主办方的服务意识与服务质量。

(五)微薄营销的评估

每一次微博营销完成后,需要对营销的效果进行评价,主要从以下三个指标进行综合考察。

目标粉丝的数量和活跃度是第一类指标,它比单纯的粉丝数量要有意义得多。因为目标粉丝是企业的客户,是真正会消费企业产品的人。此外,活跃的目标粉丝才是最有价值的粉丝。活跃度可以由目标粉丝的日均发微博数量、企业微博平均每条微博的转发和评论人数占总的目标粉丝人数的比例等指标组成,通常在一个时间段内进行分析,以反映目标粉丝活跃度的变化趋势。

传播力是第二类指标,它反映了企业微博的内容与用户兴趣的匹配程度。社会化营销的一大特点就是用户的高度参与和自发传播。用户对企业微博的转发、评论和收藏等活动都说明用户对于微博的内容有兴趣,将这些活动进行量化可以组成传播力的基本模型。另外,企业微博被非粉丝用户转发也是传播力的重要体现,它表明企业微博借助粉丝的影响力传播到了更多的用户中,这也是一个重要的指标。

好感度是第三类指标,它反映了用户对于企业微博内容的情绪反应,如果一家企业的微博有大量的转发和评论但却都是负面的,显然对于企业品牌没有任何好处。目前成熟的数据分析工具可以通过对用户评论的用词和语义分析,大致量化用户的情绪,比如计算“好”“恶”类词语的比例来反映用户的态度。需要注意的是,微博营销的影响力评估并不是针对某一条微博进行分析,它更关注的是一个周期内指标变化的趋势,评估的是企业微博营销的整体效果。微博营销的影响力评估也没有一个万能的公式,企业需要根据微博营销的定位和目标用户的特点合理选择或设计指标与模型,才能取得有价值的结果。

二、微信营销

(一)微信营销概念

微信营销是网络经济时代企业营销模式的一种创新,是伴随着微信的火热而兴起的一种网络营销方式。微信不存在距离的限制,用户注册微信后,可与周围同样注册微信的“朋友”形成一种联系,用户订阅自己所需的信息,商家通过提供用户需要的信息,推广自己的产品,从而实现点对点的营销。

微信营销主要体现在对安卓系统、苹果系统的手机或者平板电脑中的移动客户端进行的区域定位营销，商家通过微信公众平台，结合转介率微信会员营销系统展示商家微官网、微会员、微推送、微支付、微活动、微 CRM、微统计、微库存、微提成、微提醒等，已经形成了一种主流的线上线下微信互动营销方式。

（二）微信营销的特点

1. 实时推送。微信营销具有更强的实时性。在微博和“人人网”发布宣传信息是被动的，很可能因为用户没有及时浏览而失去了第一时间获取信息的机会。

2. 一对一营销。微信的信息推送更像朋友之间的信息沟通，并且一次只能查看一个人的信息，保证用户查看信息时的专注度。

3. 百分百到达率，形式多样。微信这种一对一的营销方式可以保证每个用户都能看到发送的信息，从而实现百分百的到达率；多种营销方式和手段结合企业自身需求，提供灵活多变的营销方式。

4. 用户主导。微信营销是基于用户同意的，粉丝的质量远高于微博，只要发送内容、频次得当，较有可能获得忠诚的客户。

5. 成本低廉。微信注册账号是免费的，对于个人业主来说，微信营销渠道的成本几乎为 0，对于大型品牌来说，投入也无非是雇用维护人员的费用。

（三）微信公众平台

微信公众平台在精准性和专业性方面更上了一层台阶，在微信公众账号后台可以看到用户的系统、性别和地域等信息，未来还可能提供更加丰富的内容。

专家视点

网络展览能取代馆场展览吗？

电子商务的推广与普及，给展览业带来了新的契机，改变了我们对展览概念的理解和认识。网上展览成为展览业的新风景和新亮点。当网络和展馆一样成了展览的载体，其影响力令人震惊，因为作为流通管道的网络“摩擦系数”为零，几乎没有中间成本，它甩掉了中间商和代理商，理论上趋近实现“完美的经济”。另外，“虚拟展览”传播信息不受地域限制的广泛性和没有时间限制等特点也是实体展览无法比拟的。

但是，即使互联网相当发达，网上展览和交易也不会完全取代传统的展览和交易，二者只是更好相互补充和优化配置，更加完美而已，因为二者各自有着互相不可替代的特点和作用。有着“永不落幕广交会”之美誉的中国国际电子商务中心对此也不无同感。中心相关负责人员毫不避讳地说,网上展览和交易要完全取代传统会展是不可能的,最重要一点是外商更多地要求面对面看货,实实在在地比较。实体展览的现场感、对"美和个性"的艺术表现力是虚拟展览所无法模仿的。

中国国际贸易促进委员会展览管理办公室的熊训林先生认为:网上虚拟展览会不能代替现实实物展览会。展览业高度发达的德国和网络技术高度发达的美国,目前的发展情况都充分说明了这一点。

在德国,网上销售和网上展览会等互联网业务发展很快,但德国会展业的发展规模和势头并未因此受到影响。据德国贸易展协会(AUMA)提供的统计数字,2000年,德国贸易展的参展商增加了3%,其中外国参展商增加了4.5%;在展出面积方面,2000年德国贸易展览会实际售出7 000万 m^2,比上一年增加了3%,而且展览馆还在不断扩大、新增展览面积,可供用于展览的面积增长了2%;观众也保持了增长势头,全年增长了1.5%。

从企业的角度来看,网络技术的发展确实为企业对外联系和交流提供了极大的便利,可供选择的途径和手段大大增加。尽管如此,大多数企业仍认为展览会的作用和意义不会因此降低,还有可能更大、更重要。事实上,对专业展览会的行业分布进行具体分析后发现,IT业专业展览会的增长势头最为强劲,这恰恰说明,信息网络经济部门仍需要传统媒介来推广和发展它们的业务。

在美国,网络技术的发展水平和应用范围大大超过其他国家,但会展业在新经济时代呈现的特征和趋势则与德国基本相同。美国展览研究中心(CEIR)的调查表明,美国企业目前仍然把参加贸易展览会作为最有效的市场营销和对外联系交流途径和方法,并认为如果把这种方式与其他方式如电子商务和商业广告等联合起来使用,则成功的可能性更大。

从会展经济和网络经济两个超级大国目前的发展情况来看,在新经济时代,世界会展经济并没有过时。古老而年轻的世界会展经济将风采依然。

专家点评:

一些专家认为,电子商务对会展经济的影响主要表现在三个"R"上,即 Rapidity(快捷)、Relationships(关联)和 Results(效果)。

首先是"快捷"。这种快捷性对展览会营销、展览会项目开发、展览会组织工作均有影响。目前,大多数展览会组织者已对此深有感触,并采取各种措施积极进行应对,如试行网上招展、网上旅行机票和旅馆预订、对客户的咨询通过电子邮件及时回复以及网上下载客户需要的有关展览会的各种资料等。

其次是"关联"。新经济时代,网络技术的发展与应用使世界各国间的距离更近,联系更紧密。面对这种挑战,展览会的组织者唯一有效的应对之策是合作。展览会组织者可以与专业网络公司合作创办网站,或直接与网络公司的现有网站合作,利用它们成熟的网络技术发展自己的展览会网上业务。

最后是“效果”。对于传统展览会组织者来说,过多地谈论电子商务、展览会网站、网上拍卖等业务,他们会认为这些离他们的主要业务——组织展览会越来越远。在新经济时代,这种观点显然十分狭隘而过时。事实上,展览组织者的主要业务不在于对展览会进行管理本身,而重在采取各种措施,利用各种手段——实物展览会、网上虚拟展览会、网上销售或是其他形式,成功有效地把买卖双方组织到一起,增加他们参加和参观展览会的兴趣和价值。从这一点来看,电子商务、展览会网站、网上销售等各项业务都在展览会组织者的业务范围之内,新经济时代,展览会组织者对各项业务效果的评价标准也应适应这种变化。网上虚拟展览会和各种电子媒体取代不了现实实物展览会,两者可以在功能上相互补充,在实践中共同发展。若传统会展业加强对虚拟展览的特点和发展趋势的研究,及时吸收和利用电子商务技术来改造传统展览会的办展方式和办展技术,将使会展经济这一“无烟产业”获得更大的发展。

本章小结

(1)会展企业的营销观念大致经历了以下几个演变阶段:产品导向阶段、销售导向阶段、市场导向阶段、社会责任导向阶段。会展营销趋势:全球化营销趋势、信息化营销趋势、品牌化营销趋势、专业化营销趋势、多元化营销趋势、生态化营销趋势。

(2)会展业的绿色营销可以分为狭义和广义两方面;在会展项目的开发与主题设计上,以绿色环保的行业、产品为中心;绿色营销追求经济效益、社会效益和环境效益的统一,既能满足当代人的需要,又不损害后代人的发展。

(3)电子商务进入会展业是会展业自身发展的需要;可以将会展电子商务分为两种层次:一是不完全电子商务,二是完全电子商务;网上会展成为新的亮点,属于完全电子商务。

(4)整合营销的思想基础是理念整合;会展整合营销战略有扩张战略、促销战略、持续战略、品牌战略、网络战略、多元化战略;“公共关系”的建设与发展为会展品牌建设提供了基础保障;真正地实施会展整合营销,使其在展览组织过程中发挥真正的作用,展览组织机构应携同相关部门与人员实现四个方面的转变。

(5)微博微信营销是新的营销方式。微博营销是指通过微博平台为商家、个人等创造价值而执行的一种营销方式。企业利用更新自己的微型博客向网友传播企业信息、产品信息，树立良好的企业形象和产品形象。在会展活动的实际运用中，微博营销的一般实施程序为：建立账号—培养第一批粉丝—发布内容—建立目标客户数据库—与目标客户进行互动。微信营销是网络经济时代企业营销模式的一种创新。微信营销的特点是：实时推送、一对一营销、百分百达到率、形式多样、用户主导、成本低廉。

本章重点词

会展市场经营观　产品导向　市场导向　绿色营销　会展电子商务　VIRAL 营销　整合营销　微博微信营销

复习思考题

1. 会展企业营销观念的演变经历了哪几个阶段？发展趋势如何？
2. 调查一下会展企业在绿色营销方面的措施有哪些？
3. 与传统会展相比，网上展销会有哪些特点？
4. 谈谈你对整合营销的理解。
5. 简述微博微信营销的特点、优势。

第七章 会展主题策划

HUIZHAN ZHUTI CEHUA

本章概要

本章是对会展主题策划相关内容的概述，分析了会展主题策划应考虑的因素；介绍了主题策划的过程与注意事项以及会展项目立项策划书的写作要素和写作要领。

第一节 会展主题策划的考虑因素

展览主题的确定十分重要，它关系着一个会展项目的生命力与持续发展前景，甚至关系着组展方的生存。在确定展会的主题时，要考虑以下几个方面的因素。

一、以产业为基础

会展业是前瞻性产业，产业结构作为会展业发展的基础，是城市培育会展品牌的先决条件。目前，我国深圳、东莞、武汉、义乌等城市会展业的发展就基本上是以当地的优势产业为依托的。

深圳作为我国的沿海开放城市，高新技术产业非常发达，其主办的"高交会"也逐渐凸显出品牌优势。东莞地处珠三角经济圈的中心地带，近几年，大量外资企业云集东莞，使东莞的加工制造业形成一定的规模，为东莞会展业的起飞奠定了坚实的产业基础，并形成了一批名牌大型国际展览，如规模居全球第四的"东莞国际电脑资讯产品博览会"、"虎门国际服装交易会"、"中华国际家具大型国际展览"、"毛织展"和"玩具展"等。武汉作为我国重要的汽车工业基地，自然而然地培育出了汽车展。已连续举办8届的"义乌小商品博览会"使义乌这座城市声名鹊起，也使之成为中国区域会展城市的典范。由此可见，背倚优势产业，拓展行业会展是我国内陆城市发会展经济，培育会展品牌的有效途径。

二、以自身的力量为依托

展览主题的策划是展会成功的前提与基础，一方面要追求主题的创新与独特性；另一方面，由于展会的举办是一项系统工程，需要策划、组织、服务等各个方面专门人才与设施的配合才能完成，投入大、耗时长，需要强大的物质保障，所以必须建立在强有力的基础设施与人才资源基础上，同时又要体现地方特色，凸显亮点。总之，必须以自身力量为依托进行会展主题的策划。

三、以主办地的资源特色为辅

一个地区的资源特色主要有以下 3 类。

(一)旅游资源与人文优势

拥有丰富旅游资源的地方具有举办展会的得天独厚的优势，这些地方可以通过举办各类专业性的大型国际展览、大型论坛或者各类旅游节、文化节，来培育城市的会展品牌。例如，伴随着欧洲滑雪运动和冬季休闲浪潮的兴起，欧洲人发现了达沃斯这块净土，其与世隔绝的封闭环境为举办高层次的会议提供了绝佳的场所，最终达沃斯成为世界经济论坛的举办地；有着类似于澳大利亚黄金海岸的海南琼海市的小镇博鳌，是著名的万泉河入海口所在地，江、河、湖、海、温泉、沙滩、岛屿、丘陵等自然景观在这里完整体现，旖旎的风光和良好的环境使得博鳌成了亚洲经济论坛的举办地。

又如比利时首都布鲁塞尔，是欧洲多元文化的集中地，本地居民至少会讲 4 种不同的语言，如法语、德语、荷兰语、英语或西班牙语，联合国前秘书长安南曾称布鲁塞尔是不同文化、不同语言的人们和平共处的典范城市，所以，1851 ~ 2005 年的世界博览会竟有 4 次(1897 年、1910 年、1935 年、1958 年)在此举办。

在我国的西部地区，许多城市拥有着独特的历史文化和人文地理景观，这足以成为这些城市培育会展品牌、举办大型展览、发展会展经济的最有利资源。以西安为例，它有着悠久的历史，而且蕴藏着丰富的旅游资源，在西安市政府的大力引导和支持下，西安成功举办了一系列大型国际展览会，使其会展产业得到了很大发展。

(二)区位优势

区位优势也是发展城市会展产业的重要依托优点。比如，上海作为我国的经济和金融中心，其城市综合竞争力名列全国第一，于是 APEC 会议、2010 年世博会最终花落上海；北京作为中国的首都，是全国的政治、文化中心，有着与其他城市相比得天独厚的优势，于是有了 2008 年奥运会的成功。

开放度高、市场化程度高、地理位置优越的港口城市在国际性专业(贸易)展和消费类会展品牌的培育方面具有独到的优势。香港的展览业从1966年开始到现在之所以取得了惊人的成就,更多地应该归功于香港展览业的软件环境。作为自由港,香港有着最便利的通关环境:进出口产品免税、海关手续简洁、对160个国家(地区)人员出入免签证等;在地理位置上,香港居于亚洲中心,5个小时的航程可以从香港到达亚洲大部分地区;在配套制度上,香港有着完善的法律制度,是世界上最理想的仲裁中心,所有这些因素促成了香港培育国际性会展品牌的优势,2001年全球《财富》论坛、太平洋经济合作全体大会等许多重要的国际会议都曾在香港举办。

(三)政策环境资源

国家的政策倾向也可以成为城市会展品牌培育的突破口。如大连作为我国指定办理汽车整车进口的4个沿海城市之一,在举办大型的国际性车展方面具有一定的优势,大连国际汽车暨零部件大型国际展览已连续成功地举办了7届,逐步成为大连的品牌会展项目;我国西部历史文化名城成都,历来就是大西南的商贸集散地和中心城市,是国务院规划的西南地区"三中心、两枢纽"之一和国家五部委确定的全国商贸中心改革试点城市,这对于成都发展成为我国西部中心会展城市是极大的优势,于是培育出了中国西部论坛等知名会展品牌。

第二节　会展主题策划过程与要求

一、会展主题策划过程

会展主题的策划来源于策划人员长期的积累和创造的灵感。从脑海里浮现某一特定主题的展览会场景开始,到展览会的初步市场分析和财务估算,直至该展览项目正式立项,我们称之为展览会策划的项目设想与建议阶段。这一阶段的核心工作主要表现在以下几个方面。

(一)行业会展分析

行业会展分析包括两层含义,首先是对会展举办地某产业的发展现状和发展趋势进行分析,目的是判断新开发的展览会是否有发展潜力,或者是否为现有展览会调整发展策略提供依据。其中,对产业结构进行深入分析,本身就有助于展览策划人员把握展览会的总体框架,如参展商的类型划分、展出布局、专业观众的来源等。其次是同类展览会的竞争力分析,包括竞争对手的潜在参展商、目标专业观众和会展规模等，以期明确展览会的定位。

（二）会展主题构思

这主要是解决展览会的选题和定位问题。针对市场策划出优秀的选题，经过精心组织与运作，将其搭建成参展商和专业观众交流、交易的平台，展览会才能取得预期的成功。例如，1998 年，北方工商业展览有限公司策划并组织的首届中国展览场馆及展示技术、器材、设备、设施展览会，是新中国成立以来国内展览场馆和展示器材厂家的首次大聚会。本届展览会充分展示了改革开放以来中国展览业所取得的巨大成就，尤其是展览设施的发展和创新，对中国展览业的发展产生了深远的影响。由于选题新颖、定位准确、意义特殊，本次展览会取得了圆满成功。

（三）会展主题确定

在经历了以上两个阶段后，就可明确会展主题，确定会展的特色、性质、参展商及观众的范围、展品的类型等，即展览组织者希望把展览会办成什么样子。这种主题策划既能形成展览会的特色，同时也决定了参展商与专业观众的层次和结构。例如，中国住宅交易会（CIHAF）的办展定位就是打造房地产业最完整的产业链。

二、会展主题策划要求

策划会展的主题要注意以下几个方面。

（一）主题应容易通过品牌或商标加以标志

在会展市场竞争激烈的情况下，总会出现一些主题雷同、题材相近甚至是侵犯知识产权的情况，尤其是在我国知识产权制度还不甚健全的情况下，这种情况更应引起关注。因此，作为组展方，在题材选择上应能高瞻远瞩，树立品牌意识，培育品牌展，并及时进行商标等的注册与保护。

（二）主题选择应符合行业、发展趋势

享有行业晴雨表之称的展会，需要实时跟踪会展产品所属行业的最新动态，适时通过新立、分列、拓展和合并等方式调整会展题材，使会展产品始终保持强大的生命力。比如，2001 年 9 月在郑州举办的汽车博览会，以“绿、风、飘”为主题，突出了环保、时尚、新颖的车展特色。再如，纽伦堡玩具博览会主办方在 2004 年的展会中曾把“户外产品是否单独设置专区”放在观众调查中的征求意见栏内，结果显示，53% 的专业观众和购买者对户外这个专区特别感兴趣。因此，主办方快速做出反应，在 2005 年的博览会中，把户外休闲列为独立的产品专区，取得了很好的效果。

（三）建立“壁垒”，保证会展质量和标准

任何一个组展方都不可能在所有行业的展会中具有优势，所以选定某几个目标行业，将该行业及相关行业的展会做深做精，建立“壁垒”，是确保自身在这几个行业会展中领先地位的必要手段。

（四）建立会展群

现代会展主题细分化、专业化的趋势越来越明显，围绕自己的优势进行拓展，挖掘相关相似会展题材中的共同点，给予相同或相似的市场定位，从而采用相同或相似的营销策略，服务于彼此有密切联系的目标市场，这样不仅有利于不断增强会展品牌的整体含金量，而且有利于降低推广成本。相比之下，国内经常使用的“系列会展”的概念相对单一，往往只是将某个行业会展的不同展区分立出来单独办展，比如“建材系列展”有“石材展”、“屋面材料展”、“照明展”、“家用五金展”等，没有以更广的视角看待会展之间的共同点。

将会展打造为会展所属行业的信息交流、产品展示、贸易合作的综合平台，打通产业链，是国际领先会展的又一大显著功能。如果说德国的会展是先定会展题材，再按照产业链分专区招展的话，国内会展可以说基本上是根据招展情况决定会展题材，经营不同展品的展商常常混在同一场馆里，就像超市没有按类别区分商品一样。在德国的展会上，一个投资者可以在该行业会展上配齐从生产设备、技术指导、原料甚至相关的物流配送、企业员工培训等所有环节的产品和服务，在国内的展会上则很难实现这一点。比如，杜塞尔多夫展览公司建立的主题为“移动休闲”的会展群，将均为年度举办的国际旅行车展、国际水上运动及船艇展、欧洲老爷车及概念车展、国际远足及徒步旅行技术装备展整合在一起，彼此服务于有密切联系的休闲旅游目标市场。

（五）注重会展主题的文化内涵

现阶段，中国会展的功能还主要停留在促进商业销售和贸易层面，而德国已把文化元素融入其中，给大众开辟领略世界文化、畅游科技创新的空间。会展主题应该体现专业精神，具有较高的文化和时代气息。

将展会打造为行业教育平台，也是近年来会展业的发展趋势之一。在德国展会上经常可以见到该行业的研究教育及培训机构的展位，它们带来最新的研究成果和行业教育理念。同时，很多与该行业相关专业的大学生也会带来自己的设计作品、科技发明与商业计划。德国绝大多数会展在门票方面会给予学生半价优惠，以鼓励与该会展行业相关的学生参观。

表7－1列出了几届世博会的主题，供大家参考。

表7-1 几届世博会主题

年份	举办国城市	名称	类型	天数	参观人数(万人)	主题
1999	中国昆明	昆明园艺博览会	专业	95	1 000	人与自然
2000	德国汉诺威	汉诺威博览会	综合	153	1 800	人类
2005	日本爱知	爱知博览会	综合	185	2 200	自然的睿智
2008	西班牙萨拉戈萨	萨拉戈萨世博会	专业	93	800	水和持续发展
2010	中国上海	上海世博会	综合	184	7 000	城市,让生活更美好

附:我国重要行业会展的主题选择情况

(一)房地产行业

• 房展会已不仅仅是为房地产开发商搭建的平台,已包括了各个行业,如家居装修材料展示会、品牌家具展、物业管理、家政服务等。诚信沟通成为房展会的主旋律。

(二)汽车行业

• 展览日趋细化——包括各种汽车、专用车辆和环保型整车展览及各种汽车零配件展览。

• 2001 年 9 月在郑州举办的汽车博览会以"绿、风、飘"为主题,突出了环保、时尚、新颖的车展特色。

• 围绕家庭这一趋势,家用车和经济型车成为车展的主角。

(三)金融行业

• 专业化水准大大提高,一些大型的金融会展在举办之前,往往都要先进行全面的市场调研,建立起相关的投资机构及个人的投资能力、投资意向、联络方式、现从事行业等具体且十分详细的投资群体数据库,以使展会更有针对性。

(四)体育行业

• 以健康、休闲为主题的体育用品展览数量正在增加,展品种类不断丰富。

• 2001 年的体育用品展览包括了体育场馆建设器材、运动场馆材料设备、园林机械及草坪设备、体育竞技、体育服装、健身设施、药品、运动饮料等的展览。

(五)电力行业

• 主题更加明确与具体

• 综合性更强

(六)家电行业

• 数字化、网络技术支撑的电子家电产业所占比重增多,成为主角。

• 展会结合紧密。

（七）医药行业

• 传统中医药展的数量增多，在人才、中医药研究开发的新技术、新方法以及中医药进入国际市场的关键技术方面寻求新途径。

• 医药论坛成为医药展览不可少的部分。

• 保健品专业展崭露头角。

• 展览日趋细化。

（八）食品行业

• 绿色健康成为许多食品展览的主题。

• 会、展结合，内容丰富。

• 以酒文化为主题的国际酒文化节成为亮点，以科学、健康、文明、高雅为主题的酒文化成为时尚。

（九）旅游行业

• 地方性的旅游商品展与旅游节庆同时举行。

• 由单纯的旅游用品展览扩展到整个产业的展览。

（十）电信行业

• 档次较高，参展商与专业观众的数量激增。

• 不仅成为供需的平台，也成为供应商、工程师和客户直接进行交流的舞台。

• 往往有政府背景。

第三节　会展策划书的拟定

在确定了会展主题、收集到了相关信息并进行分析之后，就可以进行立项策划了。所谓会展的立项策划，就是根据掌握的各种信息与资料，对将要举办的会展项目进行初步的规划，设计出总体框架。

一般来说，会展项目的立项策划只侧重于从宏观、定性的角度进行统领性的论证，至于展会的各项具体策划，如招展、招商等不包括在此部分内容中，将另作论述。同时，定量的论述主要反映在可行性分析方面，将在可行性报告中讲述。

一、策划书的写作要素

策划书的种类，因提出的对象与内容不同，而在形式和体裁上有很大的差别。但是，任何一种策划书的构成都必须有 5W2H1E，共 8 个基本要素，见表 7－2 所示。

表 7－2　策划业的 8 个基本要素

1. Why 为什么	• 需求诉求 • 会展立项的缘由、意义及前景
2. What(做什么)	• 会展的主题、内容 • 明确创造期望 • 项目的特点
3. Who(谁)	• 会展的主办单位、承办单位 • 行业重要参展商的支持 • 参展商的范围 • 媒体支持单位
4. Where(何处)	• 地点独特性 • 方便性 • 旅游的价值 • 地方的支持性
5. When(何时)	• 会展举办的时间，包括布展、展览及撤展的时间
6. How(如何)	• 会展的日程安排 • 会展的宣传计划与营销策略 • 会展期间举办的各种活动
7. How much(多少)	• 预计参展商数量 • 展位数量与布局 • 展位价格
8. Effect(效果)	• 会展结果 • 预测产生的效益

任何一种真正意义上的策划书必须具备上述 8 个基本要素。值得一提的是，要注意"How much"和"Effect"对整个策划方案的重要意义。如果忽视策划的成本投入，不注意策划书实施效果的预测，那么，这种策划就不是一种成功的策划。

二、策划书的写作要领

写作策划书要注意以下几个方面。

(一)言简意赅

为了在有限的篇幅内把要介绍的东西全部说清楚，一定要注意在写作过程中不要啰唆。

（二）用词准确

要将会展主题及特色突出，增强吸引力，避免一些含糊不清的语言，尤其是会展的创新之处要讲清楚。

（三）实事求是

在介绍会展情况时切忌过分夸张，言过其实。应多列举事实，如行业重要参展商的参加与支持、历届的效果与口碑等。

（四）重点突出

会展的 8 个要素要写清楚，并突出重点。

（五）注意包装

这主要体现在两个方面：一是策划书的文章结构与层次上，要清晰明朗，重点突出，让读者能抓住会展的亮点，并有一个清楚的头绪；二是在包装制作上要装订整齐，制作精美，给人赏心悦目的感觉。

案例

广州大学首届广州大学城美容及个人护理品展策划方案

一、展览概况

（一）展会背景

广州作为一个人均 GDP 超过 7 800 美元的一线城市，其消费水平一直在国内各大城市中处于领先地位，近年来，美容化妆品、个人护理品的消费水平更是屡创新高。随着生活水平的提高，当代大学生的购买能力日益增强。对于很大一部分大学生来说，购买美容化妆品、个人护理品占零花钱的较大比例。“珠三角女性化妆品消费调查报告”的调查数据显示，女大学生是化妆品的三大消费群体之一，而且女大学生在美容时尚方面消费水平整体较高。图 7－1 为会展前期调查数据，对此次展会感兴趣的学生占到一半以上。可以看出，美容化妆品消费在大学生群体中潜力巨大。

广州大学城现有 10 所高校入驻，师生总人数为 18 万～20 万人。调查显示，大学城中女生的比例占 58%，男生的比例占 42%，其中，广州大学的师生人数为 22 000人，男女比例为 5∶6。广州大学商业中心主要服务于广州大学，同时是广州大学城中最具人气的商业中心，对周边高校的女性消费群体具有很大的吸引力，如广美、广外、星海、华师等高校的女性消费者每个月都会前来广大商业中心消费一

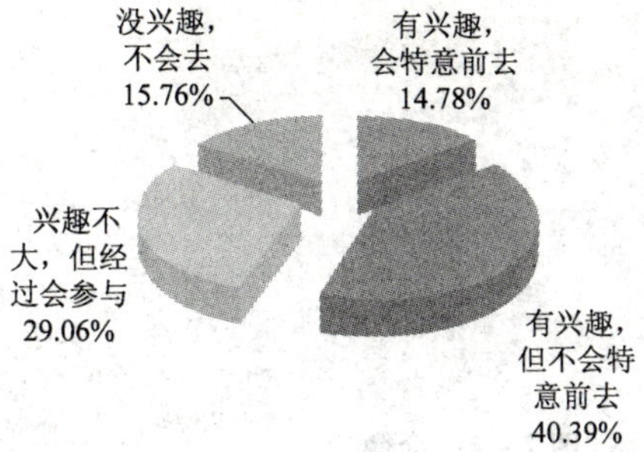

图7-1 学生愿意参与展会的情况

到两次，主要是购买服饰和化妆品等商品。广州大学红棉路位于广州大学生活区内，是学校的主干道，经常举办各种活动。巨大的市场需求和优越的地理位置为首届广州大学城美容及个人护理品展的成功举办创造了条件。

作为第一届会展专业的学生，我们已经学习了两年多会展专业知识，并有着一定的专业实习经验。学校的会展实践课程，为我们创造了实践的平台，让我们有机会运用所学的知识，自主策划、运营属于自己的会展。首届广州大学城美容及个人护理品展就是我们发挥综合能力与才华的舞台，是真正意义上大学生自主创办的展会。

（二）展会的意义

首届广州大学城美容及个人护理品展举办地选在拥有10所高校20万师生的广州大学城内。会展充分利用了大学城得天独厚的学生聚集资源，以及大学生广阔的美容化妆品、个人护理品需求市场，为参展企业提供了一个直接、有效的宣传平台，可以帮助它们更好地进行品牌塑造及产品推广。

展会立足于美容化妆品、个人护理品的展示，并开展丰富多彩的配套活动，如“开幕式”、“全城心动嘉年华”、“美丽大变身”造型设计大赛、参展商展示等，旨在引领大学生的美容护肤潮流，丰富大学生课余生活，提高专业美容护肤水平，打造属于大学生的美容护肤盛会。

会展由会展专业学生一手策划运营，可以增强学生的实践能力，促进学生与企业、媒体等的沟通交流，培养会展实践型人才。

（三）展会主题

1. 展会概况

主题：心动一夏，美丽嘉年华

名称：首届广州大学城美容及个人护理品展

Beauty & Care Fair（BCF）

会徽(见图 7-2)。

图 7-2　会徽

时间:2010 年 5 月 18 日 ~5 月 20 日(展期三天)

地点:广州大学城广州大学商业中心中庭广场(品牌展示区)

　　广州大学城广州大学红棉路(现货销售区)

展示范围:化妆品、美发、美甲、香水香薰、护肤品、洗洁用品(洁肤、洁齿)、个人生活护理品、保健卫生用品及相关美容化妆书籍、杂志等。

2. 目标参展商

(1)主打年轻人品牌的美容化妆品生产商、经销商,约占 40%;

(2)各大美容及个人护理用品生产商、经销商,约占 30%;

(3)美容美发相关企业机构及媒体,约占 20%;

(4)其他类型企业,约占 10%。

3. 目标观众

(1)来自广州大学的学生、教职工观众为 70%;

(2)来自大学城内各大院校的学生、教职工观众为 28%;

(3)来自广州市区及其他地区的观众为 2%。

4. 展览时间安排(见表 7-3)

地点:广州大学城广州大学商业中心中庭广场(品牌销售区)

　　广州大学城广州大学红棉路(现货销售区)

时间:2010 年 5 月 18 日 ~5 月 20 日

表 7-3　展览时间安排

地　　点	日　期	时　间
广州大学城广州大学商业中心中庭广场(品牌展示区)	5 月 18 日 ~5 月 19 日(两天)	9:00 ~20:00
广州大学城广州大学红棉路(现货销售区)	5 月 19 日 ~5 月 20 日(两天)	9:00 ~18:00

5. 展览规模

(1)总体面积:品牌展示区及现货销售区总计 3 500m^2;

(2)展位数量:34 个标准展位,展位示意图见图 7-3、图 7-4。

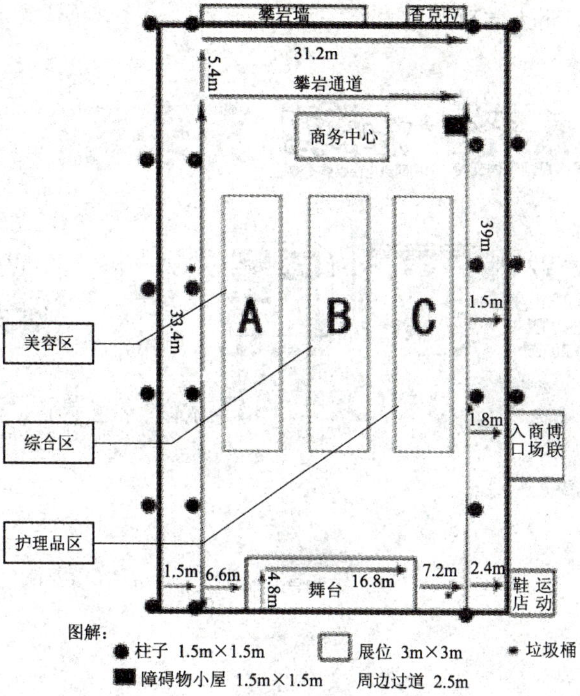

图 7-3　商业中心中庭广场(品牌展示区)

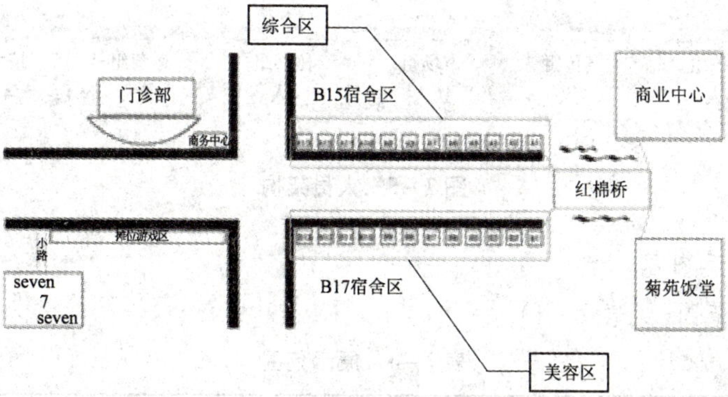

图 7-4　红棉路(现货销售区)

(四)会展机构

主办单位:广州大学(中法)旅游学院

承办单位:广州大学(中法)旅游学院07会展经济与管理班

协办单位:广州大学商业中心

合作媒体:

特别鸣谢:

人员架构(图7-5):

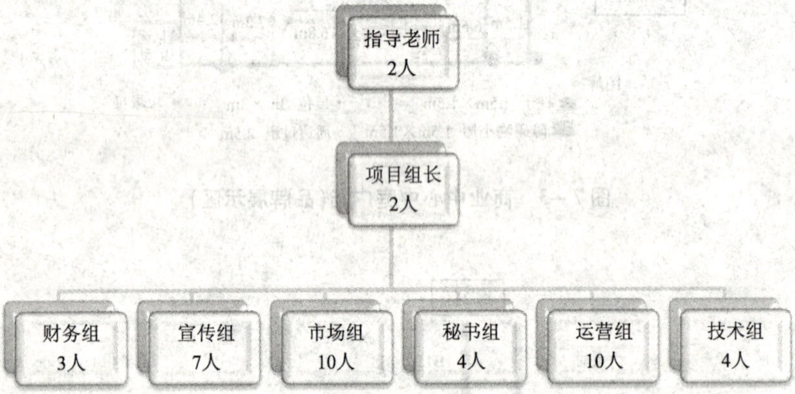

图7-5 人员架构

(五)展示内容

1. 展示范围(见表7-4)

表7-4 展示范围

	展示范围
美容类	化妆品、美发、美甲、香水香薰用品等
护理品类	护肤品、洗洁用品、个人生活护理品、保健卫生用品等
综合类	美容护肤综合用品、发型设计沙龙、赞助企业、相关美容化妆书籍、杂志等

2. 相关活动(见表 7－5)

表 7－5　相关活动

日期	时间	活动	地点
2010 年 5 月 18 日(TUE)	12:00～12:40	开幕式	商业中心舞台
	16:00～19:00	全城心动嘉年华(“美丽大变身”造型设计大赛、“美丽大奖”现场抽奖活动、参展商品牌展示、学生社团表演)	商业中心舞台
	17:00～18:30	自行车队环城宣传	广州大学城
	18:30～19:30	布景幕广告时间	商业中心舞台一侧
2010 年 5 月 19 日(WED)	15:30～17:30	摊位游戏	红棉路
	16:30～17:00	现场抽奖	红棉路路口
	15:30～17:30	摊位游戏	红棉路
2010 年 5 月 20 日(THU)	16:30～17:00	鸣谢参展商巡游	红棉路
	16:30～17:00	现场抽奖	红棉路路口

1)开幕式

时间:2010 年 5 月 18 日 12:00～12:40

地点:广州大学商业中心中庭广场舞台

参与人员:会展行业业内专家,广州大学城、广州大学、广州大学旅游学院领导,会展指导老师,旅游学院各系老师,会展参展商、赞助商、广告商、宣传媒体等,广州大学城各高校学生,其他现场观众。

2)“全城心动嘉年华”文艺会演

时间:2010 年 5 月 18 日 16:00～19:00

地点:广州大学商业中心中庭广场舞台

参加人员:本会展指导老师,旅游学院各系老师,会展参展商、赞助商、广告商、宣传媒体等,广州大学城各高校学生,表演团队,其他现场观众。

活动内容:

A. 邀请大学城学生表演团体进行文艺演出

(节目类型多元化、现代时尚;由晚会赞助商或参展商提供造型用品)

B. 参展企业品牌展示

C.“美丽大变身”造型设计大赛

D.“美丽大奖”现场抽奖活动

3)参展企业品牌展示

时间:2010 年 5 月 18 日 16:00～19:00(“全城心动嘉年华”节目内)

地点:广州大学商业中心中庭广场舞台

活动内容:参展企业派出代表上台进行展示,如彩妆、发型、商品展示,表演形式可自由选择,鼓励多样创新

4)"美丽大变身"造型设计大赛

时间:2010 年 5 月 18 日 16:00~19:00("全城心动嘉年华"节目内)

地点:广州大学商业中心中庭广场舞台

参与人员:参展企业、普通观众、化妆师、专业评委

活动内容:

A. 赞助商提供比赛所需用品和奖品

B. 两人一组,一人为模特,一人为化妆师,可提前报名及接受现场报名,共 3 组

C. 大赛分三部分进行,第一部分为参赛选手自我介绍,第二部分为后台妆容设计,第三部分为参赛选手作品展示及简介

D. 比赛团队在规定时间 25 分钟内进行妆容设计

E. 由专业老师点评与评分,颁发优胜奖

5)"美丽大奖"现场抽奖活动

时间:2010 年 5 月 19 日、20 日 16:30~17:00

地点:广州大学城广州大学红棉路校道

参加人员:会展组展方、指导老师,旅游学院各系老师,会展参展商、赞助商、广告商、宣传媒体等,广州大学城各高校学生,其他现场观众

活动内容:

A. 由赞助商、广告商、参展商或相关企业提供一定物品作为奖品

B. 奖品分为三个等级,一等奖 2 名;二等奖 5 名;三等奖 10 名

C. 凭传单剪角和当天会展购买商品的凭证,可参加抽奖

D. 得奖者必须在当天 20:00 前到现场商务中心领奖,过期视为放弃领奖

6)自行车环城宣传

时间:2010 年 5 月 17 日 17:30~18:30

地点:广州大学生活区及广州大学城内部分学校生活区

参加人员:会展工作人员、志愿者

活动内容:以 10 部自行车组成自行车队伍,以强大的声势吸引关注,环游大学城。每辆自行车后座分别插着印有会展信息的彩色竖旗,队伍前后分别播放有关会展宣传声带。

7)摊位游戏

时间:2010 年 5 月 19 日、20 日 15:30~17:30

地点:广州大学城广州大学红棉路校道

参加人员:广州大学社团联合会优秀社团(吉他协会、音乐协会、DIY 协会、公管协会等),广州大学城各高校学生,其他现场观众

8)鸣谢参展商巡游

时间:2010 年 5 月 19 日、20 日 16:30 ~ 17:00

地点:广州大学城广州大学红棉路校道

参加人员:会展策划人员、工作人员,会展参展商、赞助商、广告商、宣传媒体等,广州大学城各高校学生,其他现场观众

(六)创新与优势

1. 地处黄金地段,配套设施完善

广州大学商业中心位于广州大学城内,占地面积 7 万 m^2,是大学城中最大的综合性商业中心,也是一所集购物、餐饮、娱乐、休闲、酒店和学生社会实践活动于一体的综合性商业城。广州大学红棉路位于广州大学生活区内,是广州大学生活区、商业中心以及两大学生饭堂之间的枢纽,是同学们上下课的主干道,每天都有大量人流路经此地,是举办学生活动的首选场所之一。商业中心品牌展示区与红棉路现货销售区两大会场相邻,覆盖学校多个主要通道,同时有多条公交线直达会场,可谓聚集了 10 所高校的人气,商业潜力巨大。

2. 聚集 10 所高校,汇集 20 万师生

面积为 43.3 平方公里的广州大学城,现有人口 20 万人,大致相当于一个中型城市的商业圈。由于大学城离市区路途较远,大部分师生的日常生活用品都在大学城内购买,因此广州大学商业中心的商业价值是不可估量的,是商家的必争之地。

3. 学生需求量大,形成白领效应

各大高校的师生们对美容产品和护理产品的需求量大,而且该类型的目标人群呈现出三高现象:高学历、高收入、高品位,是未来的白领阶层。大学生平均每月生活费在 500 ~ 800 元之间,而且生活费在动态上呈逐年递增趋势,其潜在的购买能力及购买意愿不容忽视。

4. 宣传攻势强大,渗透每个角落

可乐生活报、新快报、中国会展杂志、56. com 、Young 网络电台、广州大学报等相关媒体将会对本次展会进行报道。我们在利用海报、传单、横幅、网络、电台等多种途径进行宣传的同时,还会组织一支自行车游行队来宣传造势,尽可能渗透到大学城的每个角落,务求吸引更多的潜在观众到场,为参展商创造更大的商业平台,使其品牌得以充分展示。

5. 优质办展团队,提供一流服务

此次活动由广州大学第一批正式的会展专业学生一手承办,包括主题策划、市

场调查、招商招展、现场管理等都是由学生自主操作、自主运营并且自负盈亏的。再加上过往几届会展方向的学生办展的宝贵经验,保证了能够策划出一场最适合大学生的专业性展览会,为展会的成功奠定了基础。

6. 相关特色活动,吸引买家眼球

在展会期间,有多个配套的相关活动,如:“全城心动嘉年华”文艺会演、“美丽大变身”造型设计大赛、“美丽大奖”现场抽奖活动和参展商品牌展示。每一场相关活动都邀请在场的观众参与,务求营造一个活跃互动的现场氛围,以增强展会的感染力,为展会带来更好的宣传效应。

二、×××××

(略)

本章小结

(1)会展主题的确定是十分重要的,它关系着一个会展项目的生命力与持续发展前景,甚至关系着组展方的生存;会展主题策划应该考虑产业、自身力量、主办地资源等因素。

(2)会展主题策划的核心工作包括:行业会展分析、会展项目构思、明确会展主题;在题材选择上应能高瞻远瞩,树立品牌意识,培育品牌展,并及时进行商标等的注册与保护;将展会打造成会展所属行业信息交流、产品展示、贸易合作的综合平台;打通产业链是国际领先会展的又一大显著功能。

(3)会展项目立项策划侧重于从宏观、定性的角度进行统领性的论证;任何一种策划书的构成都必须有5W2H1E;会展项目立项策划是行业分析和项目构思的结果。

本章重点词

会展主题策划　立项策划　会展策划的8个要素

复习思考题

1. 会展主题策划应考虑的因素有哪些?

2. 会展主题策划应注意的事项有哪些?

3. 会展项目立项策划书包括哪些内容?

4. 以某一著名展馆为例,搜集其最近半年到一年内举办展会的情况,对展会主题进行分类,看其呈现出何种趋势?

第八章 会展项目策划的可行性分析

HUIZHAN XIANGMU CEHUA DE KEXINGXING FENXI

本章概要

本章对会展项目策划的可行性分析进行了全面介绍,包括会展项目的环境分析、可持续发展分析、财务分析,最后说明了会展项目可行性研究报告的编制。

第一节 会展项目的环境分析

会展经济的发展与某国家或地区的经济发展水平有密切的关系,受宏观与微观的经济环境的直接影响,被称为是一地"经济发展的晴雨表"。在世界经济经历的几次大的危机中,会展经济也历经创伤。因此,环境分析对会展项目的发展具有重要的意义。

一、外部一般环境分析

外部一般环境指在一定时空内社会中各类组织均面对的环境,可分为政治、社会、经济、技术、自然 5 个方面。

(一)政治环境

政治环境指一个国家的政策、法律制度等。不同的国家对会展发展有不同的要求,即使同一国家,在不同时期由于执政党的不同,其产业的发展导向、政策的倾斜等都可能有所不同。另外,一国政局的稳定性、国际社会影响等都影响着会展业的发展。

(二)社会文化环境

社会文化环境包括一个国家和地区居民的教育程度和文化水平、宗教信仰、风俗习惯、价值观念等。文化水平会影响举办地居民的需求层次,宗教信仰和风俗习惯会使居民禁止或抵制某些活动,价值观念会影响居民对会展组织目标活动的认可程度。而当地居民的支持程度及社会公众的参与程度往往是一个会展成功的必要因素之一。

（三）经济环境

经济环境主要分为宏观与微观两个方面，直接影响着会展的规模、档次及市场定位。会展业是综合性、关联性强的产业，对举办地的交通及配套设施要求高，在有限的空间与时间内集中大量的人流、物流、资金流等，每一环节的畅通是会展进行的前提，当地经济的发展水平直接制约着会展业的发展。社会经济结构中对会展产业、影响最大并最需加以重点分析的是该国或该产业结构。产业结构是指资源在各个产业之间的分配。目前，我国正在积极调整产业结构，大力发展第三产业（或服务业），未来一个时期与第三产业或服务业相关的行业将会得到一个比较大的发展，这为相关展览业提供了良好的契机。

（四）技术环境

技术环境主要是会展企业所处领域的信息化、科技化及网络化应用程度，直接影响着会展的质量与档次、规模的扩张及会展服务的人性化水平，是现代会展业发展面临的最直接的挑战。

（五）自然环境

自然环境主要指会展举办地的地理位置、气候条件和资源禀赋状况等。会展业与旅游业有着不可分割的关系，举办地的旅游条件是展会增强吸引力的重要因素之一。

二、行业环境分析

按照波特的驱动行业竞争的5种力量进行分析，会展业面临着更为直接的5种竞争力量。

（一）行业内现有竞争对手的分析

在现实中，一个题材的会展不止一个，展会要想取得成功，就必须明晰竞争对手的基本情况，如其发展历史、公司状况、规模、资金规模、技术力量等，从中找出主要竞争对手，并密切并关注其发展动向。一项研究表明2008年全国专业会展企业数为6 301家，会展（含会议、展览会、节庆）项目总量为21万个，展览会项目总量约为9 362个，展览会展出总面积为8 908万m^2，会展业总收入为1 685亿元，实现税收101亿元。会展业从业人数占全国就业人数的3.18%，会展业GDP占全国GDP的0.57%，会展业实现的税收占全国税收收入的0.16%。

(二)参展商和观众市场的分析

应密切关注参展商的动态,建立起专业化的服务体系和目标参展商数据库,与参展商及观众保持良好的沟通,建立定期的信息反馈渠道。

(三)会展组织者分析

与会展组织策划者应保持密切的沟通,关注相关行业的发展动态,与行业协会及政府主管部门建立良好的合作关系。

(四)潜在入侵者的分析

由于会展业良好的发展态势,目前各地都争取以会展业为契机来带动城市整体经济的增长,会展企业的数量增长很快,进入会展策划、组织领域的企业也越来越多,必须对这些潜在的入侵者加以分析,这也是会展企业不能忽视的一项重要内容。

(五)替代品的分析

会展业的替代品主要来自于网络订货、电子商务交易等的发展,但会展业因其强大的实物展示功能、文化传播功能及情感交流功能而具有独特的发展潜力。但对于这些对传统展会造成冲击的替代形式要密切关注,深入分析。

通过行业环境分析,可找出本企业最直接的竞争对手,明确企业在行业中的地位,及时发现问题,调整经营策略。

三、市场环境的 SWOT 分析

在对构成市场环境的各种竞争因素加以分析之后,组展方接下来就要对市场环境进行整体的分析与评价。对市场环境进行总体分析与评价的方法很多,最常见的是 SWOT 分析。

SWOT(强势、弱势、机会、威胁)分析的核心是通过对会展项目的外部环境与内部条件的比较分析,明确会展项目可资利用的机会与可能面临的风险,以期形成对会展项目创新与发展的促进。SWOT 分析通常运用以下组合策略,见表 8－1。

表 8－1　SWOT 分析

组合战略	优势	劣势
机遇	SO	WO
威胁	ST	WT

SO:运用企业的优势,采取措施,使之成为企业成功的机遇。

ST:分析威胁企业优势地位的各方面内容,运用企业的优势,弱化威胁可能对企业的优势地位产生的负面影响。

WO:分析弱势可能带给企业机遇的所有负面影响。

WT:分析弱点可能产生的对企业的威胁及相对应采取的措施。

四、产业与市场分析

(一)产业分析

与所策划的展览项目相关的产业应该是出于变化或转型期,市场空间较大,产业发展迅速。对展会项目进行产业分析,主要包括以下内容:

1. 产业性质:形成期、成长期、成熟期、衰退期;

2. 产业规模:生产总值、销售总额、进出口总额、从业人数;

3. 产业分布:产业链条及生产基地的布局;

4. 厂商数量:反映产业的竞争态势;

5. 销售方式:直销式、间接销售;

6. 技术含量:反映产品的生命周期;

7. 产业市场前景:与所策划的展览项目相关的产业应该能代表未来产业的发展方向,具有良好的市场发展前景。

(二)市场分析

市场因素是决定展览项目能否成功的关键因素,市场因素包括展览项目举办地的产业发展水平、经济发展水平、人均收入水平等。展览项目必须要有市场需求。会展的市场需求至少可分为两个层次:一方面要有大量目标参展商参加展会,尤其是能吸引行业领军企业参与 ;另一方面要有大量的观众,包括专业观众和普通观众。

第二节 会展项目的可持续性分析

一、会展项目可持续发展的指标分析

会展项目能否持续发展取决于会展企业的竞争力如何,反映企业竞争实力的指标通常有3类:

(一)销售增长率

这是指会展企业当年的销售状况与往年相比的增长幅度。可用会展的参展

人数、展览面积等来表示，若呈现正增长，则表示企业具有持续发展的潜力，见表8－2。

表8－2　会展活动参与规模与人数

形式	前三年平均参与人数	增长率
会议	50人以下	
	50～200人	
	200人以上	
展览	1万人以下	
	1万～3万人	
	3万人以上	

（二）市场占有率

市场占有率反映企业在整个市场中的份额及相对地位，可跟踪行业内同类会展的举办数量，得出相对竞争能力的强弱。

（三）获利能力

这是企业竞争能力及持续发展的支持性指标，市场占有率只表明了企业目前与竞争对手相比的竞争实力，并未告诉我们这种实力能否维持下去，并未反映销售会展是否带来了足够的利润。可用会展活动的行业利润水平与本企业的平均收益相结合来考察一家会展企业的盈利水平。表8－3列出了一些行业会展的平均利润率，供读者参考。

表8－3　行业会展利润水平

行业类别	行业利润水平（%）
医药行业	25
电力行业	25
IT行业	35
电信业	40
房地产业	45
汽车行业	45
金融行业	45
旅游业	35
体育行业	30
传媒行业	30

续表

行业类别	行业利润水平(%)
家电业	15
食品行业	15
设备制造业	15
其他行业	10

二、会展项目持续发展的影响因素

影响会展项目能否持续发展的因素有以下几个。

(一)会展主题的影响力

会展能否持续发展与主题的定位息息相关,是否能代表产业发展的前沿,是否是参展商及专业观众所期盼的展会,是否有足够的市场发展空间与政策空间,是否有行业内权威企业的支持等,这些都影响着一个展会的生命力。

(二)项目团队的素质

由于会展业是一个新兴综合性产业,涉及旅游、交通、金融、餐饮等多方面,项目管理者应运用系统工程的观点、理论和方法,对执行中项目的各环节进行统筹安排,这样才能收到良好的效益,发挥项目整体的机能。而其中项目管理者的素质尤为关键,目前许多成功的会展项目都是依靠项目管理者多年的办展经验及项目组成员的通力合作而获得成功的。

(三)会展服务体系的建设

会展服务体系是否完善与分工是否明确,影响着参展商的决策,会展业是一个关联带动性很强的产业,其服务体系包括对展前的市场需求调查、展中的行业观众登记及相关食宿游等服务安排、展台的搭建与运输、展后的各项数据的评估等,只有为参展商提供了优质、专业、及时的服务,才能使之成为一个展会的忠诚顾客。例如,德国科隆的五金展是中国企业参展数量最多的展会之一,针对中国企业在知识产权方面容易产生纠纷的情况,组展公司专门配备了律师在展场,随时为中国企业服务,极大地方便了参展商。

第三节　会展项目的财务分析

财务分析是运用财务数据与报表等,对会展企业的经营成果进行评价与分析,以反映企业经营过程中的利弊与未来发展前景。

会展项目财务分析的过程与企业财务管理中的财务分析有所不同,它主要着眼于成本收益的预算、损益平衡的分析、现金流的控制、资金的筹措计划等方面。

一、会展项目的价格分析

会展项目的价格高低不仅决定着展会的竞争力如何,也是进行财务分析的基础。

(一)定价策略

1. 当前利润最大化。这一定价策略着眼于当前获取最大利润,倾向于制定较高的价格,在短期内收回投资,获得利润。同时,当市场竞争激烈时,可有降价的余地。

2. 市场份额领先策略。这一策略意在夺取一个占主导地位的市场份额,以便最终将具有成本优势,在长期获得较高的利润。

3. 质量领先策略。这一策略以保证向参展商和观众提供一个优质产品为宗旨,往往价格较高,但品质也很高。

4. 低价生存策略。当市场竞争进入白热化程度时,组展方为了生存而采取低价策略,在短期内会取得较明显的效果。同时,低价策略还可以抵御竞争者进入,达到保持市场份额的目的。

(二)定价方法

一般来说,会展企业在选择定价方法时,要考虑成本、需求及竞争 3 个因素,成本构成了价格的底线,而消费者的需求及对产品的价格认知构成了价格的上线,竞争者的价格水平及其他一些外部因素则决定了企业在上下线之间找到适合的水平。

1. 以成本为中心的定价法。这是在成本的基础上附加一定的比例作为利润的一种定价方法,有两种计算方法:

一种为着眼于单位展位的成本而制定的,又称“成本基数法”。其计算公式为:

$$\text{单位展位价格} = \text{单位展位成本} \times (1 + \text{加成率})$$

一种是着眼于总成本而制定的,它的出发点是通过定价来达到一定的目标利润,又称“目标利润率定价法”。其计算公式为:

$$\text{单位展位价格} = \frac{\text{总成本} + \text{目标利润率} \times \text{总投资}}{\text{预期销售量}}$$

2. 以需求为中心的定价方法。这种定价方法主要是考虑参展商对会展价格的期望和接受程度,并根据参展商对会展的反应和接受能力来制定价格。

一种是区分需求定价法。在展位的销售中，通常有如下3种差别：一是根据参展商的不同，参展行业内的权威参展商可固定客户等的差别；二是根据展位区域的不同，如岛状展位与拐角展位的不同；三是根据展位预订的时间不同而采取不同的价位，一般预订越早，展位价格越优惠。

一种是理解价值定价法。此种方法即是根据市场行情来确定参展商可接受的大致价格，如海外（包括港澳台）厂商参加在中国内地举办的国际性展览会，均以美元计价，大概在300~400美元/m^2（净地），或2 500~3 500美元/标准摊位；国内参展公司则以人民币计价，平均为500~800元人民币/m^2（净地），或4 000~8 000元人民币/标准摊位（3m×3m加简单装修和配置），价格差异在5~8倍。

一种是需求心理定价法。例如，根据参展商的心理和组展方的品牌形象，一些品牌展会有意提高价格。

3. 以竞争为中心的定价方法。此种方法是根据市场的竞争状况及自身的定位来制定展位的价格。

一种是随行就市法，按照同类会展的市场行情来定价，采用此种方法，由于价格水平是一定的和难以改变的，组展方应在成本控制上下功夫，以争取更大的利润空间。

一种是率先定价法，根据竞争者可能的报价，结合自己的成本预算和利润预期，率先定价，旨在争取主动权。

一种是渗透定价法，是一种旨在低价进入市场，扩大市场占有率的定价方法。采用这种方法，组展方往往有较强的实力，不期在短期内收回投资。

二、会展项目的损益平衡分析

会展项目的成本收益预算对项目的管理至关重要，它提供了一种量化的数字指标，使各部门的贡献具有可比性，便于进一步分析其经济可行性。

举办一个展会的成本费用一般包括：①会展场地费用，包括展馆场地租金、展览设施（空调费、灯光、音响等）费、展位特装费、标准展台搭建费、运输费等；②会展宣传推广费，包括资料印制费、宣传广告费、新闻发布会等；③管理费用，包括招展与招商费、办公费用、人员活动费用等；④其他相关活动费用，包括现场交流会、展场布置、开幕式与闭幕式、答谢会等所需的费用；⑤税收；⑥其他不可预见费。

举办一个会展的收入，通常有以下几项：①展位租金收入；②门票收入；③广告收入；④赞助收入；⑤其他相关收入。

在预测了成本与收入后，接着进行损益平衡的分析，它解决的是如下两方面的问题：一是在展位价格初定的前提下，会展项目必须达到多大的规模即出售多少展位组展方才能收回成本，此时的总收入等于总成本，展位出售量为保本点的数量，这是组展方最基本的要求；否则展会就不具有举办价值；二是在展位销售量初定的情况下，展位价格应为多少才能达到损益平衡，为组展方销售展位时的价格提供参考。具体计算公式如下：

- 当单位展位价格初定时，展位销售量 = 会展总成本/单位展位价格；当会展项目的成本变动时，很快就能得到需要增加的展位的数量。
- 当展位销售量初定时，单位展位的价格 = 会展总成本/展位销售量；当单位展位超过这个价格时，组展方就能盈利。
- 损益平衡点销售量 = 固定成本/单位展位价格 - 单位展位变动成本。

三、会展项目现金流量的控制

会展项目都有一定的时间跨度，要求必须对现金流动进行控制，尤其是有的会展项目持续的时间很长，如奥运会、世博会、亚运会等，如果没有对现金流进行有效的控制，就难以保证展会顺利进行下去，也无法保证此类会展的可持续发展。

现金流量是现金流入与现金流出的统称，是反映会展项目在实际进行期内发生的现金流入与流出的数量，在某一点上两者之差为净现金流量。

不同会展项目的现金流是不同的，对于一些不以营利为目的的会展项目，主要依靠举办单位或其他企业赞助获得收入，由于在项目筹备前期已获得大部分收入，此类会展项目的前期准备中，现金收入应该是大于现金支出，最后项目是否盈利，要看两者的差额。而有些会展项目主要依靠销售展位、收取参会费用或提供其他会展服务以获取收入，而参展商在预订展位时只交纳了很少一部分预订费用，此类会展项目的现金收入在前期要小于现金支出，应密切关注现金流量的变化情况。

第四节　会展项目的可行性研究报告

在对会展项目经过了以上各种分析后，即可编制可行性研究报告。可行性研究报告是组展方决策是否要举办展会的重要依据，因此务必使可行性报告做到材料真实，分析客观科学，判断准确无误。

一、可行性报告的主要内容

(一)会展项目的背景资料

1. 行业背景,包括市场趋势和未来发展,国际、国内和地区发展趋势,技术进步,新需求和日益增长的需求等。

2. 市场预测,包括与行业市场有关的全国性和地区性宏观经济资料,如统计数字、销售额、增长速度等。

3. 同类会展的竞争分析,包括市场细分、市场结构、相关的和潜在的竞争者,已有展会的数量、主题差别度等。

(二)会展项目方案

会展项目方案包括的主要内容有:①会展项目实施的地点、程序、组织管理;②预计的规模;③战略合作伙伴,行业内权威企业的参与,支持与协助单位,与全国及海外合作伙伴、拓展组团代理的关系等;④营销计划、推广方案等。

(三)会展项目的财务分析

会展项目的财务分析内容包括:①项目成本预算;②项目收入预算;③预期利润;④资金筹措设想与风险预测等。

二、可行性研究报告的框架

可行性研究报告的框架包括以下几个方面。

(一)总论

总论部分主要阐述展会的主题、主要理念及简要的背景。

(二)展览目标和范围

这里主要是介绍展会的目标参展商和专业买家,以及展会的范围,是国际展、全国展还是地区性展览。

(三)与行业市场有关的全国性和地区性宏观资料

这部分介绍与展会主题相关行业的全国性或地区性资料,包括行业的如销售额、增长速度、雇员数量等。

(四)行业市场分析

这部分主要分析展会主题相关行业的情况,如其市场结构、消费趋势、目标客户、销售渠道等。

(五)竞争态势

这部分内容主要分析同类展会的情况,以评估展会面临的竞争情况。

（六）可利用资源

这部分内容分析展会可资利用的各种资源的情况，如有关的支持单位、赞助单位，包括政府机构、行业协会、媒体、大学科研机构等。

（七）财务分析

这部分内容主要评估展会项目的预算（如计算成本和销售额）、预期利润（如总成本计算和直接成本核算）、预期收益等。

（八）活动预测

这部分内容可包括：最差和最好的典型情境风险分析（如影响因素、政治和法律风险），项目实施评估（如利用评分模型对项目、标准、展览主题、计划进程、竞争、可利用资源、财务负担/风险进行评估）等。

（九）总结和建议

这部分内容对项目是否可行给出一个结论，同时针对项目的开展提出建议措施。

案例

中国首届离婚展览会可行性分析报告

一、市场环境分析及评价

（一）宏观市场环境分析

1. 地域环境分析

(1) 中国的南大门。广州是我国的南大门，毗邻港澳，处于珠三角核心区域，是我国最主要的陆路入境口岸、航空港和海运入境口岸，具备优越地理位置和区位优势。广州具备雄厚的经济实力、较强的城市综合功能、便利的交通设施、巨大的消费市场、较高的开放程度、日趋成熟的市场化办展服务体系和社会化办展保障体系，是国际性大型展览会的首选之地。

(2) 辐射整个华南地区。广州是珠三角及华南地区的经济及综合服务中心，也是珠三角及华南地区的金融、商贸、物流、会展、信息、医疗卫生、中介服务等中心和制造业基地。同时，广州是广东省的省会，具备省会城市的优势。最后，广州具备强大的综合实力，经济总量居全国城市第三，具有强大的辐射带动和服务功能，是珠三角经济社会一体化发展的重要火车头。

(3) 交通四通八达。广州一直以来都是华南地区的交通中枢，特别是自亚运会以来，珠三角轨道交通网络建设高速铺开，以广州为中心的珠三角一小时生活圈上了一个台阶:2010 年,广珠铁路与广港深铁路轨道交通线路建成,广—珠—澳、广—深—港两轴沿线城市将实现一小时工作生活圈;随着广州南站启用,时速达 300km 的武广高铁飞驰南北;由 8 条线路、148 座车站、235.7km 轨道组成的广州地铁交通网,直接连通佛山;优质的空港、海港、道路将广州与全国各地、世界各地紧密相连。

(4)城市环境优越。城市形象是旅游竞争的武器,发展会议展览旅游的城市必须要有鲜明的城市形象。城市旅游资源的丰度和文化内涵则是营造城市形象的一个重要方面,会展与旅游是分不开的。2010 年的亚运会使得广州的市容市貌有了全方位的改变,而广州也通过亚运会,使其声誉在国内国际都得到极大提高。

(5)现代旅游业快速发展。广州经济高速发展,具有国际大都市的雏形。经过 2010 年亚运会的洗礼,广州的知名度和美誉度达到了其应有的水平,而且得到了国内外的一致赞誉。广州会展以亚运会及其后续规模效益为卖点,以城市为场所、以文化为内容,以其新的城市形象,将一个融历史与传统,体现文明和谐、充满活力与进取心的城市展现在世界面前,吸引了大量前来广州参加会展、会议等商贸活动的顾客。

(6)政策支持力度大。近年来,广州以广交会为龙头,带动了会展业、商贸业的繁荣发展,会展业对广州市经济的拉动作用举足轻重。2010 年 11 月中旬,在由前广州市市长张广宁主持召开的市政府常务会议上,讨论并原则通过了《关于促进广州市会展业加快发展的若干意见》。按照该意见,广州将整合全市会展资源,坚持展览与会议并重,加快培育品牌展会、壮大会展企业、延伸关联产业,把会展业培育成为广州市现代服务业的先导产业、支柱产业和新的经济增长点。

2. 社会文化环境

(1)广州离婚率高居全国第四,离婚服务及后期协助的需求大。

(2)广州开放、自主、思想解放、敢于尝鲜,对离婚持比较客观和包容的态度。

3. 消费意向及趋势分析

(1)市民收入逐年增加。相关调查数据显示,2010 年广州城市居民人均可支配收入为 30 658 元,同比增长 11.0%。市民对离婚展提供的相关商品具有较强的消费能力。

(2)消费意愿强烈,消费能力强。调查同时显示,广州的消费需求持续畅旺。2010 年,全市实现社会消费品零售总额 4 476.38 亿元,同比增长 24.2%,对无形产品的消费增加。

(二)微观市场环境分析

1. 办展机构内部环境。广州锦汉展览中心由广州市东泰骏城有限公司投资建设及经营。中心占地25 000m²,设有3个展馆。其中主展馆2号馆共分3层,展馆面积23 000m²。自2002年10月正式投入使用以来,中心业务取得快速增长,每年举办约50场展览会,并正不断吸引更多的知名展览会在此举办。

2. 目标客户。本届展览会的目标客户主要是广州市及珠三角范围内与离婚主题相关的各种服务、用品、协助单位等,如律师事务所、婚庆礼仪公司、婚介中心、心理诊所、旅行社、政府事业单位以及相关协会。由于近年来离婚率的逐年攀升,这些类型的公司也如雨后春笋般大量增加,客户基数大。此外,这些企业偏向于服务类型,都需要比较大的宣传才能使其形象在同类企业中突围出来,所以有比较大的可能性选择参展。最后,有政府机构的协助,展会的形象会大大提升,企业参展,也对其正面形象的树立十分有利。

3. 竞争者。首先,离婚展的前身源于维也纳,在意大利也有相同主题的展会。我们的展会必须有所创新,从展会定义和展览范围上都要有所改进。我们也邀请到了政府部门参展,在他们的协助下使我们的展会更加符合中国的国情和国策。其次,我们的展会为国内首届,市场份额大,竞争较小。最后,我们的潜在竞争者为同期举办的婚庆展,有可能会分散我们的客流,应在展期方面避免撞期,比如避免在同个展馆的相近时间举办,以避免发生客流冲突。

4. 营销中介及服务商。这里的营销中介主要是指门票代理销售单位及各种媒体,服务商为交通运输公司、物流公司、广州展览中心、广告公司、保险公司、信托机构、航空公司、市场调研公司、银行、餐饮公司、酒店、舞台及展台等搭建商、代理销售门票及展位的企业等。这些企业或单位可以借鉴中国(广州)婚庆博览会的举办经验,并且策划团队与不少企业、单位之间也有过合作经验,可以比较顺利地完成相应的操作流程,减少磨合期产生的问题。

5. 社会公众

(1)媒介公众,主要指报纸、杂志、电视台等传播媒介,本次活动初定主要合作媒体有世纪佳缘网、珍爱网、广东电视台新闻频道、南方都市报、羊城地铁报、新浪网、搜狐网、腾讯网、会展在线网、E展网、好展会网、中国会展杂志等。通过多样的媒体传播对本次活动进行全面的宣传和推广。对媒体而言,本次离婚展极具新闻价值,同时体现人文关怀,可提升媒体形象,值得它们去进行报道宣传。

(2)政府公众。这实际上是指与本次活动有关的各级政府机构和部门,从上面的宏观分析来讲,它们对此次展会都应该是大力支持的,并且本次展会附有婚姻法宣传、普及的作用,作为本次活动的主办单位之一将采取一些具体的扶持措施,而且将提供部分的资金支持,这也有利于更好地塑造政府关心民众的爱民形象。

(3)社团及当地公众,是指当地的民众和一些非政府组织,包括妇女儿童协会等。首先,离婚展的举办会使社会公众对离婚的流程和离婚后生活的重塑更加了解,避免走许多弯路。其次,离婚展的举办势必使当地政府对离婚这一现象产生关注,对离婚机制的改进和相关法律的完善也会有所推进。最后,吸引到社会各界的关注,使民众得到在媒体上发表自己对婚姻、离婚的观点,也会促使立法朝着更符合民意的方向去发展。

(三)市场环境评价

1.内部优势

(1)利于打破传统观念,解放思想;

(2)主办方和承办方经验丰富(婚博会);

(3)较为成熟的策划及执行团队,可以突出展会的创意和特色;

(4)场馆设施较完备,交通条件优越;

(5)有充足的服务人群。

2.内部劣势

(1)首届举办,缺乏经验,磨合期较久;

(2)无形产品(服务类)较多,购买吸引力较低;

(3)展会定位不清晰可能出现偏差,令大众误解展会初衷;

(4)在制订离婚展营销方案时难以平衡各方利益。

3.外部机会

(1)政府及民间组织的支持;

(2)新婚姻法推出引发的关注;

(3)当今婚恋话题盛行;

(4)家庭及婚姻问题从来就是一大社会问题;

(5)年轻人的猎奇心理;

(6)首届举办、竞争小。

4.外部威胁

(1)中国人"家丑不可外扬"的传统观念限制了目标客户群的年龄段;

(2)婚博会盛行,抢去风头,可能被竞争对手作为噱头;

(3)话题具有争议性。

二、主要材料分析

(一)离婚人数多

2011年一季度全国民政事业统计数据显示,今年一季度,我国共有317.6万对夫妻办理了结婚登记,46.5万对夫妻办理了离婚手续,这意味着每天平均有5 166个家庭解体,离婚率达14.6%,我国离婚率已连续7年递增。

离婚率居高不下的问题在北京、上海等一线城市表现得更为突出。据2009年第3季度民政统计季报显示，北京、上海当季离婚率分别达20.6%、23.9%。深圳特区，离婚率为36.25%，广州离婚率为35%（只统计了本地户口居民，但广州人口多，开放性强）。

离婚的增加从社会学的角度看最主要是因为社会对离婚的接受程度越来越高，社会上不再认为人们应该忍受不快乐的婚姻。

离婚是婚姻的结束，婚姻关系牵动着整个家庭，离婚问题也相应受到社会普遍的关注。随着离婚率的升高，离婚问题一度成为社会聚焦的热点。

离婚是一个现实存在、不可回避的问题，离婚展就是直面离婚这个现实问题，顺应时代的发展，务实地为人们解决离婚带来的一系列问题、提供一系列帮助的展会。

（二）离婚带来的问题多

1. 财产分配的问题。离异的双方在财产的分配上易发生矛盾，而中国民众普遍不具有很好的法律意识，经常是不会做婚前的财产鉴定的，最后导致该矛盾十分激化，很难解决，这可以说是对双方情感上的再一次打击。

2. 子女抚养权的问题。如果双方已有孩子，不可避免地又会在子女抚养权的问题上发生分歧，无论最后的判决结果是什么，对任何一方都没有什么好处。

3. 孩子的心理问题。孩子是离婚家庭中最大的受害者，他们往往小小年纪就面临了离异家庭的悲惨境遇，这对孩子的心理、今后的发展都会产生重大的负面影响。

4. 抚养费的问题。既然有抚养权的问题，那随之而来的是抚养费的问题，问题解决不好，将是单亲完全承担抚养费，对于不富裕的人来说这是一个比较严重的问题。

5. 其他问题。离婚后还有户口问题、社会舆论压力问题等其他问题。

离婚带来的社会问题是一环接着一环的一系列问题，离婚展将在心理、法律、交友、升华四类分区设有不同参展机构，为急于解决离婚问题的人群提供有效的帮助和一站式服务。

（三）离婚当事人需要帮助

1. 离婚家庭中的孩子需要帮助。北京市曾对70所中学的5 000多名初二学生进行过一次心理测试，结果显示，至少20%的学生有不同程度的心理障碍。再对这些孩子的家庭进行追访，发现其中65%的孩子来自“问题家庭”，父母不和、分手或者分手过程中的“战斗”，给孩子心理留下了创伤。

国内外相关研究表明，生长在父母不健全、不健康、不幸福的婚姻家庭中的孩子,更易出现犯罪和焦虑、抑郁、敌对、报复等心理障碍问题。很多从不幸婚姻中解脱的夫妻,疏忽了最重要的一点:永远无法从中解脱的是孩子。他们内心的创伤往往终生难以平复,他们的担忧感、不安全感、恐惧感也许永远无法消除。

一定程度上讲,在同样的媒体影响、社会环境、学业压力下,哪些孩子更容易患心理疾病,更容易犯罪,就看他来自什么样的家庭。层出不穷的青少年问题,追根溯源都是家庭问题,孩子的成长需要父母双方的关爱,缺少这个环境,他们就可能会有问题。因此不论是心理问题还是学业问题,离婚家庭中的孩子都更加需要家庭和社会提供的关爱和帮助。

2. 女性离婚者需要帮助。离婚的受害者首先是子女,其次是女方。北京市曾对100多对35岁以上的离婚夫妻做过一个5年的跟踪调查。这些家庭都有1个或者2个孩子,分手时,85%的孩子判给了女方。5年之后,男方大多再娶,而女方再度进入婚姻的不到15%。

"'拖油瓶'的中年女人再嫁谈何容易。"中国人口文化促进会会长朱明媚说,她们又当爹又当妈,心理透支、情感透支、时间透支、健康透支,一些人还经济拮据。因为离婚时男方尽管给一定的抚养费,但是这个费用没有考虑到物价上涨和孩子生活学习费用逐年增加的因素。所以,不少女性发现离婚是从一个陷阱掉入另一个陷阱。现在都市里增加了一个新的弱势群体——贫困单身母亲。因此,社会也应该给予单身母亲帮助和关爱。

离婚展将重视离婚受害者的感受,设身处地地为需要帮助的人群提供贴心的服务和帮助,帮助他们系统地解决问题。

(四)举办意义重大

1. 离婚展的经济意义在于:①加速区域经济发展,拉动会展及离婚主题相关产业;②建立离婚相关产业链条,促进相关群众消费。

2. 离婚展的社会意义在于:①直面现实,为苦于寻求方法解决离婚问题的人群提供有效的帮助;②为有效解决离婚带来的一系列社会问题提供渠道。

3. 离婚展的政治意义在于:①体现了政府对民生问题的关心;②推进中国婚姻法制建设进程,维护社会稳定。

4. 小结。离婚,已是当代社会人们不可避免的一个越来越普遍的现象,而且毋庸置疑的是,越来越多的人尤其是离婚人群需要专业、全方位的帮助。离婚展的开办,对于解决一系列的社会问题、提高人们生活的幸福感有着重大意义。当今中国,政府十分关注人民的婚姻幸福,不断修正出台利于民生的各项政策法规,本展会将紧跟政府宗旨,顺应时代潮流,为中国社会的和谐发展尽最大力量。

三、项目生命力分析

(一)国外同类展会基本情况

1. 奥地利维也纳第一届“离婚展”是全球首届“离婚展”(图8-1)

图8-1　奥地利维也纳全球首届“离婚展”现场

(1)时间:2007年10月27~28日。

(2)地点:维也纳老城区的玛莉奥特旅馆。

(3)展厅面积:约250m²。

(4)参展商:不足20家。

(5)背景:奥地利是世界上离婚率较高的国家之一,大约一半奥地利人的婚姻以解体告终。在维也纳,离婚率高达66%。

(6)主题:新的开始。

(7)主要内容:

- 离婚官司专门律师咨询;
- 可现场雇用私家侦探对配偶进行调查;
- 交友机构教授改变形象和寻找真爱的实用方法;
- 房屋中介介绍新住处;
- 旅行社推荐单身度假的最佳线路;
- 专门派对活动的公司提供怎样“合乎时尚地”庆祝分手的忠告;

• 亲子鉴定。

(8)观众:

• 各个年龄段的参观者都有,大多是来进行离婚咨询的;

• 组织者和参展商对咨询者的姓名、年龄和职业等信息保密;

• 多数参观者不愿接受媒体采访或是被拍照和摄像,倒是参展商在接受媒体采访时显得兴致很高。

2. 意大利米兰"离婚展"(图8-2)

图8-2 意大利米兰"离婚展"现场

(1)时间:2010年5月8~9日。

(2)背景:

• 米兰是意大利总理贝卢斯科尼的老家,1985年,他与首任妻子卡拉离婚,5年后与演员维拉妮卡结婚,去年老贝性丑闻曝光后,他们就一直在闹离婚。

• 据悉,传统而保守的天主教在意大利仍有很大的影响力,尽管他们强烈反对离婚,但意大利的离婚率在近几年却呈快速增长趋势。

• 据意大利国家统计局数据显示,2007年,超过13万对夫妻分居或离婚,而1971年只有3万对。

(3)主题:翻开新的一页。

(4)主要内容:

• 离婚律师服务;

• 约会服务;

• 魅力训练师服务;

• 为想庆祝分手者提供派对规划;

• 私家侦探服务;

•亲子鉴定。

(5)观众：首日观展人潮达1 000人。

3. 小结

(1)国外“离婚展览”或者沙龙活动都具有离婚率攀高的社会背景，社会普遍接受离婚现象；中国情况类似，但发展程度不及国外。

(2)国外同类展会具有一定参考性（展览范围、活动形式等），应取其精华，去其糟粕。如与婚姻有关的法律服务，对于每个婚姻中的人都是很有必要的，但是如私家侦探，还有涉及泄愤可能引致非议的展品和服务，我们就要注意避免，以免引起不必要的争端，触犯道德和法律底线。

(3)外国人婚恋观比较开放，对于离婚展这类新兴事物比较容易接受；在中国，人们的婚恋观也在逐渐发展，对于离婚这一不可避免的现象，人们的态度正越来越正面，处理方式也越来越科学。

(4)离婚展属于新兴事物，具有一定争议性，但通常会吸引较大的人流。虽说中外国情有一定的差异，但是市场需求点是类似的，在国外市场可以引起关注并取得成功，在中国的前景也是可观的。

四、项目竞争力分析

离婚展与婚博会比较：

(一)开展时间

1. 中国首届离婚展：2012年8月17～18日9:00～17:00；8月19日9:00～15:00。

2. 广州婚博会：2011年7月16～17日，9:30～19:00。

(二)参展单位数量

1. 中国首届离婚展：450个展位。

2. 广州婚博会：囊括了广州、深圳、珠海、港澳台地区以及东南亚近千家结婚服务行业的知名品牌公司参展。

(三)观众人数

1. 中国首届离婚展：约6万人。

2. 广州婚博会：约9万人。

(四)展会覆盖行业

1. 中国首届离婚展

(1)心理类：离婚心理咨询（成人、儿童）、婚姻保鲜咨询、儿童协助；

(2)法律类：政府法律咨询、律师事务所咨询服务；

(3)交友类：离婚派对，交友介绍，单身派对，电台、婚恋网站服务，综艺节目，离婚纪念礼品；

(4)升华类:运动健身课程、魅力形象设计、旅游产品、家具(宜家)、租房及求职信息、理财分析服务。

2. 广州婚博会:涵盖了婚庆策划、珠宝首饰、婚纱礼服、婚纱摄影、蜜月旅行、轿车租赁、婚宴餐饮等20个行业。

(五)展会特色

1. 中国首届离婚展:心理、法律、交友和升华所涵盖的机构为顾客提供离婚的全方位综合性服务。

2. 广州婚博会:为顾客提供拍结婚照、挑钻戒、订婚宴、淘婚纱、结婚筹备等服务,一站到位。

(六)小结

1. 离婚展避开了婚博会宣传及举办的高峰期,且可以巧妙利用婚博会后市场的连带作用进行宣传。

2. 首届离婚展的参展商远没有婚博会大型和广泛,但可以在较小数量的参展商摸索以后扩大合作方(包括参展商、赞助商甚至专业观众)。

3. 作为首届展会,如能达到预计观众数量,将对今后连续举办提供参考。

4. 相比于婚博会的传统参展项目和展会活动,离婚展的展品范围更为广泛,同时更具针对性。

5. 婚博会为新人结婚提供了一站式服务,而离婚展不仅仅局限于服务离婚人群,还可以为更多的不同类型的人群提供有特色的服务,如普法教育、交友服务、自我塑造等,属于全方位、综合性的服务展会。

综上所述,离婚展虽在规模、参展商、经济效益等方面难以企及婚博会等相关展会,但是作为新兴事物上升空间大,市场前景广阔。

五、调查分析

(一)展前观众调查问卷分析

1. 本次调查覆盖范围较广,尤其在目标举办地广州的调查比较成功。

2. 有效问卷量与访问量比值较大,即完成率较高。

3. 参与调查的主要为年轻人群,符合展会目标客户群,其中未婚和头婚人数较多,表明除了特定的离婚观众群,好奇的观众占主要部分。

4. 愿意光临本次展会的人占大多数,表示展会具有一定的吸引力,能够满足大部分观众的需求;但仍有不少人不愿意参加,表示展会在活动设置、隐私保护和观众需求定位方面还需优化升级。

5. 依据参考问卷单题数据,展会应在保证四个分区(心理区、法律区、交友区、升华区)的各自分工的同时,加强心理类和升华类展品的展示与服务。

6. 展会的门票定价较低，且观众的普遍预计消费额度不超过100元，甚至低于50元，因此办展机构和参展商要注重现场活动和展位服务，增加现场和展后的交易量，以保证各方收益。

7. 大部分人对新婚姻法了解很少，因此展会普及婚姻法、提高人们幸福指数的初衷具有现实意义和可行性。

小结：本次问卷调查真实有效，调查结果对于展会具有重大参考意义，对于办展机构和参展商具有指导意义。

(二) 专家、学者方面的调查

1. 妇联

(1) 背景。由于妇联本身规定的限制，本小组成员只能进行电话访谈，且不涉及任何利益问题。本调查内容作为分析材料服务于本策划案，不代表妇联及其工作人员任何立场，最终解释权归离婚展策划小组成员。

(2) 调查过程

①正式电子致函说明我们的意图和需求，得到对方的理解与支持；

②先后与广州市妇联的儿童部和权益部取得联系，两部门相关官员表示赞许离婚展帮助离婚家庭的初衷，并对展会能对观众提供的实际帮助表示认可。

③咨询的主要内容：

- 贵机构对举办以帮助离婚人群重建生活为主题的展会持什么看法？是否符合贵机构一向宣传的价值观念？
- 贵机构认为新婚姻法在广州的普及程度如何？
- 在父母不合或单亲家庭儿童协助方面，贵机构可以提供怎样的帮助？
- 在妇女婚姻协助方面，尤其是对离婚女性，贵机构可以提供怎样的帮助？

④双方目的明确，谈话气氛愉快，内容清晰，收到了预期效果。

(3) 调查结果分析

①离婚展具有较高的社会价值，立意和实际内容符合社会现实的需要；

②离婚展关于新婚姻法的普法板块，尤其具有现实意义，政府机关尤其妇联，十分需要这类平台进行普法宣传；

③参考妇联专家的意见，若展会付诸实践，可以在法律和心理服务方面加强与妇联等政府机构的合作；

④妇联认为援助婚姻当中的妇女，帮助其缓解心理创伤，提供必要的法律援助，解决儿童问题等方面的切实行动，在当下广州乃至中国十分必要。

(4) 小结。根据访谈情况分析，离婚展符合政府及相关机构为民服务的宗旨，如果离婚展付诸实践，能够在一定程度上争取到妇联等官方机构的支持。

2. 会展方面专家调查

(1)调查过程

①一对一面谈

- 请专家浏览离婚展策划书,并向其简单介绍展会的办展初衷和实施流程;
- 征求其意见并进行记录;
- 小组成员对部分意见进行提问;
- 访谈结束,表示感谢。

②电子致函

- 事先联系求得专家许可,将策划书及需要咨询的问题发到专家邮箱;
- 专家回复之后表示感谢并进一步探讨关键问题;
- 回馈其意见对于离婚展的完善起到的具体作用并致谢。

(2)调查结果分析

①展会名称抢眼,主题鲜明,内容丰富,具有一定吸引力;

②创意新颖,且结合了国家和社会的现实需要;

③离婚字眼可能导致部分观众误解,宣传时要注意这点;

④来访观众数量难以把握,需要全方位的、较深入的市场调查;

⑤如付诸实践,展会的具体进度安排及现场管理需要详细规划。

六、可行性研究结论

离婚作为当前社会不可避免的一个话题,正在越来越多地获得社会各界的关注。在离婚率位居全国第四的广州举办中国首届离婚展,不仅具有新颖性,而且具有针对性,观众数量有保障,符合当前的市场需求。2011 年出台的新婚姻法也将离婚话题的热度推向了高峰,这次展会能够帮助政府充分地宣传和普及新婚姻法的内容。本次展会秉持的创造更美好人生的概念也将引导离婚人群走向更积极的生活方式。最后,本次展会的话题性将吸引大量媒体的报道,在使参展商得到足够关注度的同时,也势必对区域知名度和影响力的提升起到积极作用。

本章小结

(1)外部一般环境指在一定时空内社会中各类组织均面对的环境,可分为政治、社会、经济、技术、自然 5 个方面;按照波特的驱动行业竞争的 5 种力量分析,会展业面临着更为直接的 5 种竞争力量。

(2)会展项目能否持续发展取决于会展企业的竞争力如何,反映企业竞争实力的指标通常有 3 类;目前许多成功的会展项目都是依靠项目管理者多年的办展经验及项目组成员的通力合作获得成功的。

(3)会展项目财务分析的过程与企业财务管理中的财务分析有所不同，它主要着眼于成本收益的预算、损益平衡的分析、现金流的控制、资金的筹措计划等；会展项目的价格定位不仅决定着展会的竞争力如何，也是进行财务分析的基础；会展项目的预算对项目的管理至关重要，它提供了一种量化的数字指标，使各部门的贡献具有可比性，便于进一步分析其经济可行性。

本章重点词

外部一般环境　政治环境　社会文化环境　经济环境　技术环境　自然环境　SWOT 分析　财务分析

复习思考题

1. 如何衡量会展项目的可持续发展潜力？

2. 运用 SWOT 分析法对某一会展项目的市场环境进行评价。

3. 会展项目的成本收益预算包括哪些内容？

4. 选择某一连续举办了 5 年以上的展会，分析该会展项目能够持续发展的原因。

第九章 会展招展策划

HUIZHAN ZHAOZHAN CEHUA

本章概要

本章对会展招展方案策划进行了介绍。在招展策划管理中,就展区与展位划分的原则、类型、注意事项,招展策划的时间、人员、管理、应急要素进行了重点介绍。同时介绍了建立目标参展商数据库的意义、数据收集及其步骤;最后说明了关于编制招展方案与招展函的相关内容。

会展展位营销的目的是招揽到合适的企业参展,招展工作的好坏直接影响着展览会的效果,它是展览会取得成功的关键。它由以下两方面的工作组成:

第一,准备工作,包括招展书的编辑、印刷,潜在参展商数据库的建立。其中主要工作是建立参展商数据库。

第二,招展工作,主要是会展分销渠道的选择,如代理机构的确定,合作单位与赞助单位的确定等。

第一节 会展招展策划管理

一、展区与展位划分

展区与展位的划分是招展的基础性工作。展位划分科学、易于参展、便于服务与布置、展场现场气氛适宜是组展方进行展位营销成功的关键所在。

(一)展区与展位划分原则

1.专业分类的原则。在展区划分方面,随着会展专业化程度的提高,对于一个观众来说,要想在有限的几天展出时间内把整个展览会都认真而细致地参观一遍,既无必要也无可能,为进一步提高展览会的专业水准,方便专业客户根据自己的需要选择参观专业展区,目前绝大多数的展会都按展出商品的类别划分展区,实行分类展出。

2. 专业性与综合性结合原则。在完全按专业类别划分展区时,给一些国际性的综合性的组展集团或贸易公司带来了困难,因为组展集团申请展位时,组织者往往先要求其拟定出参展商品的类别,但由于组展单位尚未开始招展或招展尚未结束,因此很难给组织者一个明确的答复。在这种情况下,组展单位只能凭估计申请展位或等招展结束后再申请展位,这很可能使组展单位不能申请到合适的、位置比较理想的展位。正是由于此类现象的存在,展会在实行按专业类别划分展区时,一般都还划出综合馆或称国际馆,供综合性的组展集团或公司展出使用。

3. 易于观众参观的原则。展会举办期间,在有限的空间内集中了大量的人流,为保证参展的效果与现场的管理,一般按照人流在整个会场移动的方向来考虑,合理间隔区间,分流人流。

4. 易于现场管理与服务原则。展区与展位的划分要注意消防安全,应便于遇到紧急情况时及时疏散人群,最好不要有闲置死角,要方便展台的搭建、拆装与运输,易于现场的管理与服务。

5. 营造展馆气氛原则。这主要应兼顾参展商与观众之间的数量分配,展位策划人员必须对售出展台数量和参观人数之间的平衡足够敏感。参观人数过少比出售过多的展台更可怕。因为如果这样,参展商以后可能就不愿意再参加这种展会了。同样,参展商人数较少而参观人数较多也不好。要保持展会的成长性以及长期的成功就必须在二者之间寻找平衡。

(二)展位的类型

现代展览都以展品类别划分展区,再根据不同场馆每个展区的场地特征划分展位,合理地划分展区和展位对于展览招展和更好地吸引目标观众到会参观、提高参展商的展出效果、进行展览现场服务与管理等都有着十分重要的作用。在大型展览中,专业题材展区可以是一个或几个展馆,也可以是展馆的某一部分。

1. 道边形。这是最常见的场地或展台形状,在通道两侧,为单开面。其优势是三面墙提供了最充分的产品和图表、文字的展示面积,而且价格可能比较低廉。其弱势是视片角最小,开面最窄,只能从正面进入展台,展台内人流不易保持畅通。

2. 内角形。内角形展台为两开面。其优势是在面对的两个通道都可以看到此展台,容易吸引观众,并容易给观众留下印象。其弱点是展台人流不易畅通,另外必须占 3 个标准展台的位置才可以有此效果。

3. 外角形。外角形展台也是两开面。其优势是位于岔道上,人流量比较大,参观者最先达到，容易进入展台，展台视野宽。其弱点是用于展示的墙面少，可能需要更多地使用独立的展具。外角形位置比较适合布置展示焦点，或用于设立咨询台。

4. 半岛形。半岛形展台为三开面。这种形状有非常好的展示面，视野开阔，参观者进出方便，人流畅通，设计人员在设计安排上可以有很大的灵活性。但是这种形状不易使用标准展架，可供布置的墙面更少，需要使用其他展示、布置手段。

5. 岛形。岛形展台为四开面，展示面最广、人流最为畅通。岛型位置也不适于标准展架，没有可供布置的墙面。如果面积大，可使用墙板隔开，但就不是岛形展台了；如果使用的展柜太高，挡住视线，也失去了岛形展台的开阔优势。岛形展台适于设计人员进行开放型的设计，且要使用低矮的展柜。

6. 通道形。通道形展台为两端开面的位置。一些专家认为通道形位置的价格效益比较高。这类展台有良好的展示面，有较多的展示墙面，人流比较畅通。但是设计人员需要注意参观者流向，大多数参观者愿意从进入的口出去。

（三）展位分配注意事项

1. 展位数量与展台搭建。展位面积通常为 $9m^2$，称为标准展位。超过4 个或 4 个以上的标准展位的面积时，称为特装展位。可只预定地表面积，其他装修则可以根据参展公司产品的特点、市场定位、展览期间的活动安排等因素由企业自主决定。

2. “祖父”原则。会展组织者在分配展位时，常采用“祖父”原则，即连续参展商可以提出在下一届展览会继续展出同类商品、租用同一展位的申请，组展方将优先考虑和满足连续参展商的要求。甚至有些时候，还允许连续参展商拥有长期和永久性展位，例如，在汉诺威举办的电脑展上，会展组织者专门将一个馆租给 IBM 等大公司建永久性展台，该展馆每年只在展览会举办期间使用一次。

3. 注意展馆资源的利用与公共区域的合理配置。要合理安排会展的功能分区，一个会展除了展示区域外，还有一些公共服务区域，如登记处、咨询处、休息区、新闻中心等，要做到统筹兼顾，因地制宜，在保证会展质量与气氛的前提下，提高利用率。

二、招展策划应考虑的因素

招展策划时，需要考虑的因素有以下几个。

（一）媒体信息

展览组织机构确定的媒体推广计划要有吸引力，使重点参展商有效评估参展对其企业的重要影响力。

（二）行业调查

展览组织方要重视对参展行业发展趋势的信息调查，这些信息是对重点参展商具有实际价值的"增值"服务。

（三）场地规划

组展方应明确指出重点参展商可优先选择的特色区域。

（四）增值服务

这主要是指展览组织机构为重点参展商能提供的一系列增值服务措施与策略。

（五）统计分析

这主要包括历届展览专业观众的分类与构成比例，以协助重点参展商评估展览，理解参展价值。

（六）参展价值

展位或专业展区的有效细分为新的重点参展商提供的是最佳市场推广平台，可增进重点参展商的参展信心。

三、招展策划时间管理

招展是展览筹备的一项极为重要的工作，确保在展览开幕前完成展览的各项招展任务，是保证展览按期举行的重要前提条件。因此，加强对招展工作的时间管理，是确保展览招展效率的有效手段。招展时间管理的内容就是要求展览招展的启动时间安排要合理，招展时间安排要充足，招展进度要密切监控，重点招展时机要有效把握。

展览招展工作的时间性要求有以下几个。

（一）符合参展产品、产销期特点的展期

不同行业的产品都有其最佳销售时间，有所谓的销售"旺季"与"淡季"之分。因此，要做好提高参展商的热情与买家邀请服务，就必须充分考虑相对集中和固定产销时间来规划展期。展览的展期时间原则上要与展览题材所在行业产品与产销时间的特点相适应，从而达到调动企业参展的积极性，为招展工作的顺利进行创造良好条件。

（二）安排合理的招展启动时间

参展商对年度营销、产品推广和企业形象广告都有具体的时间规划，要充分研究行业营销工作的特点，科学地将招展启动时间安排与参展商的营销时间规划结合起来，这样就有可能使展览进入目标参展商的视野，参展企业在制订营销计划时就会统筹规划参展计划。

（三）预留充裕的招展时间

成功的招展时间策划，要充分考虑目标参展商对参展时间的要求，为展览招展预留充足的时间。因为，目标参展商从获得展览举办的消息到逐步认识展览所有信息并最终确定参展需要一定的时间。举办多届的展览，如一年春秋两届的广交会，招展时间相对会较短，但这些展览的招展工作也不能拖延，否则，有限的招展时间资源将会耗尽，招展任务就难以如期完成。为赢得尽可能多的招展时间，多数展览的组织机构在展览期就开始了下届展览的招展工作，如在展览现场设立"招展办"，进行现场招展并在相关的网站上发布下届展览的招展信息。

（四）把握重点招展时间

新的展览项目，因目标参展商对展览的认知有限，展览必须通过大量的宣传推广活动才会提升目标参展商对其的认知，展览招展的效果才会有所起色。因此，新展览的"招展黄金时间"会在展览招展工作的中后期，例如，展期安排在 11 月份，重点招展时间会在 7 ~ 9 月份，这个时间段对展览招展而言最为关键，签约最多，客户响应程度最高。如未能利用好这一有效的时间段招展，将十分不利于展览会如期举行。对成功举办多届的展览而言，有两段重点招展时间：展览招展的中后期、展览现场招展期。展览现场招展由于目标参展商密集程度高，招展成本低、效率高、效果好，品牌展览利用展览现场往往能成功为下届展览完成 50 % 以上的招展任务。

（五）密切监控展览的招展进度

展览招展工作启动，负责招展营销的相关人员就需密切监控展览的招展进度，及时了解在招展过程中出现的各种信息与目标参展商反馈的需求情况，针对展览市场环境与变化迅速应对，及时动态地调整招展策略，调控不同时间段的重点招展任务与战术，从而在整体上有效把握招展进度。招展进度一般这样安排：开始招展，展览开幕前 12 个月；全面招展，展览开幕前9 个月；招展任务完成 50%，在展览开幕前 6 个月；招展任务基本完成，展览开幕前3 个月。

四、招展策划人员管理

招展策划人员管理主要包括以下两方面内容。

（一）制定招展的目标考核原则

招展目标考核的制定要考虑公平性与合理性的原则。招展目标考核的确定，同时也能使营销管理层与营销人员实现有效互动和共赢。

（二）量化招展目标考核标准

量化目标就是希望销售团队在一个具体的时间段能完成的指标或任务，要科学地导入激励机制，在营销人员分享团队的工作效率与荣誉的同时，也要为优秀的销售人员提供表现与发展的空间。

五、招展策划管理重点

招展策划管理上要重点关注以下几个方面。

（一）监控对目标参展商的招展效果

招展人员可以将目标参展商名单列表，参考每次与各目标参展商的联系及对方的信息反馈的情况记录，再结合展览的宣传推广等营销活动，定期或不定期地将招展效果与招展进度计划进行对比，分析招展任务的完成情况。

（二）监控展位分配数量

以展馆展位是否分配为主要监控内容，招展人员根据展馆“展位分布平面图”，用不同的颜色标出已被参展商租用的展位，并注明租用该展位参展商的名称。

（三）监控参展商招展效果与展位分配数量

招展人员可以将上述两种监控办法结合起来对展览招展进度进行监控，既监控目标参展商名单列表，也监控“展位分布平面图”对展位分配的情况。

（四）协助参展商安排参展时间

为展览的顺利进行，展览组织机构还要协助有需要的参展商进行参展时间管理。

六、招展策划应急管理

（一）应急内容

应急内容主要有以下几点。

1. 如何在第一时间针对可能出现的危机进行分析评估。

2. 在危机出现的第一时间迅速成立应急评估班子。

3. 规划财务预算时或在展览组织机构的管理经费中设立应对危机的“应急基金”。

4. 制定危机处理的宣传方案策划方案。

（二）应急预案

应急预案主要针对以下 3 个方面。

1. 社会环境因素

(1)展览组织机构决策层应随时关注社会政治方面的形势和动态,从思想上保持必要的应急准备。

(2)预备高素质的沟通团队来应对由社会环境层面引起的具体问题。

(3)制订应急宣传方案及展览营销的调整方案。

2. 展览自身的因素

(1)展览组织机构要特别关注目标参展商的信息反馈,针对展览信息反馈及时排除招展隐患,化解可能出现的矛盾。

(2)加强对展览项目可行性分析的研究,对于可能出现的问题,提前进行预防。

(3)一旦展览招展出现难以挽回的意外情况,要尽早进行展览的项目转移处理。

(4)出现最严重的内部管理因素而导致无法按期举办展览,要本着最大限度减少损失的原则,果断处理,尽早宣布展览改期、延期或停办,并对相关后果进行弥补。

3. 突发事件

(1)在相关展览招展协议、合同等文件中增设“不可抗力”的条款。

(2)为目标参展商购买相关的保险。

第二节　建立目标参展商数据库

一、建立目标参展商数据库的意义

参展商与观众的支持是展会长期运作下去的根本保障,在衡量一个展会成功的标准中,参展商的连续参展率和观众的连续参观率是两个重要的数据。经验表明,开发一个新客户比留住一个老客户的成本要高许多倍,所以会展主办者在不断开发新客户的同时,必须尽力留住老客户,与客户结成合作伙伴关系,形成展会与客户双赢的局面,最终使展会实现良性循环。

例如,香港展览业取得今天这样好的成绩,与香港贸易发展局在贸易促进方面所做的努力是分不开的。贸易发展局建有一个记录60余万家商贸企业资料的庞大数据库,依托该数据库的信息,贸易发展局在举办展览时能更有针对性地发出邀请和展开促销活动,并提供更好的贸易咨询服务。此外,该局在全球设有42个分支机构,包括在国内的11个办事处,这些办事处通过跟海外商会联系,可以组织大批企业来参加香港的展览会。

二、目标参展商数据的收集

收集目标参展商数据的渠道有以下几个:

(一)在各行业的企业名录中收集

很多行业都有企业的名录资料并且很齐全,组展方可从中找到大量的潜在参展商信息。

(二)从行业组织中收集

联合各地商会、连锁协会、行业协会等行业组织,与其建立密切的关系,我们可以从中了解行业内企业的情况,尤其是参加同类展会的企业情况。

(三)从政府相关部门收集

政府主管部门对所主管行业的企业有较详细的资料,可以从中获取信息。比如,通过政府有关部门可以获取国际专业买家的信息,甚至通过对口部门将国际重要买家组织到展览会上来;有时国际展览会主办单位需要在不同的国家或地区寻找销售代理商,而政府有关部门能提供相应的市场分析资料,或代为寻找比较合适的代理商。另外,利用展览会所在行业学会/协会的海外组织,或其他国家的类似组织,对组织参展商也很有帮助。

(四)从举办的同类展会中收集

我们还可以在举办的同类展会中收集参展商的信息。要想通过这种渠道收集参展商信息,需要关注同类展会的信息与报道,并最好亲自参加展会。

(五)从传媒中收集

我们也可以通过各种专业媒体、专业网站收集信息,利用这种渠道往往能了解行业发展的前沿动态,具有前瞻性。

(六)从相关机构收集

与各国与各地的办事机构保持良好的合作,也可以获得组展方所需的参展企业信息。

三、建立目标参展商数据库的步骤

(一)选择与展览会内容、价值定位相关的企业

会展企业所面对的客户是一个广泛复杂的群体,不同的客户有着不同的参展需求,在录入计算机前,应根据客户的历史、消费偏好、交易资料等进行初步筛选,

去伪存真,将不完成的数据补全,将重复的信息去掉。

(二)输入计算机

在一个决策支持系统中,非结构化的信息是很难查询和分析的。所以,事先就要考虑清楚,哪些数据是找你所关心的,怎样才能使这些数据变得更易于使用。一个目标参展商数据库的基本内容应包括姓名、电话、客户编码、统计数据、客户查询等信息,这些信息对每一个客户来说应是唯一的。

(三)随机检验数据库的有效性

建立目标参展商数据库的目的是为招展服务,数据库的界面应友好、简洁,分类准确,便于查询,要适合在局域网上应用,出现问题可随时修改、调整。

第三节　招展方案与招展函

一、招展方案的拟订

招展方案的策划是整个展会展位营销的关键,是对展会招展工作的总体部署,是展会诸多策划方案中的核心方案之一,对展会的招展工作有着重要的影响。应运用系统管理的思想对会展期间的各项活动进行统筹规划和科学安排,确保招展工作顺利进行,为展会的按期进行奠定坚实的基础。

(一)招展方案的要求

1. 对展会内容与宗旨进一步阐述,突出展会的特色与亮点,组展方的权威性,行业地位,展会的市场影响,市场辐射范围,对行业市场前景的预测与分析,跟踪市场发展的前沿动态,增强对目标参展商的吸引力。

2. 明确展区与展位的划分,展位的数量与布局,最好附展位分布图,让人一目了然;明确招展的价格与原则,如提早预订的优惠、展位数量多的优惠等。

3. 制订的招展的宣传推广计划,如配合招展进行的各种宣传推广计划与活动安排,专业观众的数量与质量,招展的初步预算等。

4. 确定展位的分销与代理方式,关于此部分内容将在下一章中作更详细的论述,在此不再重复。

5. 做好招展分工与各项活动的进度安排与控制,以便使招展工作顺利进行。

在招展过程中,只有全面了解了参展商的需求,才能对他们有针对性地做好服务。

（二）招展方案的内容

一份完整的招展方案涉及展览概况及特色介绍、目标市场定位、财务预算、可供给采用的市场推广方法等。招展方案内容归纳起来有以下几个方面。

1. 产业分布特点。这主要包括：展览题材所在行业在全国的分布特点，各地区的产业发展状况，该产业的企业结构状况及分布情况，这些内容是编制招展方案的重要依据，应从宏观上作概要的阐述。另外，所涉及的内容要密切结合产业实际，科学分析，力求准确无误，否则，以此为依据编制的招展方案就会严重脱离实际，在实施过程中因信息不对称，而导致成效不大。

2. 展区和展位划分。招展方案的编制要结合展览的题材和定位对展区和展位进行合理的划分，有必要可附上展区和展位划分平面图，以供进一步论证。

3. 展览服务项目价格。招展服务项目价格是招展方案的核心内容，对招展营销工作有重大影响。招展方案应列明展览服务项目的价格。招展价格要合理，价格水平过高或过低，都会影响展览的成效。

4. 招展函的编制与发送。确定招展书的内容、编制办法和发送范围与方法。编制招展书计划时，要充分考虑招展书的印制数量、发送范围及如何发送等问题。

5. 招展工作分工。对具体的展览招展工作作出分工安排，包括协作单位、相关部门与展览主办机构内部营销人员的具体分工、招展地区分配等，责任落实到人与部门。

6. 招展代理组织。对展览招展代理的选择、指定服务提供商的确定和管理要做出安排，对代理的佣金与责任及代理招展的地区范围与权限等做出具体的规定。

7. 招展宣传推广。对配合展览招展所做的各种招展宣传推广活动做出规划和安排，可将《展览宣传推广进度计划》作为附件。

8. 展位营销办法。分析适合展览活动组织展位营销的各种渠道、具体办法及实施措施，对招展营销人员的具体招展工作提供工作方向与适用范围。

9. 招展活动经费预算。对各项招展活动组织过程中产生的费用支出做出初步预算，以便展览组织活动能及时、合理地安排各种所需要的费用支出（这项工作在我国展览组织中实施不太普遍）。

10. 招展总体进度安排。对展览的各项招展工作进度做出总体规划和安排，以便有效控制展览招展工作的整体进程，确保招展的成功。

二、招展函的内容

招展函是组展方向目标参展商说明展会情况以招揽参展商的小册子，是与参展商沟通的重要载体，是会展展位营销的核心材料之一，也是展览项目的第一份说明书。因此，内容必须全面准确，又尽可能做到简洁明了。

（一）展会性质

会展性质的内容包括展会批准单位、主办单位、承办单位、支持单位及海内外协作单位等情况。

（二）展会市场前景

这部分内容主要是简要介绍行业内同类展会的举办情况、本展会的特色与定位、本展会的历史及发展情况等。

（三）展会具体安排

这部分主要介绍展品类别，展会举办时间、地点，具体日程安排，展区与展位划分，规格与收费标准等。

（四）展览环境的基本介绍

这主要是介绍展览题材所在行业、办展所在地的环境，如行业生产、销售、进出口及发展趋势，以及办展所在地区的市场环境及市场的辐射范围等。

（五）展览招商和宣传推广计划

展览组织者是对往届到会观众情况进行分析，对邀请专业买家的方法和渠道加以介绍，同时也要详细介绍展览宣传推广的手段、方法、渠道及措施等，这些都是参展商最关注的地方，对其参展决策具有决定性的影响。因此，展览组织者在招展书中要精心规划这部分内容。

（六）展会期间的相关活动安排

这主要包括技术交流、商务会议、专题研讨、商旅服务等活动。

（七）相关事宜

这主要包括参展办法、办理手续、展会的各项管理规定及联系方式等。

三、招展函编写的原则

招展函的编写应贯彻以下 3 个原则。

（一）简洁明了

招展函应简洁明了，重点突出，让目标参展商在最短时间内捕捉到有价值的信息，行文流畅，忌语言晦涩、冗长。

（二）内容要准确

要将关键信息如时间、地点、价格、原则等准确无误地传达给目标参展商，不能夸大其词，以免造成参展商的到达现场后有被欺骗的感觉。

（三）形式新颖、吸引人

招展函要注意形式上的创新，要争取在众多的招展函中脱颖而出，让阅读者赏心悦目，同时也应注意实用性与成本的结合。

案　例

第 18 届义乌国际小商品博览会参展商分析报告

本届义博会共有 2 747 家企业参展，涉及五金、电子电器、工艺品、文化办公用品、体育及休闲用品、箱包及皮具、日用品、饰品及饰品配件、针纺织品、玩具及儿童用品 10 个行业，另设电子商务及贸易服务、进口商品、来料加工、浙江省山海协作 4 个专区。

一、各行业数据比较及占比情况

各行业占比情况见图 9－1。

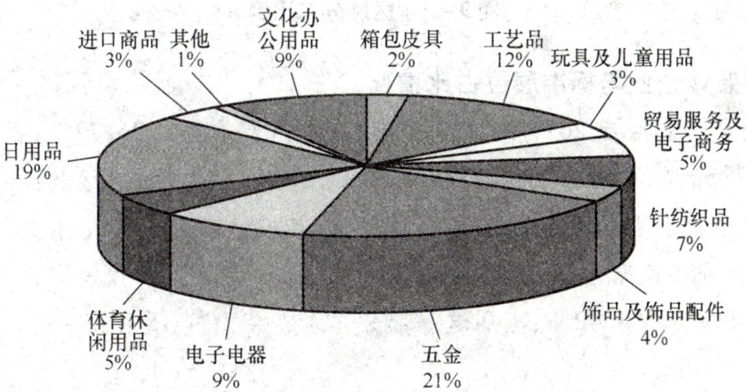

图 9－1　各行业占比

二、老企业参展情况

今年共有 873 家老企业共计 1 843 个展位参展，老企业参展率为 43.2%，与上届相比略有减少（见图 9－2）。

三、区域分布情况

本届义博会共有来自国内 29 个省、市、自治区及港澳台地区和境外 63 个国家的企业产品参展，与上届相比，义乌本地的参展企业比例略有缩减，而省内其他各地市企业相对有所增加，境外、港澳台地区与外省比例基本不变（见图 9－3）。

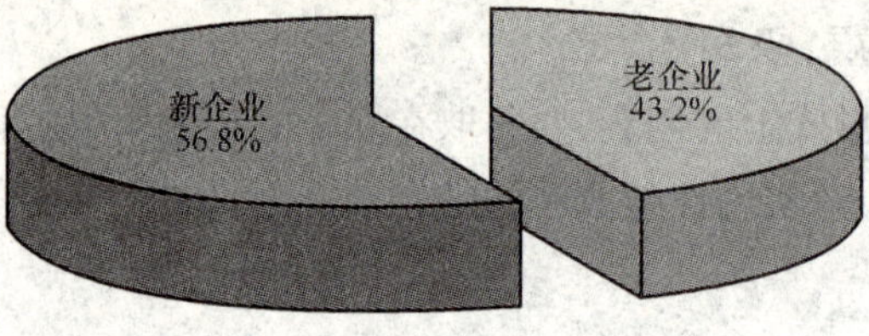

图 9－2　本届老企业和新企业展位数比例

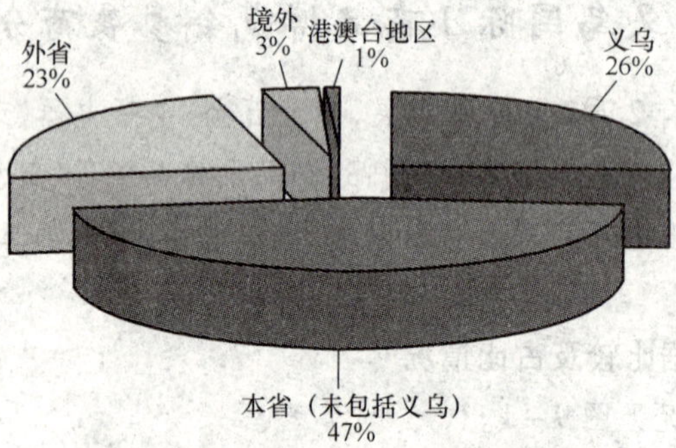

图 9－3　区域分布比例

四、特装修企业与标准展位占比情况

今年特装修企业有 267 家 1 139 个展位，占总展位数的 26.72%；标摊有 2 210 家企业 2 978 个展位，占总展位数的 69.86%。较去年同期的特装、标摊比例而言，今年特装企业的企业数量与展位数相对减少，其中一部分原因是本身特装企业相对减少，另外今年把采洽区、客商休息区、进口商品活动区单独提取出来共 146 个展位，占总展位数的 3.42%，上届这一部分算入特装比例（见图 9－4）。

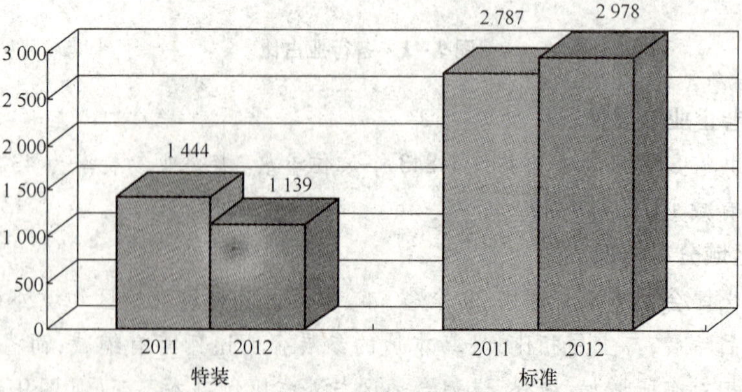

图 9－4　第 17，18 届义博会特装、标摊比较

五、品牌企业参展情况

本届义博会国家级品牌企业有53家291个展位参展，占总展位数的6.83%；省级品牌有39家企业88个展位，占总展位数的2.06%。国家级参展企业的展位数上升了16个百分点，省级和市级品牌企业较上届相对减少（见图9－5）。

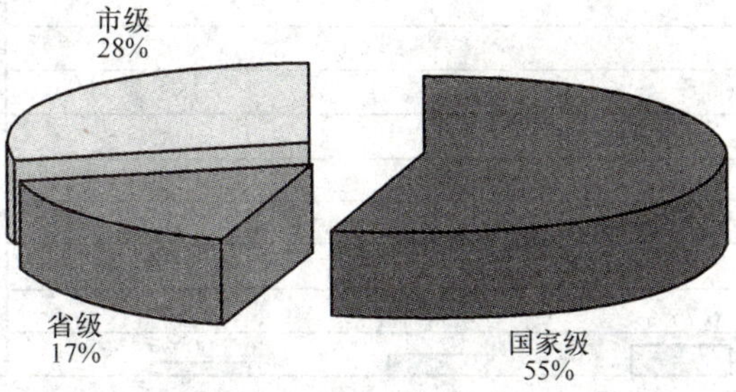

图9－5　各级别品牌占比

六、企业参展主要目的

企业参展的主要目的是促进产品销售，展示企业形象，寻求合作，这与义博会的办展目的非常契合，即为企业搭建了一个贸易的平台，展示企业形象的平台（见图9－6）。

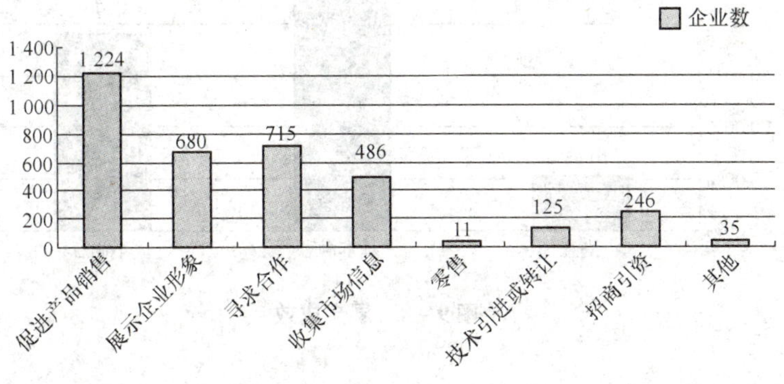

图9－6　企业参展主要目的

七、参展商展台的布置方式

参考商展台的布置方式见图9－7。

八、展会成效

本届义博会参展企业的成效还是相对较好的，其中表示对本届义博会满意或基本满意的企业占62.01%（见图9－8）。

九、参展商参加下次展会的意愿

图9－9显示的是对明年参展商是否选择继续参展的调查结果，其中有42%的

参展商表示肯定参加下一届义博会，另有35%的参展商持保留态度，对来年参展有待考虑。这个数据与今年的老企业回头率基本相近，因此义博会每年的老客户都稳定在半数以上。

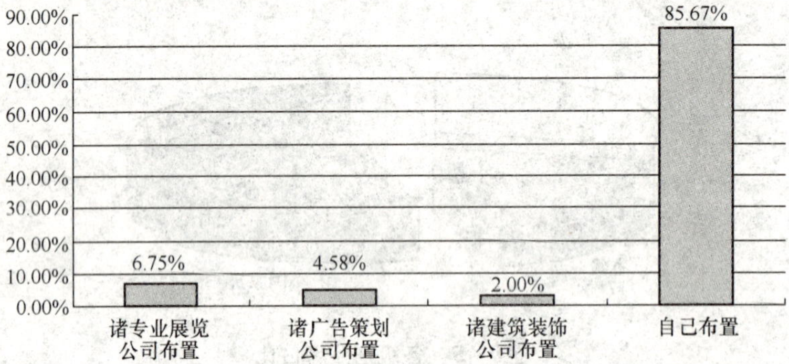

图9-7　参展商展台的布置方式

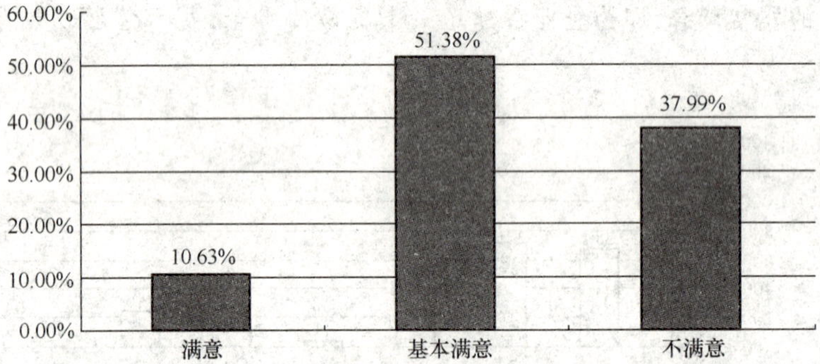

图9-8　展会成效

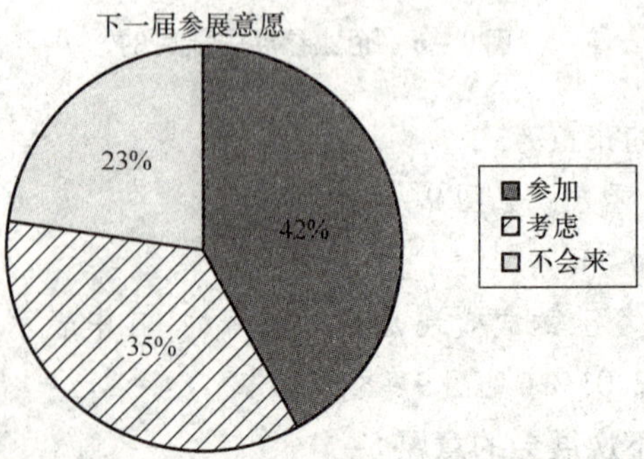

图9-9　下一届展会参展意向

本章小结

(1)招展工作的好坏直接影响着展览会的效果,它是展览会取得成功的关键,也是展览会取得成功的基础;衡量一个展会成功的标准中有两个很重要的数据,即参展商的连续参展率和观众的连续参观率。

(2)展区与展位的划分是招展的基础性工作;要保持展会的成长性以及长期的成功,就必须在参展商人数、参观人数之间保持平衡;加强对招展进行时间管理,是确保展览招展效率的有效手段。

(3)招展函内容必须全面准确,且尽可能做到简洁明了;招展方案的策划是整个会展展位营销的关键,是对展会招展工作的总体部署,是展会诸多策划方案中的核心方案之一,对展会的招展工作有重要的影响;一份完整的招展方案涉及展览概况及特色介绍、目标市场定位、财务预算、可供给采用的市场推广方法等。

本章重点词

目标参展商数据库　招展函　招展方案

复习思考题

1. 建立目标参展商数据库的意义与步骤有哪些?
2. 分析某会展展区与展位划分示意图,说明展区与展位划分的原则。
3. 请为某一会展项目策划一份招展方案。

第十章 会展招商方案策划

HUIZHAN ZHAOSHANG FANGAN CEHUA

本章概要

本章对会展招商方案的策划加以介绍。首先概述了会展招商策划的相关内容,接着就目标观众数据库的资料收集、注意事项做了说明,最后是关于招商方案与观众邀请函的编制、实施等具体内容。

对于展会,参展商和观众是同时存在,互相依托的。展会有了具有实力的参展商,才能带来有价值、有创新概念的新产品,也才能吸引有价值的观众。参展商和观众的同时到来,是专业展会成功的基础。参展商与专业观众的数量及质量是体现展会品牌、实力的重要依据。

展会为目标参展商与专业观众的交易合作搭建了桥梁,提供了展示与信息交流的平台。目标参展商与专业观众成为展会腾飞的两翼,一方面,展会要有一定规模与质量的参展商,才能成为一个品牌展会;另一方面,展会同时要有一定规模与质量的专业观众,才能使参展商感到物有所值,真正成为交易的场所。失去了任何一方,展会都将失去持续发展的动力。针对参展商的招展策划在前文中已有论述,本章将着重对专业观众的招商加以介绍。招商的目的是吸引参展商需要的专业观众前来参观并进行贸易洽谈,观众组织是展览策划中最基础的工作,是筹展过程最应重视的环节,它是展览会的生命线。

第一节 会展招商策划管理

在国内办展览,展览组织者往往把招展看成头等大事,而在国际办展,展览组织者更重视招商。随着展览市场的竞争加剧,我国越来越多的展览组织机构也开始认同"展览成功的关键在于观众组织"这一观点,展览工作的重点逐步转到展览观众的组织上来。广交会的成功经验表明，展览观众是展览吸引参展商、促成展览规模发展的重要因素，展览观众组织成功与否直接关系到展览成功与否。由于会展招商是一个涉及全局的系统工程，招商活动能否成功，能否取得满意的效果，是对组展部门的一次大检验，因此招商方案的策划至关重要。

一、目标观众界定

观众组织与推广的工作就是要将参展商所期望的目标观众组织起来参加展览组织机构承办的展览会。应当说，展览观众数量是一个变量。组织观众的招商与组织参展商的招展相似，展览所需的目标观众构成一方面可以通过对往届专业观众的分析获得，另一方面可从研究同类展览的观众构成中得到。展览观众一般具有如下 7 个方面的特征（图 10－1）。

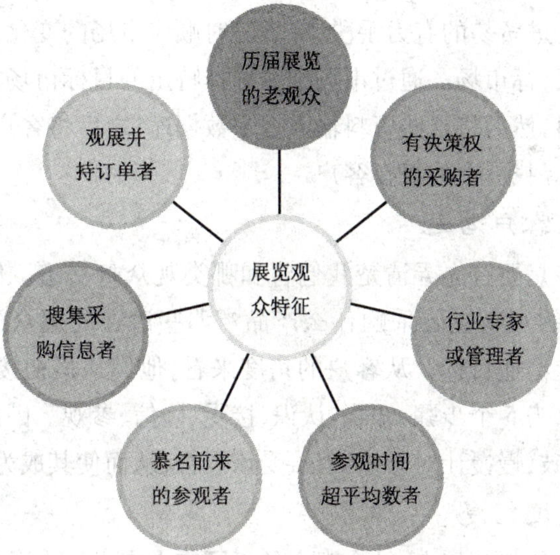

图 10－1　展览观众的 7 个特征[①]

进行观众界定工作的同时，展览组织机构需结合具体情况，深入地了解目标观众的实际需求。这主要包括：[①]

- 本次展览会的目标观众是谁？
- 目标观众在展览中的主要角色是什么？
- 目标观众参加展览活动的主要目标是什么？

---

① 黄彬．展览观众组织［J］．中国会展，2005（11）．

- 目标观众需要什么样的展览主题活动?
- 专业观众参观展览的费用是多少?
- 什么时候是专业观众最佳的参观时间?
- 专业观众最关注的观展中的便利设施是什么?
- 本次展览为目标观众能带来最实际的利益是什么?
- 参观需要花费多少时间? 专业观众愿意花费多少时间?
- 争夺这些目标观众的同类展览有哪些?

科学有效地进行展览目标观众的界定工作,对于招商策划具有极其重要的意义。

二、专业观众发掘

(一)在目标市场中寻找潜在的观众

会展业作为促进贸易的有力手段,应该时时顺应市场的变化,不断发现新的市场需求,准确寻找目标市场。通过市场细分选择特定的目标市场之后,经过特定的渠道寻找客户资料,然后将这些资料输入客户数据库,之后将客户按展会的目标分成不同群体,从中寻找展会的潜在客户。

(二)与潜在客户沟通

沟通的第一步是要首先弄清楚我们将和哪类观众打交道。例如:哪些是潜在的专业观众,潜在的观众主要采购什么产品? 那些潜在的观众分布在什么地方? 之后要分阶段确定沟通目标。从客户的角度来看,他们从最初接触展会信息到最后决定参观一般分为 5 个步骤:知晓、认识、接受、确信、参观。因此,沟通时应针对不同阶段,各个击破,慢慢让对方认识,接受该展会,从而使其成为展会的新客户。

(三)设计沟通信息

应根据展会的优势和特点,结合观众的不同需求来设计沟通的信息。

(四)选择沟通渠道

这主要是指沟通所采用的媒介方式,如可通过报纸、杂志、电视、电子邮件、公共关系、营业推广等方式来与潜在客户交流信息。

三、专业观众组织

成功的观众组织推广策划,应根据展览会的整体营销计划,制定一整套切合实际且行之有效的招商方案。招商方案的制订首先应对其实施步骤的各个环节进行合理与科学的安排。具体可分成以下几个步骤:

（一）专业观众分析

展览组织机构明确目标观众界定后，需从以下的几个方面进行专业观众分析：

1. 观众结构构成：应有效地将参展的专业观众按行业、职位、年龄等客户管理要素进行分类与检索。

2. 观众时间安排：应安排合适的展期，合理地将“行业性”专业观众的采购档期纳入展览期。

3. 观众参观目标：展览应为潜在专业观众（买家）创造或提供更多直接了解参展企业的机会。

4. 观众交流成本：展览所具的长期性与持续性的影响，应使专业观众可以降低交流成本，从中获益。

在观众组织过程中，以上因素对观众组织的影响非常大，展览组织机构要根据情况提出个性化的解决方案，使展览观众组织工作顺利进行，取得成效。

表 10－1 是专业观众最为看重的展会服务项目，供参考。

表 10－1　专业观众看重的会展服务项目

服务项目	服务策划或内容
合适参展商展出	邀请到一定数量和档次的合适参展商，他们携带良好的展品到会展出
信息服务	通报展品信息和行业发展、市场、产品供给等信息
会展现场服务	便捷、人性化、个性化
交通及商旅	帮助解决交通问题，提供有吸引力的商旅选择项目
酒店预订	协助安排合适档次的酒店住宿
餐饮	餐饮便捷、卫生、安全、可口

其中，绝大多数专业观众都认为，招揽到一定数量的、具有一定档次的合适的参展商携带较好的展品到会展出，是展会提供给专业观众最好的服务，也是专业观众最为看重的展会服务。

因此，要使专业观众对展会满意，展会要做的是不断提高参展商的数量和档次，不断促使参展商携带其最好的产品到会展展出。

（二）目标设定

展览组织机构应当就观众组织需达到的效果进行目标设定，一般来说，展览组织机构应当设立以下目标内容：

1. 本次展览会的宗旨是什么？对专业观众来说达到的具体目标是什么？

2. 本次展览预期覆盖的目标观众群体是哪些？

3. 展览能提供给观众何种程度的参与?

4. 历届展览对专业观众来说实际效果如何?

5. 展览组织机构在展览主题与服务创新方面有什么具体目标与措施?

6. 观众组织工作的截止期限是什么时候?各阶段推广活动的时间分配如何?

(三)推广方案制订

制订推广方案是展览观众组织工作非常重要的一个环节,将具有时效性的展览信息通过一系列专项活动的策划及时地与目标客户进行互动,赢得观众组织与展览推广机会,将对展览的观众组织发挥重要的作用。

1. 会展招商渠道的选择

(1)专业媒体,包括在专业杂志、报纸及国内主要行业网站上刊登广告,指定专业媒体进行特别报道、专题采访、评述等,以有效传播展会信息,吸引专业观众的注意。

(2)从往届会展观众数据库中挖掘专业观众,以发邀请函的形式,继续邀请他们参观本届展览会。

(3)行业协会。行业协会往往在行业内有较高的知名度与影响力,掌握着大量的信息,是组展方理想的招商合作伙伴。

(4)政府有关部门。政府的主管部门在行业内的影响力很大,与其合作能掌握大量信息,带来诸多便利。

(5)国外驻华机构。这些机构不仅对本国的情况了解,而且对举办地的情况熟悉,由他们发出的通知,对国外观众具有较强的说服力。

(6)展览会的专门网站。利用展览会的专业网站可以有效发布展会信息。

(7)参加境外专业观众较为集中的著名品牌展览会,在会上推广自己的展会,该方法已成为我国展览组织机构进行有效观众组织的重要途径。

总之,组展方应根据实际情况选择恰当的招商渠道,确保展会的顺利进行。

2. 专业观众组织时间安排

(1)展览会前的推广。展览会前的观众组织推广至关重要,要通过各种媒介、专业市场目标观众数据库、与目标观众面对面的推广活动,提高目标观众对展览会的关注程度和参与的积极性。

(2)展览会期间推广。展览组织机构在展览会期间通过举办各类对参展观众的增值服务与论坛活动来加强观众参展的兴趣与积极性,如快速办理观众注册手续、行李寄存、住宿办理、订票服务、展览向导、城市地图、参展商查询等现场增值服务;设置免费上网区、提供免费电话的增值服务;为参展的专业观众提供参展商产品发布会、行业研讨会、专业发展趋势论坛、下届展览新闻发布会、专业观众与展览组织机构的座谈会等增值服务。

(3)展览会后推广。展览会后的观众组织工作是一项价值很多的工作,展览组织机构应当及时整理本届展览的观众资料,向到会的观众发送感谢信并寄送展览的相关资料与评估报告,使展览观众能直接感受展览组织机构的精心服务。同时,召开观众座谈会,利用座谈会展览组织机构与观众面对面地交流观众观展中的细节问题,探讨如何提升展览现场观众的接待与服务工作,巩固与专业观众的良好关系。

(四)效果评估与监测

为保证展览观众组织工作的长期有效地展开,展览专业观众评估工作应贯穿于整个展览组织过程中。具体评估的手段有:观众数量、统计分析、展览会分析、历届推广方法分析、展览环境分析、推广效果分析等,评估工作可由展览组织机构自己进行,也可邀请展览研究机构、专业评估咨询公司进行评估。国际上,大多品牌展会都邀请独立的第三方评估机构进行评估。目前,美国 IAEM(美国国际展览管理协会 International Association for Exhibition Management)针对参观客商的评估内容较为全面与科学,影响力也较大。其评估的主要内容包括:

1. 参观客商的构成。这主要包括参展客商的职务、行业范围、其在参展中的决策作用,及与参展相关的其他特定内容等。

2. 参观客商的分析。这主要包括:参展客商过去两年是否参加过其他类似展会、吸引客商前来参观展览的推广渠道、不同推广渠道所组织的参观客商的质量、参展客商的参展习惯、往届展览参观情况、客商用在观展上的平均时间、客商是否因不同的展览活动而延长了参观时间、参观客商对展品的兴趣及采购计划、客商未来 12 个月的平均计划采购支出、认为展览有价值的参观客商的百分比、参观客商愿意参观的展品或技术会议种类等。

3. 展览成效特征。这主要包括观众兴趣点、展区人流比例、人流密度、受营销人员邀请的参观客商比例、对参观客商影响最深的展品是什么等。

4. 本届参展商分析。清楚本届参展商的参展目的,可以精确实施展览观众组织推广工作。因此,展览组织机构需要调查分析:参展商愿意参展的原因是什么?如:是因为参观客商众多,还是因为贸易成交效果较好,或是因为有更多的新客户?

四、招商进度的控制

招商工作需要分工协调,统筹安排,运用项目管理的方式控制招商进度,确保招商流程的清晰。具体来说,要做好以下几项工作:

- 活动的具体议程及与之协调的工作。

- 组织工作的进度与步骤。
- 实施工作的方式、方法。
- 各项目的协调形式。
- 工作的划分及组织工作职能机构的设置。
- 专项工作的计划。
- 应急程序的设计,如安保工作、紧急疏散计划等。

五、招商方案执行中应注意的问题

招商方案执行中应注意以下事项:

第一,招商目标明确,一切工作应围绕目标展开。

第二,要进行广泛、大量的信息收集,并注意信息的针对性,及时对信息进行加工处理。

第三,拟订招商方案时,要注意方案的可行性、创新性与可比性,要与展会总体战略目标相吻合。

第四,方案的执行,要分工合理,协调有序,严格按照既定程序与原则进行,不得随意改动。

第五,在招商方案实施过程中,注意信息的收集、反馈、存储与整理工作。

第六,方案实施后的反馈与跟踪十分重要,应引起足够的重视。

第二节　建立专业观众数据库

一个展会成功与否,某种程度上取决于专业观众的质量。展会不仅需要观众,而且要看吸引了哪些观众。有时展会上人头攒动,展台前围得水泄不通,但多是领小礼品和纸口袋的,这些观众只是凑热闹,而不是参展商所需要的。按照国际惯例,展览的品质并不是以参观者数量的多寡来作为衡量标准。有数据显示,德国在中国举行的展览与中国同类展览相比,媒体对外宣布的观众人数要少得多。如慕尼黑国际博览集团 2005 年 5 月在上海举办的中国国际运输与物流博览会,统计的观众数量只有 9 000 多人,相比现场看上去比较旺的人气似乎这一数字缩小了很多。会后,德国负责观众统计的官员解释:在中国所办的展览主要是针对专业观众的,因此,观众在拿到入场券之前必须进行预登记。主办单位能准确统计参展观众的人数和性质(专业观众或普通观众)。媒体人员和未登记的嘉宾并不算作观众。

一、数据库资料收集

（一）专业观众确定

严格的观众界定是专业观众数据库建立的基础，德国在展览观众的定义及展览观众统计方面有一套相当成熟的做法。德国展览统计数据自愿控制组织（FKM）将有兴趣和展商建立商业关系的人才能算做观众，FKM 规定：凡购票入场或是在观众登记处登记了姓名和联系地址的人都被称为观众。记者、展商、馆内服务人员和没有登记的嘉宾不在观众之列。这个行规在欧洲普遍通用。但在美国，参展公司的工作人员和其他的团体也被称为“展览参与者”，部分也计算在观众数量中。

（二）观众数据样本采集

采集观众数据样本，类似于对参展商和参展企业的数据收集，主要通过展览报到处的客商登记与观众注册登记表格。具体来说有以下几种数据采集方式：

1. 现场实时取样。这是指每天从展览现场抽样并及时进行统计。

2. 进场登记表登记。这是指根据专业观众进场前的登记进行统计。

3. 网络注册取样。这是指利用展览专业网站开通的网上电子登记系统，以电子请帖的形式提供给观众所需取样的内容表格。目前，在我国很多的展览都具有网上观众预登记服务，可以充分利用观众预登记系统，将要取样的文字内容编入其中，适合在展前与展中对观众的数据进行分析。

4. 展览身份识别信息管理软件。随着科技的进步，现代大型展览都开始导入相关的客户管理软件及采用展览身份识别信息管理软件来采集和管理数据，从而极大地提高了专业观众观展的效率，同时也为展览组织机构的分析与研究工作创造了条件。

二、建立目标观众数据库应注意的事项

建立目标观众数据库应注意以下事项：

第一，确保信息的准确与及时更新，应有专门的人员跟踪反馈信息。

第二，数据分类科学，易于查找与检索。

第三，定期向专业观众发布相关会展的信息与意见沟通表，并将其纳入数据库管理中。

第四，目标参展商数据库与目标观众数据库之间，应建立一定的联系，因为两者之间是变化的，本届展会的观众有可能下届会成为参展商，因此在应用这两个数据库时，应注意将二者联系起来。

三、对观众数据的分析评估

对观众数据进行分析评估是展览结束后的重要工作之一，利用科学的方法，对收集、整理出来的统计数据进行精密加工、分析研究，展览组织机构可以判断出专业观众的组织有否达到预期目标，展出是否成功。经过对专业观众数据的统计分析，形成一份完整的观众数据分析报告，在体现参观展览人数变化的同时，更要突出反映展览观众的质量。

第三节　招商方案和邀请函

一、编制招商方案的目标与原则

（一）确立招商活动组织的目标

招商活动组织的目标一般包括如下几个方面：

1. 本次招商组织的具体目标是什么，专业观众要达到的数量与质量要求是什么。

2. 招商组织工作如何与招展组织工作相配合。

3. 采用何种措施可使招商组织的工作目标得到实现。

（二）制订招商方案的原则

一是方案的可行性。具体的招商方案要切合实际，能够实现，切忌不顾实际，拍脑袋决策，以正文制订出脱离现实，最终无法实现的招商方案。

二是方案的可改变性。市场环境是在不断变化的，专业观众的构成和要求也在不断改变，所以招商方案要根据现实情况加以修正和发展。

二、招商方案的实施与跟踪

招商方案的实施是将招商活动的组织付诸行动的过程。方案实施过程中要严格遵守已制定好的程序、原则和操作办法，不能随意变更展览活动的时间、地点等，以防在展览活动中出现混乱局面。

招商方案实施阶段结束后，并不意味招商策划的终止或招商方案全过程的终结，还需及时对展览的专业观众进行跟踪，收集反馈信息。这项工作组织得好，将会扩大展览组织活动的成果，使专业观众对展会的品牌形象有更进一步的认知，从而提高专业观众对展会的信任，利于其今后继续观展。

三、招商邀请函的基本内容

展览邀请函针对的主要对象是展览的目标观众，其核心作用是尽量组织对展览将会起到重要作用的专业观众，邀请函的制作应做到精美雅致，其主要内容一般包括：

（一）展览的基本内容

这主要包括展览名称、举办时间与地点、展览主承办单位、展览的标志、展览的规模、本届展览的优势和特点、展览举办环境、展览配套活动、上届展览的客商组成情况、产品分类信息以及展览组织者的联系方式与服务等。

（二）展览的招展招商情况

这主要包括本届展览的主要展品、报名参展的知名企业、招展组织信息、境内外专业观众组织、参展重要组团情况以及本届展览与上届展览的区别等。

（三）展览相关活动

现代展览，特别是较大规模的展览，展览期间都安排了形式多样的活动，如专题论坛、研讨会、说明会、信息发布会或演讲等，邀请函要详细列表介绍与展览同期举办的活动情况，如活动的时间、地点、意义与特点，并告知观众如何申请参加此类活动。

（四）观众登记表

观众登记表是展览邀请函的回执，主要包括申请观展观众的基本信息、参观的目的、感兴趣的行业、从什么宣传途径获知会展等信息。目前，许多展览为方便观众预先登记，在展览网站上开设预先登记的服务，从而极大地方便了观众登记工作，提高了组织观众的效率。

案 例

（一）专业观众质量保证会展质量

一个成功的展会所包含的因素有很多，其中的观众因素，是任何一个展会评估其效果的重要指标。目前，专业展已成为会展发展的趋势，市场细分的结果是，参展商需要更明确的产品市场定位及客户的定位，需要在展会上接触到意向更加明确的专业观众。一项问卷调查显示，60%以上的被调查者认为，展会成功的标志主要是专业观众的质量和实际效果。

我们以2006年中国国际调味品及食品配料博览会（简称CFE2006）为例来加

以说明。CFE2006 的展览面积为 10 000m^2,200 家大中型参展商参展,3 天会期,专业观众达到 7 000 余人,类型包含调味品生产企业管理人员、市场营销人员、生产技术人员,科研院所专家学者,专业经销商,酒店餐饮、连锁商超采购人员,企业营销策划机构……尽管展会后统计的观众数量只有 7 000 多人,但主办方表示,CFE 主要是针对专业观众,观众在拿到入场券、邀请函之后必须进行现场登记。因此,准确参展观众的人数和性质并不包括媒体和未登记的嘉宾。会展专业人士认为,按照国际惯例,专业展会并不是以参观者数量的多寡取胜。对于展会,最重要的是观众的质量,而不是数量。"如果展商面对的是数量更多的普通观众,他们就需花费更多的时间和力气从其中分辨出真正的客户。"主办方的一位工作人员如是说。

作为中国调味品行业的顶级盛会——2007 中国国际调味品及食品配料博览会(简称 CFE2007)的主办方,中国调味品协会已经在观众促进和媒体宣传等方面积累了丰富的经验。2006 年博览会一结束,协会就精心策划了 CFE2007 的展前宣传推广和观众促进工作,把此项工作当作组展工作的重中之重来开展。

这方面,主办方已经建立了一流的资料库,根据不同类型将专业观众进行分类,在博览会举办前期,多次、定向地向相关专业观众通报博览会的最新动向,发出邀请。以问卷调查、参展注册或网上注册等方式充分收集和了解专业观众的职务、个性特点、年龄以及购买影响力等背景资料,然后用数据对观众的质量进行科学的分析,精心建造专业观众数据库。同时,长年坚持不懈地做好专业买家的资料收集、客户服务工作,并利用中国调味品协会的影响力和网络关系定期发放观众邀请函及展前快讯,广泛吸引潜在观众的关注。主办方还通过与行业内外 100 多家媒体的良好合作与互动,扩大 CFE 的影响,并及时向目标观众传达博览会的各项最新动向。与此同时,CFE2007 主办方还充分利用会展营销这一有效的手段,注重与企业和观众的互动。比如在 2007 年 3 月份的重庆糖酒会上,主办方派专门力量去现场与目标观众进行零距离的接触,广泛听取他们对博览会的期望和要求,以期为其提供更为周到的人性化服务。

(二)第 19 届中国义乌国际小商品博览会观众报告

本届展会实现成交额 166.15 亿元,同比增长 1.68%。其中,外贸成交额16.96亿美元,占总成交额的 62.1%,同比增长 7.16%,本届展会共吸引了来自 203 个国家和地区的 196 957 名客商参会,同比增长 1.76%,其中境外客商 22 201 人,同比增长 6.3%。

从5天的成交情况看,本届义博会展会内容更丰富,经贸特性更鲜明。展会共设国际标准展位4 500个,有来自59个国家和地区的2 747家企业参展。为了义博会更专业、更方便洽谈、更体现经贸性,这届义博会的行业布局做了适当调整,在上届义博会十大行业的基础上整合为七大行业,分别为五金、电子电器、饰品及饰品配件、工艺品、日用品、文体用品、内衣袜子,另设电子商务及贸易服务专区,展区布局更趋专业化,因各专业展区商品集聚而更具规模效应。

本届义博会除了主会场外,同时还设立了国际商贸城、篁园市场、家具市场、副食品市场、家电市场、通信市场、数码城等分会场,实现了展会与市场的良性互动,义乌市场7万多个商位和展会一起共同展示了超过170万种商品。

义博会期间,策划、组织了一大批经贸活动,包括第二届中国(义乌)世界采购商大会、第三届中国(义乌)世界侨商大会、第三届中国饰品高峰论坛、中国小商品城流行趋势发布会、义乌跨境电子商务平台发布会、中国国际箱包设计与潮流趋势高峰论坛、"商务官员义乌行:关注进口"、义乌B2R项目招商等经贸配套活动,取得了与展会互动的双重效果,积极推动了展会经贸实效的提升。

以下对第19届义博会参会客商国别和地区、业务性质、参会目的、感兴趣商品、参观次数、了解义博会途径等方面进行了统计整理与分析。

一、观众地区与国家分布

从境外客商洲别分析得出:境外客商以亚洲为主,非洲其次,欧洲、拉美客商略有下降,北美客商少量增长(见图10-2)。

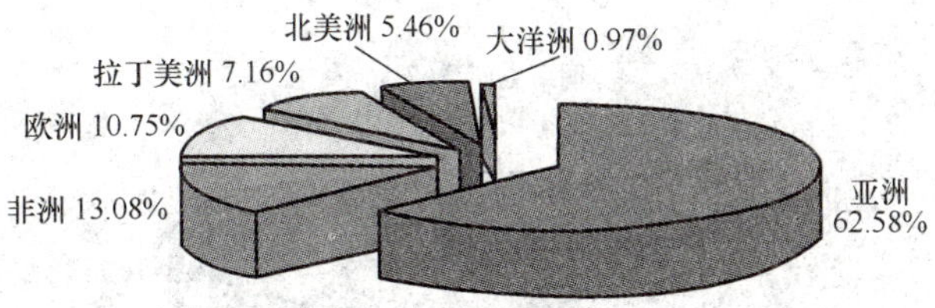

图10-2　第19届义博会到会外商各大洲分布图

从境外客商国别分析得出:境外前十名国家和地区占了义博会外商总数的46.29%,这与义乌市场以及商品的属性相关,其更受到亚洲以及中东、非洲国家的欢迎(见图10-3)。

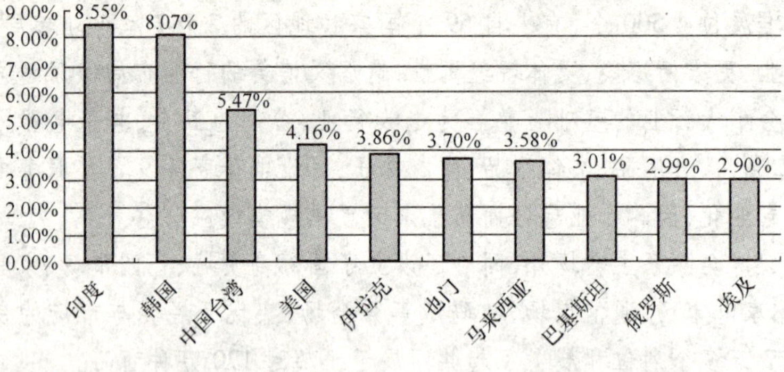

图 10-3　第 19 届义博会参会贸易商国家和地区前 10 名

从境外客商地区分析得出：阿拉伯联盟、东盟十一国参会客商跟去年相比有大幅增长，中国港澳台地区客商、欧盟二十五国较去年有少量增长（见表 10-2）。

表 10-2　第 19 届义博会特定地区比例

国家与地区	欧盟二十五国	东盟十一国	阿拉伯联盟	中国港澳台地区
比例	8.40%	12.91%	27.51%	9.81%

二、境外客商公司业务性质

从境内外客商业务性质分析得出：境外客商类型多样，进出口商、批发商占多数（见图 10-4）。

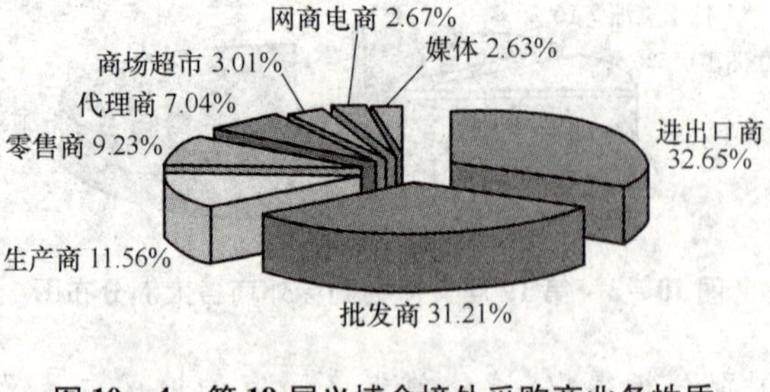

图 10-4　第 19 届义博会境外采购商业务性质

从境内客商业务性质分析得出：境内采购商以生产商、批发商、进出口商为主体（见图 10-5）。

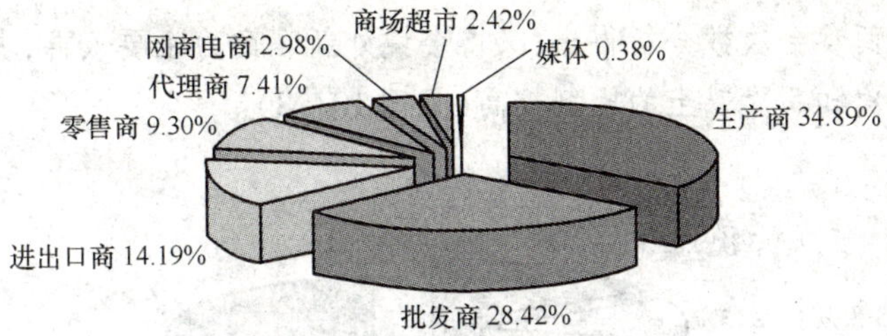

图 10－5　第 19 届义博会境内采购商业务性质

三、客商参会目的

从境外客商参会目的分析得出：专业观众比例居多，参会目的仍以采购和新品订货为主（见图 10－6）。

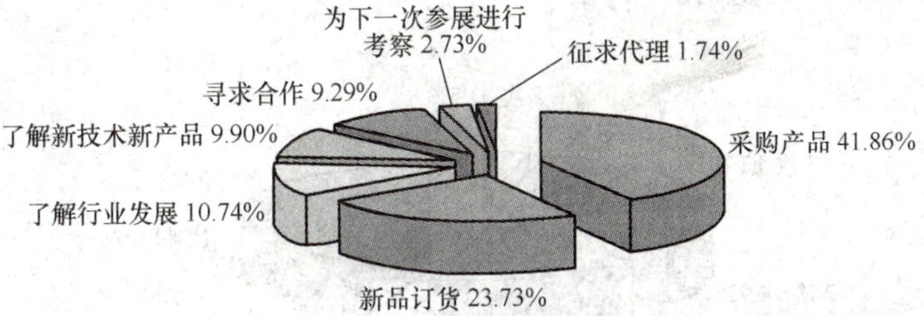

图 10－6　第 19 届义博会境外采购商参会目的

从境内客商参会目的分析得出：采购产品、寻求合作、了解行业发展占境内客商参会目的较高比例（见图 10－7）。

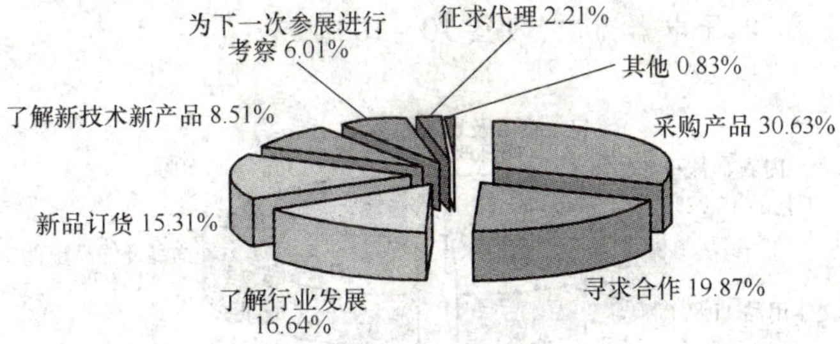

图 10－7　第 19 届义博会到会境内采购商参会目的

四、客商参观义博会次数

从境外客商参会次数分析得出：义博会境外新客商为主要人群，占到54.33%，老客商中以2次和5次以上的比例较高（见图10－8）。

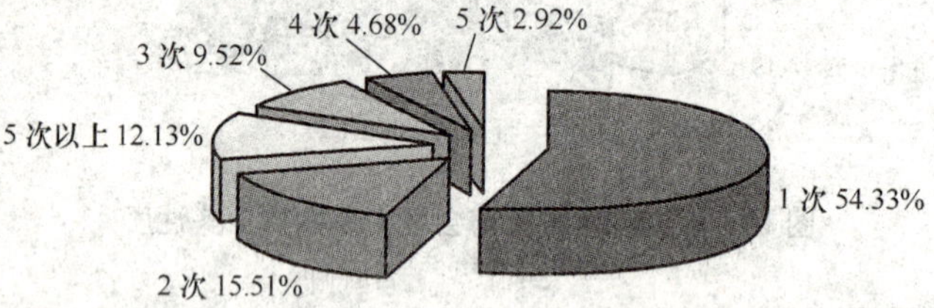

图10－8　第19届义博会境外采购商参会次数

从国内客商参会次数分析得出：国内客商新客商占到44.81%，老客商中以2次和5次以上较多（见图10－9）。

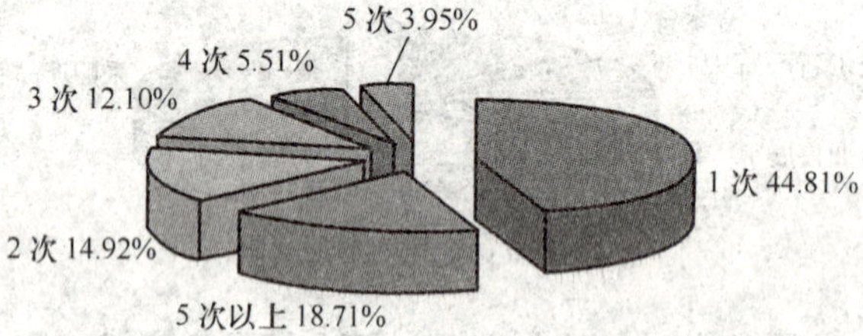

图10－9　第19届义博会境内采购商参会次数

五、境内外采购商感兴趣产品类别

从境外采购商感兴趣产品类别分析得出：境外采购商采购主要以五金、饰品及饰品配件、日用品、电子电器为主（见图10－10）。

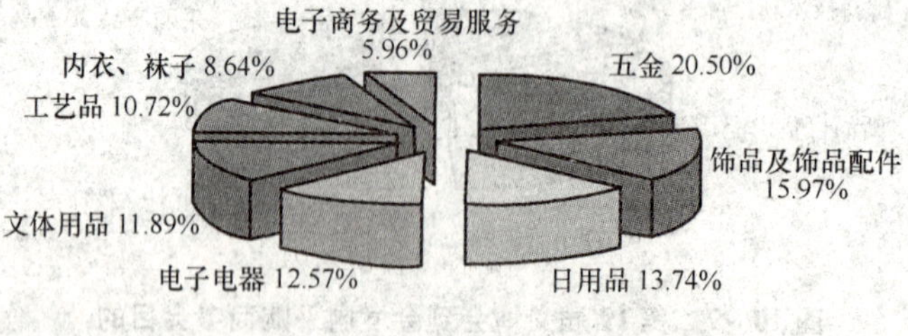

图10－10　第19届义博会境外采购商感兴趣行业图

从境内采购商感兴趣产品分析得出：境内采购商与境外采购商对义博会所关注的兴趣行业略有不同，主要以五金、日用品、饰品及饰品配件、工艺品为主(见图10－11)。

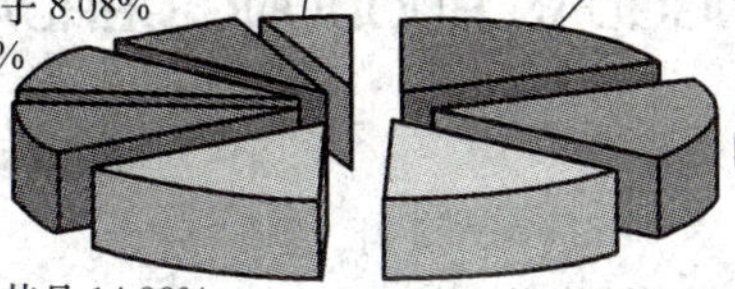

图10－11 第19届义博会到会境内客商感兴趣行业图

本章小结

(1)我国越来越多的展览组织机构开始认同“展览成功的关键在于观众组织”这一观点；科学有效地进行展览目标观众的界定工作，对于招商策划具有极其重要的意义；成功的观众组织推广策划，应根据展览会的整体营销计划，制订一整套切合实际且行之有效的招商方案。

(2)获得展览观众数据资源并加以挖掘利用是摆在展览企业面前的当务之急；严格的观众界定是专业观众数据库建立的基础。

(3)编制招商方案要明确目标与原则；展览邀请函针对的主要对象是展览的目标观众，其核心作用是尽量组织对展览将会起到重要作用的专业观众，邀请函的制作应做到精美雅致，设计与展览的品牌风格相吻合。

本章重点词

目标观众　目标观众数据库　招商方案　邀请函

复习思考题

1. 会展项目的招商渠道通常有哪些？
2. 如何利用目标观众数据库？
3. 如何组织专业观众？
4. 会展招商方案策划中应注意什么？
5. 试为某一会展项目策划一份招商方案。

第十一章 会展相关活动策划

HUIZHAN XIANGGUAN HUODONG CEHUA

本章概要

本章对会展相关活动策划的内容进行了介绍;分析了会展相关活动策划的目的与特点;按类别,就相关会议、其他活动策划的内容和特点进行了介绍。

当代会展业发挥着贸易、展示、信息与交流四大功能,现代参展商越来越追求在有限时间内得到最大的价值回报,因此,会展相关活动的策划作为增强展会竞争力的手段之一,已成为一个成功展会不可缺少的组成部分。

第一节 会展相关活动策划的目的与特点

一、会展相关活动策划的目的

会展相关活动是指与展会同时举办的技术交流会、专业研讨会、产品发布会、行业会议及其他活动。这些活动能满足参展企业与专业观众达成交易、获得信息等多种需求;对于办展企业而言,也能使展会的影响力、知名度提高,作用很大。这主要表现在以下 4 个方面:

(一)增强会展的贸易功能

在会展现场,参展商与买家接触的时间是极为有限的,对于新产品、新客户而言,产品推介会、产品订货会、项目招标会等都是极为有效的活动,可以为参展商与专业买家建立更广泛的交易平台。

（二）丰富会展的信息功能

现代会展信息交流的功能越来越突出，在会展举办期间举行一些专业研讨会、技术交流会、行业会议等，邀请有关专家、学者与行业权威人士作演讲与讲座等，都能将行业发展的前沿信息传送给观众，极大地丰富展会的信息传播功能。

（三）扩大会展的影响力与知名度

展会期间，通过举办技术交流会、专业研讨会、行业会议等，邀请大量业内专业人士到会研讨，举办讲座，可以增强展会的影响力与知名度，体现出专业色彩。

（四）吸引更多的潜在参展商与潜在观众

策划丰富多彩的各种活动，不仅能活跃现场气氛，增强人气，调动观众的积极性，更主要的是可吸引更多的参展商与观众到场。

二、会展相关活动策划的特点

会展相关活动对于提高展会的“含金量”具有举足轻重的作用，但又不能“画蛇添足”或者“喧宾夺主”，所以，相关活动如何策划，才能使其与展会本身相得益彰至关重要。

国外高水平展会尤其注意相关活动的策划，具有如下几个特点：①活动的专业性及论题的前瞻性；②活动主持者在业内具有权威性；③活动在时间上精心安排，避免“撞车”或影响展会本身的进行；④活动注意趣味性及互动参与性。展会过程中同时举办的比赛或者具有娱乐性质的活动，如果策划得当，可以为展会带来人气，树立良好声誉。

第二节　相关会议的策划

专业研讨会与技术交流会是展览期间常见的两种会议组织形式。两者均立足于对本行业发展的前沿、动态的跟踪，论题具有一定的前瞻性和导向性，能给观众带来新思维与新视野。

一、专业研讨会的策划

专业研讨会的策划应能实现“以会带展，以展带会”，突破传统的思维模式。展览会特别是专业性很强的展览会，召开相应的研讨会将为展览会带来实质性的东西。招展者在招商时，可以利用自身的优势，通过会议的重要性来带动企业参加展览会。把会议研讨与展览结合,是企业参展的动力所在。

(一)确定会议主题

会议主题是会议的灵魂,会议主题的准确确定,相当于会议成功了一半。一般来说,作为展会相关活动的会议在确定主题时有如下几个特点:一是具有前瞻性,要紧跟时代脉搏,能预测某一领域的发展趋势和走向,所选题目是行业内企业所关注的;二是所选题目是行业内的热点问题或是有争议的问题;三是要选择展会主题相关的议题,引发观众及参展商进行深入沟通与交流。

为了更好地确定会议的主题,组展方可以征询相关行业科研机构有关专家的意见,也可对参展商和目标观众进行调查,了解他们的需求意向,在综合各方信息的基础上提出主题。

(二)研讨会方案的策划

1. 会议筹备期间的策划。其内容包括:

(1)会议基本内容的策划:会议名称、时间、地点、规模、承办单位、主持单位、赞助单位等。需要注意以下几个方面:

- 会议的时间与展会时间相协调,排好次序,便于参展商与观众参与。
- 会议地点的安排上应照顾到参展商与观众的便利。
- 对参与对象可进行适当的限制,如对参展商与专业观众给予一定的优惠,与普通观众收费不同等。研讨型会议通常专业性较强,参与的人数不应很多,除非是行业标准讨论,一般不应超过100人。
- 注意事先印制资料和宣传册,在招展与招商时就发放;对面向普通观众的会议则应注意通过网络、广告等进行宣传。

(2)会议预算。会议召开前一般应做出预算。下面的"××会议经费预算"向我们介绍了作会议预算时需要考虑的项目。

××会议经费预算

一、主会场租金

二、会场气氛布置

三、设备租用:投影仪、有线话筒、无线话筒及其他

四、酒店餐饮:午宴、晚宴、茶休

五、广告宣传:同声传译设备、会议资料、纪念品、会场礼仪、代表证、广告牌、文件包

六、交通通信、客户联络费

七、专家劳务费

八、员工劳务费

九、办公费用

十、不可预见费

十一、根据会议策划需要的其他费用(另议)

值得一提的是,会议若作为会展期间的活动之一,其效益就不能独立衡量,应和展会结合起来。比如若是以会促展,则在效益上就不能太过在意,应放在展会整体的宣传计划中来考虑。

(3)会议的组织与宣传,主持人与嘉宾的邀请。主持人与嘉宾要事先联络与邀请,行业内知名专家的到来将使会议的专业层次提高,政府相关部门人员的到来将增加会议的权威性。

2. 会议进行期间的策划。这时期的策划包括如下3个方面:

(1)会议流程安排。这主要包括两项内容:一是安排会议主持人与嘉宾的发言。二是会议议程的安排。要根据主题确定相关议题及各自的讨论方式、时间安排等,注意与展会的时间相配合。

(2)会议配套服务设施的组织。会议与展览不同,对设备设施的要求相对较高,如场地租用、会场氛围设计、音响视听设备等,要注意检查并提前调试,保证会议期间的正常使用。

(3)会议相关服务的安排。这主要包括:会议材料的准备,会场茶水服务,酒会、午餐、晚宴等安排,会场礼仪接送安排,社交活动安排等。

3. 会议结束后的策划。会后的主要工作是做好总结。会议结束后的总结至关重要,它不是独立的工作,而是展会管理工作的组成部分。总结的作用在于统计整理资料,研究分析已做过的工作,为未来工作提供数据资料、经验、建议。会后总结主要包括如下几项工作:

(1)对会议举办意义的评估,如评估会议与展会之间的促进作用,与会者的反应等。

(2)对会议实施方案的评估,如会议进行中是否出现过意外情况,控制是否得力,各部门是否协调等。

(3)对照预算对会议的成本效益进行评估,看各项支出是否合理。

通过以上评估,将相关结论作为提高下一次会议水平的依据。

二、技术交流会的策划

技术交流会与专业研讨会在策划、组织上有很多相似之处,但由于其主要目的在于技术的交流与产品的展示等，二者又存在一些不同，具体表现在如下几方面：

第一，在主题确定上，着重关注行业技术领域的热点问题，专业性强。

第二，在主持人与嘉宾邀请上，应是行业内的技术权威，能回答观众提出的技术问题。

第三，对场地及设备的要求较高，如附带小会场，有演示空间，有多媒体、视频播放设备等，现场操作人员要能熟练应用现场设备，保证演示的顺利进行。

第四，在预算上，往往是企业唱主角，可收取适当的费用作为会议的经费来源。

三、行业会议的策划

目前在会展经济成熟的欧美国家及个别的亚洲国家和地区，政府管理会展行业的职能已与展览行业协会紧密结合在一起，二者共同作用，相辅相成。随着中国会展市场的不断完善，也必将呈现如上趋势，行业会议的权威性、专业性、重要性不言而喻。

据国际会议协会（ICCA）统计，行业会议对展会的需求正呈现不断加速增长的趋势，行业会议正越来越趋向于同展会结合在一起举办。

（一）行业会议的争取

一般来说，行业会议有固定的程序，举办时间固定，如每一年、每两年举办一次，会期一般是4~5天，最多不超过6天；会议地点不固定，轮流在协会会员所在地举行，并且举办时间与地点往往不是一个人决定的，要通过协会的会员大会、理事会等共同商定。因此，要争取行业会议与本地的展会结合起来办，并不是一件容易的事情，当组展方不能与协会联系时，可通过协会在当地的分支机构与之联系，争取使行业会议与展会结合进行。

（二）行业会议的策划

行业会议策划应注意以下几点：

1. 行业会议主题的确定。行业会议主题往往具有前瞻性、导向性与预测性，展会的主题若能与行业会议主题很好结合，对于展会影响力的提升自然大有益处。

2. 行业会议的主讲人通常是行业协会、会员单位、政府相关部门内有影响的人物，不同于一般的会议，常常有协会领导与政府部门主管人员出席，应注意各项接待细节的安排。

3. 由于行业会议的影响力大，往往有新闻媒体到场，注意结合展会的相关新闻报道，可起到宣传推广的作用。

4. 行业会议的预算。行业会议的支出预算与一般会议相同，但其经费来源更广泛，如企业的赞助、会员的会费、政府支持等。

（三）行业会议的总结

鉴于行业会议的重要性与影响力，会后应重点做好客户的回访工作。会议结束不久，与会代表对会议及展会的印象仍在记忆中，如果能抓住机会，深入与客户发展关系就容易多了。记忆是印象的延续，可在跟踪服务中得到加强，跟踪服务做得越早，效果就越明显，如果在会议结束后不及时联络客户，目标客户就会失去在展会期间的热情，也就意味着该客户将可能失去，因此要做好回访工作。

另外，做好致谢工作，对所有的与会者、参展商、观众、重要的支持单位、合作单位及给予支持的媒体等都应考虑答谢。同时，应做好媒体跟踪报道，主要是对展会及行业会议做一个回顾性的报道，将有关情况、相关统计数据提供给新闻界，以进一步扩大展会的影响力。

四、商务会议策划

（一）经销商会议

经销商会议是为了协调用户和经销商关系而召开的会议，也有的客户将其称之为"年会"或"商务年会"，一般一年举行一次或两次，时间大部分在年初或年末，规模少则百人，多则数千人。

以"表彰会"、"旅游会"、"吃喝会"等形式存在的订货会、洽谈会、研讨会、联谊会等传统的经销商会议往往形式千篇一律，场面隆重、内容简单，存在重玩乐、轻策略宣传和沟通等弊端，以至于会议效果难达厂家组会的目标。新型的经销商会议则偏重于"学习型"和"充电型"。一次成功的学习型经销商会议，不但能提升企业的品牌，更能增加与经销商的战略合作关系。学习型经销商会议是一场"继往开来，承前启后"的会议，既要总结过去，又要展望未来；需要"充电"和"充气"相结合，既要安排培训课程，又要弘扬愿景、策略，为经销商注入信心；要求明确经销商来年市场运作的方向和思路，而且要有实操方案或行动计划；还需要充满"人情味"，增进厂家与经销商的关系，从而推动"厂商一体"的发展。

因而，成功的学习型经销商会议可由这样一个公式表达：成功的学习型经销商会议 = 品牌课程 + 标准规范的会议流程 + 人性化的会议安排。

在会议内容上着重"输入"，输入情感、信心和知识，具体内容有以下 4 点：第一，总结和计划（输入信心/情感）。对上一年的得失作一个全面总结，对表现优秀的经销商进行表彰，尤其要增强与具有较大增长潜质经销商的关系。同时，发布来年的新策略、新计划、新政策。第二，沟通（输入情感/信心）。会议应预留讨论的时间，充分听取经销商的建议与意见，并做出回应。但主持人应具备会议沟通技巧，不要将讨论导向一些诸如调价、广告补贴等敏感问题，以免影响双方的关系。

第三,培训。会前应对经销商的培训需求进行调查,针对经销商的知识结构、特长等设计较详尽的培训提纲,内容包括营销理论、经验技巧、实操方案等,讲师则由外邀的咨询人员、厂家管理人员、优秀经销商组成。第四,联欢(输入情感)。厂商联欢是经销商会议不可或缺的部分,通过晚会等联欢形式可将会议气氛推上高潮,晚会中厂商人员的面对面交流可以消除诸多的误会、不愉快等,使得厂商关系更融洽。

(二)招商会议

招商会议是招商组织方以举办会议为途径,向外界介绍、宣传、推广自身的投资环境、招商项目,从而实现吸引投资目的的一种活动。现今,在国内外举办招商会议,已成为招商引资的重要内容和手段。招商会议的组会主体有企业、社团、政府等。招商组织根据自身的条件,确定招商的主题、内容、对象,选择合适的招商会议类型。招商会议的主要类型及其特点如下:

1. 招商会。招商会是招商组织方(一般是政府部门或大型机构团体)在国内外举办的规模较大的综合性招商活动。其主要特点是:会议场面较大,社会综合效应强;通过政府或对外有影响力的机构等各种渠道,广泛邀请客商参会;对外公布招商的项目多,投资的区域和项目规模大,行业涉及面广;会议组织形式为松散型,参加招商会的各个部门在组织上受招商组织者统一管理,业务上可独立开展对外业务洽谈,进行招商活动和贸易活动。

2. 投资研讨会。投资研讨会是招商组织(可为政府部门或企业、行业系统)在国内外举办的招商活动,其特点是:规模可大可小,由组织者视情况而定;会议除主办单位外,一般还邀请当地的政府、工商会、经济组织为协办单位,共同邀请所在国(或所在地)的商会和经济组织的会员等客商参会。会议目的明确,招商项目重点突出,收效较佳。

3. 项目介绍会。项目介绍会是招商组织(政府部门或企业)在国内外举办的小型专项招商活动。其特点是:规模小,多是单个项目介绍或多个项目联合洽谈;邀请客商针对性强,范围易于控制;项目的洽谈深入、细致。

4. 招商信息发布会。招商信息发布会是招商组织(一般为政府部门)在国内外举办的发布招商信息的招商活动。由当地政府根据本地区的情况向各界介绍本地区的投资政策和投资环境,推出招商项目,发布各种招商信息。信息发布会的主要特点是:邀请参加会议的对象主要是各国驻本地区的使、领馆代表,外国或国内其他地方公司驻本地办事处代表,各种传媒机构,当地政府行业主管部门的人员。会议目的旨在宣传、介绍、推广本地区的投资政策和环境,并针对投资有关问题进行说明和解答。招商信息发布会规模不大,易于组织,具有一定的影响力。

五、会议策划方案的一般格式

会议策划方案的格式通常是条文式或表格式，一般包括以下几方面内容：

（一）标题

会议策划方案的标题，应当写明会议的主题或内容，一般由会议全称加上文种名称构成。如标题可以用“××高峰会议预案”、“××高峰会议策划书”，也可以用“××会议策划方案”或“××会议方案”等。

（二）主送机关

写与不写视情况而定。

（三）正文

正文一般由开头、主体和结语三部分组成。

开头写会议举办缘由、主办单位、会议名称、时间、地点、会期等，可以用“特制定会议方案如下”作为承上启下的连接语。

主体部分应当逐项写明会议的具体内容，一般包括会议目的、会议日程、筹备小组分工责任、会议预算、会议规模（参加会议人员名单）等内容，还可以列出嘉宾名单及他们的讲话报告等。

结语通常写“以上方案，当否，请研究、批示”。

（四）落款或签署

会议策划方案要写明具体的策划部门名称，由承办人员来拟写的策划方案，拟写人员应具名。

（五）成文日期

策划方案还应写明具体的形成时间。

制订会议策划方案时，要注意策划方案和会议进程时间表之间的区别。会议进程时间表是会议的技术流程表，它是会议策划者经过对整个会议的过程进行精心的研究和规划而制定出来的。严格遵守会议进程表是会议顺利进行的重要保证。

第三节　其他活动的策划

除了已介绍的几种活动外，还可策划其他多种活动来增加展会的兴奋点，可在增加展会的教育性、娱乐性，到改善公司形象等方面，通过附加服务来吸引和服务观众。

一、由参展企业组织的活动

参展企业可以在展会期间举办新产品发布会、经销商年会、产品演示等配套活动,这是在稳定老客户的基础上发展新客户的有效手段。此外,营造轻松、愉快的洽谈氛围对提高商务成功率也大有帮助。参展本身是一种宣传,要充分利用展会短暂而宝贵的时间集中造势。参展企业还可利用各种媒介做好产品的介绍工作,如召开新产品的发布会、展示会、推介会等。

二、由组展方组织的活动

为了活跃会展气氛,可吸引观众参与会场中的比赛、表演等活动,增强观众的参与性与趣味性。另外,常见的招商洽谈会等,也为投资方与招商方提供了更广泛的合作空间。

以首届广州大学城美容及个人护理品展之“全城心动嘉年华”为例。作为首届广州大学城美容及个人护理品展首日的大型活动,该活动将展会第一天的气氛推向高潮。活动以大学生文艺会演的形式为主,穿插互动、抽奖游戏及参展商展示活动,由于通过“嘉年华”聚集了大量人气,不仅更大范围地宣传了参展商的形象、产品与服务,同时加深了参展商之间、参展商与观众之间的互动交流。

三、由其他部门组织的活动

这是指赞助单位或相关部门为了在展会举办期间宣传推广自己的产品而举办的各种活动。无论何种活动,策划都应有一个明确的主题,达到相应的目标,故应事先做好各项议程的策划与安排,合理分工,现场控制到位,活动后做好总结与跟踪反馈。

案　例

(一)首届广州大学城美容及个人护理品展

——开幕式方案

一、活动概况

(一)活动目的

开幕式可以为展会打响第一炮,借助此活动,邀请会展业名人莅临,提升展会名气；邀请学校学院领导、指导老师、协办单位、赞助企业代表到场以表感谢。另外，活动更可反映出展会的专业性与档次，为展会的正常运作打下坚实的基础。

（二）主办机构

指导单位：广州大学会展研究所

主办单位：广州大学旅游学院

承办单位：广州大学旅游学院2007级会展经济与管理班

协办单位：广州大学旅游学院会展系、广州大学旅游学院会展协会

合作媒体：中国最大的视频网站56.com和广东青年网络电台youngD、可乐生活报、新快报

（三）面向人群

会展行业业内名人

学校学院领导、会展指导老师、学院各系老师

展会参展商、赞助商、广告商、宣传媒介

广州大学城各高校学生

其他现场观众

（四）活动时间

5月18日 12:00～12:45

（五）活动地点

广州大学商业中心中庭广场舞台

（六）宣传渠道

1. 传单宣传：

将本次活动印于展会宣传单上，在开展前的数日内于大学城内集中派发。

2. 网络宣传：

利用学院网站、学校论坛等相关网站进行宣传。

3. 媒体宣传：

与合作新闻媒体取得联系，通过其宣传渠道进行宣传。

4. 现场宣传：

通过展会现场的宣传海报以及现场工作人员进行持续宣传。

5. 活动交叉宣传：

在展会其他相关活动中宣传开幕式信息。

（七）活动内容及流程（见表11－1）

表 11-1　活动内容及流程

时间	内容
7:30	全员到位，布置会场
8:30～10:00	参展商陆续到场布置摊位
10:00～10:30	现场布置工作基本完成 开幕式所需用品到位
10:30～10:50	开幕式工作人员分工就位
11:45～11:58	嘉宾陆续到场并签到
12:00	开幕式正式开始
12:00～12:03	主持人介绍嘉宾、冠名赞助商、重要赞助商（3 分钟）
12:03～12:15	学校、学院领导/老师发言（共 12 分钟）
12:15～12:20	展会其他赞助商、参展商情况介绍，鸣谢单位（5 分钟）
12:20～12:23	领导及嘉宾揭匾，预祝展会成功（3 分钟）
12:23～12:28	领导、嘉宾留步，为展会开幕进行剪彩仪式（5 分钟）
12:28～12:35	鸣放礼炮，同时进行舞狮表演，舞狮绕场一圈（7 分钟）
12:35～12:40	邀请嘉宾合照、巡视会场、赠送纪念品（展会资料、赞助品等）（5 分钟）
12:40	开幕式结束

二、筹备组工作安排

（一）筹备工作安排

运营组作为展会开幕式筹备组，负责开幕式的整体安排、协调工作。

（二）筹备时间安排（见表 11-2）

表 11-2　筹备工作时间安排

时　间	工　作
4 月 5 日	展会开幕式筹备方案初稿完成
4 月 8 日	1. 召开运营组大会，进行人员分工 2. 展会开幕式筹备方案最终稿完成
4 月 15 日	1. 汇总各项工作进度，调整并全面展开 2. 开幕式场地布置方案初稿完成（宣传组）
5 月 8 日	1. 灯光音响、LED、麦克风、背景板落实（舞台组） 2. 所需物资基本落实（后勤组） 3. 确定开幕式主持人及致辞嘉宾（后勤组） 4. 开幕式场地、舞台布置方案完成（宣传组） 5. 联系舞狮协会、纪念礼品准备（公关组）

续表

时间	工作
5 月 10 ~ 12 日	1. 制作及派发嘉宾邀请函（公关组） 2. 确定嘉宾名单、名牌数量、打印名字（后勤组） 3. 审核及最终确定表演名单、主持人沟通（舞台组） 4. 宣传及开幕式所需视频、音频等落实，确保物资到位（宣传组、摄影组）
5 月 13 ~ 15 日	1. 完成灯光、音乐、麦克风与接收器、LED 控制方案（舞台组、摄影组） 2. 审核主持稿（后勤组） 3. 清点开幕式所需所有物资，落实工作细节（后勤组）
5 月 17 日	布展
5 月 17 日	再一次清点物资、跟进各项工作
5 月 18 日	开幕式现场工作开展

（三）前期工作分组及人员安排（见表 11 -3）

表 11 -3　前期工作分组及人员安排

工作分组	工作内容
展期宣传组	宣传文字稿制作 海报、传单、网络宣传跟进 相关活动交叉宣传 跟进场地、舞台布置方案
公关组	联系赞助商 联系表演团队 联系参与嘉宾等
舞台组	各活动详细流程策划及安排 舞台所需灯光、音响落实 表演团队、主持人审核协调
摄影组	前期筹备阶段拍照、录影 相关活动花絮、视频制作（参展商、表演团队片段等）
后勤组	所需物资购买及分配

（四）开幕式当天现场工作及人员安排（见表 11 -4）

表 11 -4　开幕式当天现场工作及人员安排

工作分组	工作内容
舞台组	器材清点及搬运（7:30 ~ 8:30） 音响、灯光、LED、接收器跟进（9:30） 开幕式彩排（9:30 ~ 10:30） 点燃礼炮（12:28 前后）

续表

工作分组	工作内容
展期宣传组	舞台布置(7:30～10:30) 场地布置(7:30～10:30) 宣传物资派发(11:30～12:00)
礼仪接待组	主持人、舞狮协会联系工作(8:00～10:00) 嘉宾接待工作(11:40～12:50) 引导嘉宾上下台、端呈开幕用具(12:00～12:45)
摄影组	现场花絮拍摄(7:30～12:50) 电脑、音响、LED 调试(7:30～12:50) 视频、音频现场播放(11:00～12:45)
后勤组	嘉宾当天的礼品和水的供应(11:30～12:50) 开幕式使用物资登记安排(7:30～12:50) 催场及后台(舞狮表演)秩序管理(12:28～12:35)
展区巡视组	负责维护会展现场秩序、营造气氛
机动组	纪律维持 岗位空缺时人员保障 处理紧急情况

(五)开幕式中工作及人员安排(表11－5)

表11－5　开幕式中工作及人员安排

工作分组	工作内容
舞台组	维护灯光和音响设备 点燃礼炮
礼仪接待组	嘉宾接待引导 开幕用具端呈上台
摄影组	开幕式全程拍摄 负责开幕式进行中调试现场音响和灯效的控制
后勤组	嘉宾礼品和水供应 后台秩序维护 协助催场工作
展区巡视组	控制现场的秩序
机动组	确保和处理开幕式期间纪律维持、后勤保障以及处理紧急情况

(六)后期工作

场地维护(展区巡视组)

现场清理、物资清点(展期宣传组、舞台组、后勤组)

与嘉宾沟通、与表演者沟通(礼仪接待组、人力资源组)

(七)开幕式所需物资一览表(表11-6)

表11-6　开幕式所需物资一览表

项目	数量	备注
长台	20	
靠背凳	20	
胶凳	20	
麦克风	2	借用
麦克风架	2	租用
接收器	1	借用
水	20	
签到本	1	
嘉宾姓名牌	20	
礼炮	2	
笔	20	
红布	6	借用
胸花	20	
纪念礼品	20	赞助商提供
手提电脑	1	自备
无线对讲机	3	借用
气球	待定	
其他宣传物资	—	
不可预知费用	—	
合计	—	—

(二)首届广州大学城美容及个人护理品展

——"美丽大变身"造型设计大赛方案

一、活动概况

(一)活动目的

通过举行造型设计比赛宣传展会,展示参展商产品的美容、护理效果,增加人气，活跃现场气氛。

(二)活动主题

美丽一夏，清凉一夏

(三)参加人员

参展商、赞助商、筹委会工作人员、参赛选手

(四)活动时间

2010年5月18日17:00～18:00

(五)活动地点

广州大学商业中心中庭广场舞台

(六)宣传方式(见表11－7)

表11－7 宣传方式

宣传方式	具体工作
海报宣传	造型设计大赛海报3张，张贴于广州大学校区内
传单宣传	1、造型大赛宣传彩色A4规格传单(含报名表)1 000份 2、在广州大学校区内定点派发
横幅宣传	造型大赛宣传横幅1条，挂于广州大学校区内
展会现场宣传	展会现场派发活动传单 相关活动中交叉宣传 展会布景板上含大赛赞助商的标志
网络宣传	1、在广州大学城各高校BBS上发帖 2、及时更新展会主页内容，置顶大赛的宣传内容 3、QQ群宣传：在新生群、协会群、同乡会群、学生会群、实习群、兼职群等发布大赛信息
指示牌	教学区路边摆放醒目指示牌，在大赛宣传期间张贴5张
媒体宣传	展会期间通过合作媒体渠道宣传

(七)活动内容与流程(见表11－8)

活动将邀请三组人员，每组两人，其中一人为模特，一人为化妆师，进行比赛。

表11－8 活动内容与流程

16:50～17:00	报名队伍的统一集中，由现场工作人员为模特拍摄变身前全身照和大头像，并抽签确定展示顺序
17:00	活动开始
17:00～17:05	3队参赛选手上台展示，并做简单自我介绍

续表

17:05～17:30	各组在指定的时间内于后台换装间进行造型设计，评委到场，同时舞台进行表演节目
17:30～17:39	各组按抽签顺序进行2分钟造型展示、介绍造型设计理念，同时投影幕播放变身前照片，评委进行点评并予以打分
17:39～17:42	宣布奖项并颁奖
17:42～18:00	获奖模特台下与观众照相留念
18:00	活动结束

二、具体工作安排

（一）前期筹备工作（见表11－9）

表11－9　前期筹备工作

具体工作	截止期限
确定化妆、发型、饰品、服装、奖品等物资赞助	4月30日
制定详细的比赛流程及规则、评分细则等	4月30日
确定评委、嘉宾、主持人名单、表演节目等	4月30日
活动宣传资料制作，比赛宣传方案制订	5月3日
比赛其他所需物资确定及准备	5月8日
落实现场工作人员及分工	5月8日

（二）活动当天现场安排（见表11－10）

表11－10　活动当天现场安排

工作分组	工作内容
舞台组	负责比赛音乐播放、LED屏播放选手变身前相片、商家标志等
节目组	负责所需物资撤换、比赛进度跟进
礼仪接待组	负责评委、嘉宾、表演团体的接待，引导奖品和选手的上下台
摄影组	负责选手全身照和大头照的拍摄，比赛全程的拍摄
后勤组	负责比赛各项物资的供给，后台的管理
机动组	负责确保和处理比赛期间纪律维持、后勤保障以及处理紧急情况

本章小结

（1）相关活动的策划是增强展会竞争力的手段之一，已成为一个成功展会必不可少的组成部分。

(2)把会议研讨与展览结合,是企业参展的积极性所在;据国际会议协会(ICCA)的统计,行业会议对展会的需求正呈现不断加速增长的趋势,行业会议正越来越趋向于与展会结合在一起举办;商务会议策划方案的格式通常是条文式或表格式。

(3)其他相关活动可增加展会的教育性、娱乐性,改善公司形象等,通过这些附加服务可以吸引更多的观众。

本章重点词

会展相关活动　研讨会　技术交流会　行业会议　商务会议

复习思考题

1. 会展相关活动策划的特点是什么?
2. 专业研讨会策划的程序是什么?
3. 展会活动策划的目的有哪几个?
4. 分析具体展会,看都有哪些相关活动?这些相关活动起到了什么作用?

第十二章 会展品牌形象策划

HUIZHAN PINPAI XINGXIANG CEHUA

本章概要

本章就会展品牌形象策划进行了介绍和分析。介绍了会展品牌的价值、标准、内涵；分析了会展品牌形象定位的诊断、步骤、策略；指出了会展品牌识别的要素、规划系统的3个阶段及注意事项；最后说明了会展品牌经营的相关内容，包括相关手段、原则和战略。

随着经济全球化的日益深入，会展业也达到国际性的产业规模。国际分工越深化、科学技术越发达，会展业的发展动力就越强劲。

纵观国内会展市场，每年3 000多个展会，数不清的节庆，其中大量低成本、非专业、无效果的展会滥竽充数，而随着国内会展业竞争的日益激烈和会展市场的日益成熟，竞争必然导致中国会展业的发展从数量型向质量型转变，其中，走品牌化展会之路将是中国会展业健康发展的必要途径。作为世界第一展览大国的德国，每年举办的专业性展会有300多个，创收400多亿欧元，而据不完全统计，中国2001年共举办展会3 000多个，会展产业总收入才50多亿元人民币。展会数量和收入的巨大反差再次说明，品牌化发展是中国展览业的唯一出路。

第一节　会展品牌概述

一、会展品牌的价值

品牌作为一种有特殊信息意义的集合体，以最精炼的方式向消费者传递了有关产品或服务的信息，成为一种重要的识别工具。良好的会展品牌是消费者区分产品的基础，消费者可以通过品牌辨别来购买产品并形成习惯，从而节省比较、挑选的时间。在广告充斥、信息爆炸的时代，消费者可凭借对品牌的认知度来降低购买过程中消耗的时间、体力与精力成本。

品牌也是产品或服务的质量和信誉的象征，它集中体现了人们对该产品或服务的综合评价。因此，"认牌"购买会展产品或服务，就可以获得相应质量上和信誉上的保证，免却后顾之忧或意外风险，给消费者一种心理上的安慰和保证。尤其是对会展产品而言，它是一种以服务为主体的产品，具有无形性、生产与消费同时性等特点，消费者在初次购买时无法通过查看实体来感觉产品的质量，因此品牌便成了消费者可以信赖的因素。

品牌作为会展企业重要的无形资产，本身可以被买卖、转让与出借。谁拥有了著名的品牌，谁就拥有了市场上的"点金术"。

在现实产品和潜在生产能力大于市场需求的情况下，品牌是会展企业竞争优势的主要源泉和富有价值的战略财富，以品牌培育会展企业的竞争力已成为现代会展企业竞争的主要战略。

二、会展品牌化的标准

一个著名的品牌能救活一个企业，一个品牌化的展会，同样也是一个会展公司赖以生存和发展的根本。品牌展会，是指具有一定规模、能代表这个行业内的发展动态、能反映这个行业的发展趋势、能对该行业有指导意义并具有较强影响力的展会。从国外的成功展会来看，树立品牌展会的基础要素主要有：

（一）权威协会和行业代表的强力支持

在西方国家，政府一般不干预企业办展，展会成功与否，多取决于整个行业和企业对它的认可。会展企业若能得到权威行业协会和该行业内主要代表的支持和合作，无疑就增加了该展会的商誉和可信度，宣传效果会更好，影响力会更大。

（二）代表行业的发展方向

代表行业的发展方向是品牌化展会的属性。能代表行业发展方向的展会就会有明确的目标市场和目标客户，就能提供几乎涵盖这个行业的所有信息。展会提供的信息越全面、越专业，观众就越积极，参展企业也就越踊跃。

（三）提供专业的展会服务

专业的展会服务要求会展企业的整个运作过程迅速、高效、服务周到。从市场调研、主题立项、寻求合作、广告宣传、招展、观众组织、活动安排、现场气氛营造、展会服务，甚至包括会展企业对外文件、信函的格式化、标准化，都须具备较高的专业水平，这就要求从业人员具有严谨认真的工作态度和过硬的专业技能。

（四）配合强势的媒体宣传

新闻媒体宣传是塑造品牌的一个重要途径。一个好的展会虽在行业本身有一定的知名度，但频繁的新闻报道和适当的“炒作”更能促进展会宣传，以此形成良性互动，使展会更具吸引力。世界上几家著名的贸易展览公司如 Miller Freeman 和 Reed 集团同时都经营着世界上著名的商业出版社，这些得天独厚的条件为其创建展会品牌提供了竞争优势。

（五）坚持长期的品牌战略

培养一个品牌展会并不容易，必须要有长远眼光，要敢于投资、敢于承担风险，精心呵护，耐心培育。会展企业必须确立长远的品牌发展战略，从短期的价格竞争转向谋取附加值、谋取无形资产的长期竞争，用先进的品牌营销策略与品牌管理技术抢占会展市场的制高点。

要培养我国会展业的品牌展会，首要的一点就是要经营者与管理者树立牢固的品牌观念，认识到走品牌化的发展道路才是中国会展业持续健康发展的唯一途径，并从场馆的设计、主题的选择、展会的规划、展会的组织与管理等具体方面来实施会展业品牌化发展战略。

三、会展品牌的内涵

会展品牌的内涵体现在会展的内在服务质量与外在形象的高度统一上。其内在质量体现在展会定位的清晰性、展会服务质量的规范化、目标参展商与观众的适合性、展会组织运作的协调性和展会的竞争优势性，反映着会展企业实施品牌战略的机会、管理与营销的状况；其外在表现是指展会的外在知名度和影响力，反映了会展营销推广、品牌传播等情况。

（一）会展定位的清晰化

由综合性展会向专业性展会转变是国际展会的发展趋势，打造品牌会展，首先应找准自己的定位。如宁波国际服装博览会一开始就定位在男装展上，事实证明，这个定位不仅顺应了世界会展产业的发展潮流，而且真正树立了中国男装博览会的第一。

（二）会展服务质量的规范化

规范化是产业发展成熟的标志。在发达的市场经济国家，会展业已是一个成熟的服务业，有一套规范的服务体系。中国加入世界贸易组织以后，中国展览业逐步与国际展览业接轨，要想在国际竞争中占有一席之地，就必须加快规范化的进程。

品牌会展提供的是高质量的服务，这种服务贯穿于整个展览会的展前、展中、展后，它既包括餐饮、仓储、运输、打印、出租影像设备等配套服务，也包括在展会期间提供的广告位租赁、广告设计和制作等专门服务。规范化不仅能使展会的功能和价值满足参展商和观众的需求，而且使展会品牌具有明确性、差异性、专业性特征，更容易被大众所认知。

（三）目标受众价值需求的适合性

现代会展业已不是单纯的产品展示交易场所，而是各方价值取向综合展示的平台。要通过对参展商与观众的价值需求进行分析，结合其认知习惯、需求，对展会的内容、服务市场、产品市场、目标客户进行科学定位，对展会的核心价值进行评估，以提高品牌展会的核心竞争力。

（四）会展组织管理的协调化

品牌展会主要针对的是高端市场，其价值层面不是单一的、死板的产品层面，任何商人或参观者参观展览会不仅仅是为了寻找产品，而是为满足其个性化需求。

会展组织运作的协调性体现在以下几个方面：一是展会组织者对组织系统内部各部门和推广、营销环节的协调。品牌展会的运作必须统一形象标志、经营理念、行为标志等，并渗透到内部的每一个营销环节，以高效的管理、优质的服务提高展会的服务质量。二是展会组织者与合作伙伴之间的协调。合作伙伴包括展会营销代理商、分销商、广告商、旅游服务、展览搭建、宾馆酒店、保险、运输、海关等，展会组织者必须与合作伙伴形成共同的价值观和完善的价值链，以保证展会核心价值的长期稳定，使展会“质量”不致在中途受损。三是展会周期与“展品”市场周期的协调。展会周期的把握依赖于对“展品”市场周期的分析。不断协调展会周期与“展品”市场周期的关系，调整“展品”功能，使展会品牌不断延伸，使展会的“质量”得到长期稳定的发展。

（五）会展品牌的竞争优势性

品牌所体现出的展会的竞争优势是依时代的变迁而变化的。在不同时代，参展商和观众的需求水平、结构及兴趣会有很大差异，这必然导致参展者与观众对展会质量的评估标准发生变化。因此，品牌展会的营销推广要不断地调查市场、分析市场、把握市场走向、研究展会服务对象的习惯与需求的变化，在动态中去寻求品牌的管理与营销方法。

第二节　会展品牌形象的定位

一、会展品牌诊断

品牌诊断是会展品牌形象定位的基础性工作。通过诊断，会展企业可以准确了解品牌建设工作的起点，在此基础上，确定科学的品牌形象定位及品牌发展目标。在诊断品牌现状时，可从3方面入手：一是参展商与观众情况，包括两者对品牌的态度以及顾客对品牌所形成的看法，可以通过设计调查表和量化指标，在展前、展中与展后三个环节，对参展商及观众进行跟踪调查，从中得到他们对品牌定位的看法及品牌价值的认可。二是品牌的内部管理情况，包括会展的管理、组织、人员、制度、文化等是否支撑相应品牌的定位。三是品牌成长的外部环境分析，包括市场竞争的公平性、法律法规的健全性、国际经济环境的利弊等，为品牌定位奠定基础。通过以上分析，对会展品牌发展的制约因素与有利条件做到心中有数，在品牌的建设中可以有针对性地推进，逐步完善并向外传播。

二、会展品牌定位的步骤

品牌定位就是在品牌诊断的基础上，针对目标受众的心理需要采取行动，将品牌的功能、特征与目标受众的心理需要联系起来，使品牌进入消费者的视觉领域，并引起消费者的注意和偏好。会展品牌定位可包括三个步骤：

（一）识别各种可能作为定位依据的竞争优势

潜在竞争优势使本会展能比其他同类会展带给参展商与观众更多的价值。如更符合趋势的主题选择，更优惠的价格，更具代表性、更权威的参展商，更高质量的专业观众，更人性化的服务，等等。本会展可以就某一方面的功能进行打造，也可进行全方位的塑造，但是并不是所有的潜在竞争优势都能转化为现实中的竞争优势，因为潜在竞争优势转化为现实竞争优势是需要成本的，有些转化成本过高，有些不值得转化，有些则时机不到。

（二）选择正确的竞争优势

通常，能够作为会展品牌定位基础的潜在竞争优势必须满足以下几个要求：

1. 差异性。这是说在主题选择上是其他展会所没有的，具有创新性，或即使其他会展有，但本会展可以在成本、服务或功能上做得更好。

2. 交流性。这是说会展品牌可以向目标受众传达，使他们能够感知得到。如可以赋予品牌更大的想象空间，可代表一种文化，给会展注入更多的文化内涵，通过展会会刊、广告、标识语、相关活动等提升它的品牌影响力。

3. 经济性。这是说目标受众是能够支付得起、有能力支付这种定位带来的差异的，并且能够形成规模效应。

4. 营利性。这是说会展的规模应足够大，可以弥补会展在品牌定位时采取差异化策略及相应的管理策略所付出的成本，从而有利可图。

（三）有效地向经过选择的目标市场传达会展的品牌定位意图

持续与顾客沟通是品牌定位很重要的一项工作。例如，可以先花几个月的时间，建立顾客的认知、回忆与了解，之后再开始建立顾客的忠诚度。另外，要确保公司对外发出的信息是一致的，不会带给顾客前后不一的感觉。

三、会展品牌定位策略

会展品牌定位通常采用以下 4 种策略：

（一）特色定位

特色定位又称市场空缺定位，此种定位建立在差异化的基础上，要显示出定位的与众不同。随着经济全球化、产业细分化的趋势日益突出，会展业日益向纵深方向发展，其专业化分工将越来越明显，特色化定位成为建立竞争优势的有效方式。

（二）利益定位

此种定位是致力于满足参展商和观众的某种利益，如更人性化的服务、更具影响力的宣传推广、更优惠的价格、更便利的设施、更多附加值的回报等。

（三）竞争定位

这是指针对现有竞争者的定位，参考同类题材展会的优劣，进行本展会的定位。采用此种方式，会展企业需有足够的实力与勇气展开直接竞争。同时，也可利用与本展会有竞争关系的展会来拓展自己的影响力。

（四）功能定位

会展的功能一般有成交、信息发布、展示等，如果本展会在这几大功能中的一项或几项很突出，则可采用此种定位方法。

第三节　会展品牌识别系统规划

一、会展品牌识别系统的要素

会展品牌识别系统包括以下三大要素：

（一）品牌理念系统（MI）

品牌理念系统是品牌最核心的内容，是在对目标受众的文化特征、消费心理需求进行分析的基础上，对会展品牌进行的观念的提出、口号的提出、个性的塑造及价值观的提炼，为以后品牌建设与延伸奠定基础。

（二）品牌视觉识别系统（VI）

这主要指会展LOGO（企业标志）的设计、产品的包装设计、环境的设计及会展企业形象的设计。具体包括：招商手册、参展指南、广告牌、车体广告、会刊、资料袋、邮寄信封、网站、宣传礼品、开幕式背景、展厅布置、促销广告、工作人员服饰等的规划设计。如上海世博会会徽便是基于此做出的设计。

中国上海2010年世博会会徽征集评选结果在2004年11月29日晚于上海由上海世博会组委会主任委员、国务院副总理吴仪揭晓。会徽中三人合臂相拥的图形，形似美满幸福、相携同乐的三口之家，也可抽象概括为“你、我、他”的全人类，表达了世博会“理解、沟通、欢聚、合作”的理念，洋溢着崇尚和谐、聚合的中华民族精神，体现了2010年上海世博会以人为本的积极追求。

会徽图案形似汉字“世”，并与数字“2010”巧妙组合，相得益彰，表达了中国人民举办一届属于世界的、多元文化融合的博览盛会的强烈愿望。

会徽以绿色为主色调，富有生命活力，增添了向上、升腾、明快的动感和意蕴，抒发了中国人民面向未来，追求可持续发展的创造激情。

汉字书法的“世”字与2008年北京奥运会会徽——篆刻的“京”字交相辉映，有异曲同工之妙，寓意着21世纪初两项超大型国际活动在中国举办，倾诉着中国人民在融入世界的同时，弘扬传统文化的不懈努力。

（三）品牌行为识别系统（BI）

这主要包括会展品牌的延伸计划、传播行为与规范、品牌的输出行为、禁止行为及相应管理规范等，如与国内外会展代理机构的联系，与政府、行业协会的关系，对外的公众形象，客户的价值回报等方面进行的系统规划。

二、会展品牌的规划过程

会展品牌的规划可分为3个阶段:

(一)品牌建立阶段(Brand Creating)

这主要是运用组织系统对品牌的识别要素加以实体性的视觉化表现的过程。其中的工作包括:品牌名称的建立、视觉识别系统的建立和确定品牌标识语。

1. 品牌名称的建立。一个好的品牌名称是至关重要的,因为品牌的名称其实就是整个品牌营销大战的序幕。序幕越精彩,越能吸引人,就越能为以后的品牌整合传播提供更为坚实、广阔的发展空间。

2. 视觉识别系统的建立。视觉识别系统主要分为基础系统和应用系统。其中基础系统又包括标准字、标准色、标准图案等;应用系统则包括办公用品应用、包装用品应用、交通工具应用、指示应用、销售应用、促销用品应用、产品上的标志应用、服饰应用等。视觉识别系统通过鲜明的视觉冲击力和形象感染力,强化品牌的记忆点。

3. 确定品牌标识语。品牌的标识语是与品牌的整体推广密切相关的,必须从视觉识别中独立出来,加以充分重视。优秀的品牌标志不但能够有效地传达品牌识别及其有关信息,还能引发人们丰富的品牌联想,更可以指引"广告语"的方向,产生独特鲜明的"概念营销效应",达到意想不到的传播效果,有利于品牌形象的深入人心。

(二)品牌推广阶段(Brand Promotion)

品牌推广阶段主要包括以下过程:

1. 推广品牌识别。这主要是运用媒介系统对品牌进行整合营销传播,在实践中建立品牌的4个识别要素:品牌核心价值、品牌定位、品牌理念和品牌个性。

2. 推广品牌形象。这主要是通过丰富多彩的媒介形式和营销组合,视觉表现系统,组织展览展示活动,真正把品牌形象做到消费者的心中。

3. 累积品牌资产。这主要包括品牌知名度、品牌认知度、品牌美誉度、品牌联想、品牌忠诚度,以及其他专属资产。

(三)品牌管理阶段(Brand Managing)

品牌管理阶段主要包括以下4个方面的内容:

1. 品牌的有效延伸决策。这主要是指评估各阶段的营销状况,判断是否有必要引入颇具竞争力的新商品,以加强品牌的活性化,满足消费者的最新需求。

2. 品牌资产长远的科学规划及管理。这主要是指对品牌知名度、品牌认知度、品牌美誉度、品牌联想、品牌忠诚度以及其他专属资产的长远规划和管理。

3. 品牌的改善和创新。这主要是根据市场环境和竞争对手的变化,进行品牌的产品、技术、传播、通路、组织、管理等方面的检讨和创新决策。

4. 品牌的长期传播规划及管理。这主要是指未来五年的广告投放策略、促销组合方案、整合传播方案等。

三、会展品牌实施要求

(一)制定品牌战略

要培育品牌展会,首要的一点就是经营者与管理者要树立牢固的品牌观念,认识到走品牌现代化的道路才是会展业持续健康发展的唯一途径,并从场馆的设计、主题的选择、展会的规划、展会的组织与管理等具体方面来实施会展业的品牌化战略。

(二)提升品牌质量

这主要从展会的硬件和软件两个方面入手。会展的硬件设施是影响品牌质量的一个重要因素,国际上著名的品牌展览会中所使用的设备往往也是最先进的。因此,要实现展会品牌质的飞跃,要求会展公司加大投入,不失时机地更新展会的硬件设备。会展的软件服务一方面要求会展企业加大专业人才的引进力度,另一方面会展企业应积极加入国际性的会展组织,以实现展会服务与国际接轨。

(三)拓展品牌空间

会展品牌的拓展空间具有三维性,即时间、空间和价值。时间是指品牌的影响力随着时间的延续而不断发散和扩张。一般来说,展会延续时间越长则参展商与专业观众之间的交流就越充分,展会的效果就越显著。国外的展会延续时间大约有10来天,而我国的展会往往只有三五天时间,这对于会展品牌的拓展是远远不够的。空间指品牌在地域上的扩张。德国汉诺威展览公司就通过在上海举办的汉诺威办公自动化展(CEBLL),成功地迈出了向中国扩张的第一步。价值则指品牌作为会展企业的无形资产,其经济价值是可以增加的,品牌价值的提升实际上也是为会展业品牌在时间和空间上的拓展创造条件。

(四)打造网络品牌

如今,网络已日益成为人们生活中的第二空间,会展业应该充分利用网络的信息资源优势,在现实世界之外打造出知名的网络会展品牌。网络品牌的建立主要从企业网络形象塑造、网络展会的建设以及开展网络营销等方面进行。要借助网络优势开发出形象生动、交互性能良好、功能强大的网络展会平台。

（五）对品牌的网络宣传与推广

在网络世界，品牌的推广可以通过多种渠道实现。其一，将网络资源登录到国内外知名的搜索引擎上，便于人们建立相关的链接。对于这种专业性比较强的行业来说，该方式可能是较为有效的。其二，与网民开展互动型的公关活动同样可以达到品牌推广的目的。

（六）获得 UFI 资格认可

国际博览会联盟（UFI）对申请加入其组织的展览项目和其主办单位有着严格的要求及详细的审查程序。由于有了这套较为成熟的资质评估制度，UFI 资质认可和 UFI 使用标记就成了名牌展览会的重要标志。截止到 2006 年 11 月，全球共有 744 个展览会获得了 UFI 资格认可，其中，我国内地获得 UFI 资格认可的展览会有 39 个，占总数的 5.24%。

第四节　会展品牌经营

将自己举办的展会逐步培育成在国内外有重大影响力的品牌展会，是每一个展会主办单位的不懈追求。品牌展会都是通过对展会进行卓有成效的品牌经营才培育出来的，展会品牌经营是展会进行市场竞争最有效的手段之一。

一、形成品牌产权

会展品牌经营，就是以经营品牌的观念来经营展会，将展会培育成品牌，并通过展会品牌来加强展会与参展商和观众关系的一种展会经营策略。展会品牌经营的主要目的，是通过对展会进行品牌化经营来提高展会的影响力和市场占有率，并努力使本展会在该题材的展览市场上形成一种相对垄断，也就是形成一种“品牌产权”。

会展经济是规模经济，品牌产权是会展经济发展到一定阶段的必然产物。展会品牌经营，最常见的途径是根据市场竞争态势选择某一个题材的展览市场，然后努力经营这个市场，最后使本展会在这个题材的展览市场上占据主导地位，并对该市场形成相对垄断。会展市场上的相对垄断现象十分普遍。在世界会展经济最发达的德国，这种现象屡见不鲜：慕尼黑体育用品展在体育用品题材展览市场上居于相对垄断地位，法兰克福汽车展在汽车题材上居于相对垄断地位，科隆家具展在家具题材上居于相对垄断地位等。在我国，随着会展经济的深入发展，会展市场上的相对垄断也开始出现。

品牌产权是比知识产权更为高级的现代市场经济的产物，其市场竞争力比知识产权更为强大。某个展会一旦在市场上形成了一种品牌产权，该展会就能在激烈的市场竞争中占据有利地位。品牌代表着一种市场认可的品质，它不仅可以用来宣传展会，更是展会用来吸引参展商和观众并拥有该题材展览市场的法宝。随着品牌在现代经济中发挥着越来越重要的作用，品牌产权在展会无形资产的构成中占据着越来越重要的地位。一般说来，一个展会一旦在市场上形成了一种品牌产权，该展会就会拥有品牌知名度、品质认知度、品牌忠诚度、品牌联想度四大核心资产，这些资产是展会开展市场竞争最有力的武器。

二、积累会展品牌资产

开展会展品牌经营，使会展在市场上形成相对垄断，关键是要想办法逐步积累会展品牌的四大核心资产：品牌知名度、品质认知度、品牌联想度和品牌忠诚度。这四大资产能使展会获得参展商和观众的广泛认同，并促进展会不断向前发展。

（一）逐步提升展会的品牌知名度

展会品牌知名度分为4个层次：

1. 无知名度，即展会的目标参展商和观众根本就不知道该展会及其品牌。

2. 提示知名度，就是经过提示后，被访问者会记起某个展会及其品牌。

3. 未提示知名度，即不必经过提示，被访问者就能够记起某个展会及其品牌。

4. 第一提及知名度，就是即使没有任何提示，当一提到某一种题材的展会时，被访问者就会立刻记起某个展会及其品牌。提升展会品牌知名度，就是要使展会品牌逐步从无知名度走向第一提及知名度，这样，展会才会被其目标参展商和观众作为首选的对象。

（二）扩大展会的品质认知度

品质认知度是指目标参展商和观众对展会的整体品质或优越性的感知程度，它使参展商和观众对展会的品质做出是“好”还是“坏”的判断；对展会的档次做出是“高”还是“低”的评价。品质认知度对于展会发展具有重要意义：首先，它可以为目标参展商和观众提供一个参加展会的充足理由，使本展会能最先进入他们参展（参观）选择决策考虑的视野；其次，使展会定位和展会品牌获得目标参展商和观众的认同，提高他们参加展会的积极性；再次，有助于展会的销售代理开展招展和招商工作，可以增加展会的通路筹码；最后，可以扩大展会的“性价比”，创造竞争优势，促进展会进一步发展。

（三）努力创造积极的展会品牌联想

展会品牌联想是指在目标参展商和观众的记忆中与该展会相关的各种联想，包括他们对展会的类别、品质、服务、价值和顾客在展会中所能获得的利益等的判断和想法。展会品牌联想有积极的联想和消极的联想之分，积极的展会品牌联想有利于强化展会的差异化竞争优势，使目标参展商和观众对展会的认知更趋于全面，并可帮助目标参展商和观众进行参展（参观）选择决策，促成他们积极参加本展会。展会品牌经营的任务之一，就是要通过营销等各种手段，努力促使目标参展商和观众对展会产生积极的品牌联想，避免使他们对展会产生消极的品牌联想。

（四）不断提升目标参展商和观众对展会品牌的忠诚度

目标参展商和观众对一个展会品牌的忠诚度越高，他们就越倾向于参加该展会，否则，很可能抛弃该展会而去参加其他展会。品牌忠诚度可以分为5个层次：

1. 无忠诚度。参展商和观众对该展会没有什么感情，他们可能随时抛弃该展会而去参加其他展会。

2. 习惯参加某展会。参展商和观众基于惯性而参加某展会，他们处于一种可以参加该展会也可以参加其他展会的摇摆状态，容易受竞争展会的影响。

3. 对该展会满意。参展商和观众对该展会基本感到满意，他们不太倾向于转而参加其他展会，因为对他们而言，不参加本展会而去参加其他展会须付出较高的时间、财务和适应性等方面的转换成本。

4. 情感参加者。参展商和观众真正喜欢本展会，对本展会有一种由衷的赞赏，对本展会有着深厚的感情。

5. 忠贞参加者。参展商和观众不仅积极参加本展会，还以能参加本展会为骄傲，并会积极向其他人推荐本展会。

提升目标参展商和观众的品牌忠诚度，就是要不断增加展会的情感购买者和忠贞购买者队伍，使本展会成为行业的旗帜和标杆。拥有较多具有较高品牌忠诚度的参展商和观众的展会，必将成为该行业中最为著名和最具影响力的展会。

三、会展品牌经营原则

会展品牌经营要以市场营销的观念来经营展会，用关系营销和合作营销的策略来经营展会与目标参展商和观众的关系，通过在一个选定的目标市场上经营某个展会，最终使该市场为这个展会所占有。为此，进行展会品牌经营要注意把握好以下几个原则：

（一）市场导向原则

要从展会目标参展商和观众的需求出发，通过展会品牌经营来促成目标参展商和观众对展会的认同，促成展会与参展商和观众之间建立起一种共赢共荣的关系。

（二）目标性原则

要通过展会品牌经营来使展会在业界知名，赢得目标参展商和观众对展会品质的认知，提高他们对展会品牌的忠诚，给他们带来积极的展会品牌联想，最终在市场上形成品牌产权。展会品牌经营要围绕上述目标来进行。

（三）系统性原则

展会品牌建设本身是一个富有层次性的系统工程，展会品牌经营要具有全局的视角、多层次的协调、多角度的长远规划。

（四）针对性原则

展会品牌经营的主要对象，是展会的目标参展商和观众、展会的服务商以及办展机构自己的员工，极富针对性。

（五）诚信原则

许多著名展会最终走向没落的一个共同原因，是这些展会都没有实现自己最初对市场所做出的“承诺”。一旦发现自己被某展会所欺骗，参展商和观众就会毫不犹豫地抛弃该展会，该展会在市场上也就没有了立足之地。

四、会展客户满意战略

优质的客户关系管理是企业竞争制胜的法宝。会展企业要通过“促进客户满意”进而实现“客户忠诚”。客户满意是客户需求被满足后的愉悦感，是客户在消费后所表露出的态度，是客户再次或者重复购买相同企业产品或者服务的行为。通过采取客户满意战略，提高展会的整体服务水平，才能够使得展会品牌深入人心。

会展客户满意战略是从客户需求的角度出发，通过多种服务和功能设计来满足客户的需求，以提高客户的满意度为主要目标，并以设计的多样性来满足客户的多样性需求。例如，一些参加跨国展的采购商，到达后便会直奔展会，而此时一般会有行李或是衣服不整齐等问题，面对这样的情况，展会开设相应的更衣室，让采购商能够衣冠整齐，不需要带着沉重的行李箱在展馆中奔波，这样的小细节能够使客户感觉到展商的细致的、周到的服务，从而取得客户的信任。

案例

（一）从北京车展易址风波看展览品牌价值塑造

最近，关于北京国际车展是否易址举办的传闻和其后各方的“澄清”，一时间被炒得沸沸扬扬。这场风波虽然以各方的暂时妥协告一段落，但4家主办方的利益之争开始表面化已是不争的事实。再加上中国国际展览中心场地不足，服务和价格屡遭诟病，而在短时间内又难有质的改观，北京车展的未来走向值得关注。

期间，其中一家主办方针对国展中心呼吁“珍惜北京车展的品牌形象”所发表的议论值得关注：不要以为北京国际车展所谓的品牌价值有多高，其实只要有一家有实力、有行业背景和资源的主办单位另立山头，再寻求充足的资金和行业的支持，不需要多长时间就能够对北京国际车展形成威胁，甚至取而代之！这话并非危言耸听。

一、国内名展品牌价值有多大

北京车展之所以能够在国内奠定龙头展会的位置，当然要归功于几家主办单位顺应办展规律精心培育，但不容否认的是，北京车展之所以能够在当年遍地开花、多如牛毛的众多车展中脱颖而出，也与北京车展主办方所依赖的行政力量关系极大。正是依靠这一力量，北京当年与其他城市一样的多头办展局面得到改观，再加上国展中心在展览场地上的自然垄断，使得北京国际车展演变为一枝独秀，在国内汽车展中坐上了龙头位置。

行政办展或变相的行政办展方式，一度使得不少展览能够走上规模化之路，从而初步实现了品牌化。然而，这一进程在近两年受到了明显的冲击。最引人注目的，就是国际展览巨头及与其如影随形的国际名牌展览向国内市场的渗透。加入世贸组织后，政府职能的转变和市场格局的变化，使得行政办展方式的有效性日渐式微，在中国培育或者引进名牌展的市场环境逐渐成熟。

由于长期以来中国实行的是展览审批制度，国际展览巨头进入中国市场之后在很长时间内都没有取得办展的资格，因此必须与国内掌握各行业资源的强力机构联手——最开始主要是政府机构，后来逐渐过渡到以行业协会、贸易促进机构为主。这种合作付出的代价并非是它们愿意，可以预料，这种“入场券”一旦取消，合作关系便会变得微妙乃至岌岌可危。

二、国内名展面临两方面任务

还是以汽车展为例。对北京国际车展构成直接威胁的，不是2004年借助中国汽车工业50周年东风大出风头的长春车展,长春车展所谓创造的国内车展展出面积新高的含金量并不足以令人仰视,如果有足够的场地,再加上场租的下调,北京车展完全可以在几年前就超过这一水平。而最值得北京车展关注的,恰恰是目前与北京车展单双年错开、相安无事的上海车展。由于上海车展有国际展览大鳄的直接参与,使北京车展多年来一直引以为荣的品牌优势和旺盛人气,多少显得有些不够理直气壮。

这种微妙的格局更因为展览主办方的利益之争而变得脆弱。如果北京车展的主办各方利益冲突到不能妥协的地步,再加上北京新展馆的成熟,易址举办将不可避免。易址举办带来的直接后果,不仅仅是主办者和场地的变动,还将是"北京国际车展"作为一个品牌展的分崩离析。中国国际展览中心一直充当的"主办者"和"房东"的双重身份将不复存在,从而使得原有主办方重新组合、新生力量参与角逐成为可能。

然而,在这一风波背后,除了单纯的利益之争外,一个更带有普遍性的难题随之凸显出来:在国外展览机构和知名展览品牌的进逼之下,以北京车展为代表的国内品牌展,能否在危机到来之前,从以往依靠非市场力量办展向遵循市场规律办展顺利实现转轨?

三、国内、国际名展差距何在

所谓品牌展览,按照一般理解,是指有着较高品牌知名度和美誉度的专业展览。能够称之为品牌展,至少包含以下几方面要素:

规模——应该是本行业、本区域展出规模最大的展会之一。

国际化程度——能够吸引世界各国的参展商和买家参展,国际展商的比例要保持在相当水准。

知名度和美誉度——能够有明显区别于同类展会的品牌和口碑。

行业代表性——能够覆盖本行业主要企业和产品,代表本行业形象和水平。

行业推动力——能够沟通本行业的供给和需求,引领行业发展方向。

纵观国内现有的品牌展览,能够与国际知名品牌展比肩的寥寥无几。在全世界600多个通过UFI(国际展览联盟)认证的展览会当中,中国仅有10多家(2004年数据——编者注);能够在国际同行业展览中占据前五名的更是少之又少。这种差别,最直观的表现就是展览规模,国际上知名品牌展动辄10多万 m^2 的展出面积,而我国能够达到5万平方米的展览屈指可数;其次是展览的国际化程度,国际知名展览的国际展商比例能够稳定在20%以上,不少展览甚至高达30%～40%,而国内很多所谓国际展,国际展商能够达到20%的颇为罕见。规模和国际化程度的缺陷,反映出这些展览需要大幅度提高自身对本行业的影响力。

此外,国内展览主承办单位对展览资源的梳理和掌控缺乏系统化的手段,依靠经验的多,而能够通过先进的技术手段分析、整理并加以综合利用的,则是凤毛麟角。而这一点早已被国际展览巨头们看作办展的核心竞争力,持之以恒,紧抓不放,从而使得品牌展会能够历久弥新。

四、提升品牌价值需借助行业标准

近几年来,国内展览的主办单位开始意识到以上差距,开始在品牌推广、资源整合以及国际化程度上下功夫,认识和手段更新速度加快。在当前市场格局剧烈动荡和重组期即将到来之际,展览品牌化进程的快慢往往决定了一个展览的生死存亡,尤其是一些在国内有较大影响的品牌展,如果不能在办展方式、服务理念、服务手段以及资源整合方面加快步伐,即便不是被国际巨头吞噬,也会被国内其他更有活力、更熟悉市场竞争情况的办展主体淘汰。

但是品牌展如何塑造?办展单位该从何入手?如何找出自身的优势和缺陷?这将是一个很现实、很严峻的课题。

[资料来源:顾庆良,樊玲.从北京车展易址风波看展览品牌价值塑造.中国展览,2004(9)]

(二)IS－PO展的良性循环

慕尼黑国际体育用品及运动时装博览会(IS－PO)项目总监彼德·科诺先生曾在北京说:"在欧洲,除一些必要场合外,人们的衣着已不那么正规。而这种现象的背后反映出一种新型的生活方式:人们的价值观正趋向于体育—健康—驱动力。"以此为背景,一年两届的IS－PO展,无论其规模或是服务,均属世界一流。据彼德·科诺介绍,在办展形式上,慕尼黑国际博览会公司更是独树一帜,其中内涵值得我国展业同人所借鉴。

一、如同一个家庭聚会

在IS－PO展厅入口处,设立了管理严格的登记处,以便组委会掌握参展人员的类型。也就是说,在允许会员参展的同时,也在有针对性地发展新会员。这些过去和将来的会员都要具备一定的资格条件,他们首先必须是体育用品或运动时装的经营者,另外,还要具备足够的资信实力。这个前提决定了IS－PO展只对专业人士开放,因为博览会不是零售商店,而是主导世界体育用品及运动时装业潮流的业内交流场所,所以,要为这些参展商,也就是在世界上有一定规模和诚信的体育用品生产商创造一个谈判和签约的环境,让彼此有足够的时间和良好稳定的心态去观察和沟通。就像举办一个家庭聚会,新朋友和老朋友在此见面,主人要做的,是为他们创造一个优良的环境及和谐的气氛,还有就是要举办一系列与此有关的、令大家感兴趣的活动。

二、配套活动彰显主题

作为世界一流的展览公司，在历届的 IS－PO 展上都要邀请一些知名的运动员，他们既是会展的特邀嘉宾，也是产品和时装模特。这些运动员必须具备的条件是：奥运会的冠军或亚军。IS－PO 展实际上是体育用品及运动时装界的奥运会。另外，体育时装的最新设计成果，在展厅的 T 型台上可一一展现，其规模不亚于巴黎和伦敦的时装发布会。IS－PO 展设计为每年举办两届，就是为了符合世界体育赛事的节奏。2 月和 7 月的两次展览，正配合这个节奏的主旋律：4 年一度的冬、夏两季奥运会。将展览融体育赛事、人文健康、时装发布、商业贸易及打造品牌等于一身，正是举办 2004 年 IS－PO 博览会的宗旨：品牌、趋势、创新。

三、服务周到，有的放矢

2002 年共有来自 43 个国家的 1 517 家展商参加 IS－PO 展，专业观众来自 100 多个国家，达 47 000 人。其中，德国本地的观众和参展商占 33%，北美有 700 家参展。他们的成交率较高，因为他们远道而来，参展成本大，自然更重视和珍惜 IS－PO 展提供的机会。所有人，包括主办者和其他欧洲的参展商，都为远方的伙伴，包括北美和亚洲的商家最大限度地提供方便。再有，主办者不会花大量的时间和精力去请求媒体帮助宣传，而是免费寄 20 万份简报和一些光盘给固定的会员，通过浏览 IS－PO 简报和光盘，大家便会获取世界最新的体育产品和时装信息，并可根据这些可靠的消息有的放矢地到会展现场与同行洽谈合作，这是一个既传统又直观的宣传方式，但实践证明非常有效。

四、办展不仅为赚钱

谈到行业与办展之间的互动关系，彼德介绍说，我们在举办展览，为参展商提供交易场所和服务的同时，也作为参展成员与同行洽谈合作，并对某项目进行投资，以此实现互动，以求双赢。

彼德先生最后说，如果办展的目的仅仅是为了赚钱，那么这个展览会肯定会显得目中无人，没有人的地方，便没有秩序可言，更不会有什么信誉和真正的交易。所以，IS－PO 展首先体现的是人与人之间的相互尊重，在这个基础上制定规则，又在规则的基础上去观察、洽谈、签约和交易。交易是平等的，平等即是尊重，这样便会形成一个良性循环，其间各种效果便能最大限度地得以实现。

本章小结

（1）品牌化是中国会展业健康发展的唯一途径；品牌是会展企业竞争优势的

主要源泉和富有价值的战略财富,以品牌培育会展企业的竞争优势已成为现代会展企业竞争的主要战略;会展品牌的内涵体现在会展内在服务质量与外在形象的高度统一。

(2)品牌诊断是会展品牌形象定位的基础性工作。

(3)会展理念识别,会展品牌识别,会展行为识别和会展听觉识别都是会展品牌识别的重要组成部分。

(4)品牌会展都是通过对会展进行卓有成效的品牌经营才培育出来的,会展品牌经营是会展进行市场竞争最有效的手段之一;会展业要通过"促进客户满意"进而实现"客户忠诚"。

本章重点词

会展品牌　特色定位　利益定位　竞争定位　功能定位　品牌识别系统

复习思考题

1. 如何认识会展项目中的三方价值与成本?
2. 会展产品开发有哪些策略?
3. 在会展经营中,主要有哪些误区?
4. 如何积累会展品牌资产?
5. 分析某一行业中的品牌会展成功的原因。

附录一 综合案例分析

案例一 中国进出口商品交易会

一、历史沿革

中国进出口商品交易会，又称广交会，创办于1957年春，每年春秋两季在广州举办，迄今已有53年历史，是中国目前历史最长、层次最高、规模最大、商品种类最全、到会客商最多、成交效果最好的综合性国际贸易盛会，享有"中国第一展"之称。

广交会由中华人民共和国商务部、广东省人民政府共同举办，中国对外贸易中心承办，由50个交易团组成，有数千家资信良好、实力雄厚的外贸公司，生产企业，科研院所，外商投资、独资企业和私营企业参展。广交会吸引了资信良好、实力雄厚的24 000多家中国公司以及500多家境外公司参展。

广交会贸易方式灵活多样，除传统的看样成交外，还举办网上交易会。广交会以出口贸易为主，也做进口生意，还可以开展多种形式的经济技术合作与交流，以及商检、保险、运输、广告、咨询等业务活动。来自世界各地的客商云集广州，互通商情，增进友谊。

半个多世纪以来，海外忠诚采购商和国内优质参展商的支持和信赖是广交会赖以生存的宝贵财富，更好地服务中国外贸事业是广交会不断发展的动力。截至第114届广交会，广交会累计出口成交约10 623亿美元，累计到会境外采购商约672万人。现每届展览规模达116万 m^2，境内外参展企业超过2.4万家。在单展规模上，广交会名列世界第一。

为实现我国进出口贸易平衡发展，从第101届开始，广交会设进口展区，如今展览面积已达2万 m^2。广交会致力于提高客户满意度，搭建"一站式"服务平台，第108届广交会开通了客户联络中心。第109届广交会启动运行广交会产品设计与贸易促进中心(PDC)，为境外设计机构与境内参展企业提供产品设计升级的合作平台。自PDC成立以来，规模持续扩大，质量不断提高，至第114届广交会实现全期全馆覆盖，论坛与对接活动也更加专业。第113届广交会正式上线运行广交会电子商务平台，这一平台的宗旨在于立足于广交会，通过广交会电子商务的发展来推动中国贸易的发展，最终打造成国家级诚信电子商务品牌。广交会完善采购商和参展商个性化增值服务，大力提升电子商务和资讯化水平；围绕构建一体化的展馆高效运营体系和打造服务品牌的目标，稳步推进现场服务品质由优秀向卓越迈进。2012 年以来，广交会积极响应国家低碳环保的政策导向，积极推进绿色展馆和绿色展会建设，采取多项低碳、环保措施，为中国会展业树立了生态文明标杆。同时，围绕建设“智慧广交会”和发展电子商务的目标，提高信息化工作水平。

历届广交会成交额情况、历届广交会采购商到会情况分别见表 1、表 2 所示。

表 1　历届广交会成交额统计

年　份	成交额（百万美元）		全年成交额（百万美元）	比前一年增、减%	每个五年计划内成交额（百万美元）
	春交会	秋交会			
2014	31 051				
2013	35 540	31 690	67 230	-2.15	
2012	36 030	32 680	68 710	-8.09	
2011	36 860	37 900	74 760		
2010	34 300				
2009	26 230	30 470	56 700	-18.7	
2008	38 230	31 550	69 780	-5.5	
2007	36 390	37 450	73 840	11.4	
2006	32 220	34 060	66 280	13	
2005	29 230	29 430	58 660	13.4	
2004	24 510	27 200	51 710	107.5	
2003	4 420	20 490	24 910	-29.4	199 741
2002	16 850	18 470	35 320	21.2	
2001	15 774	13 367	29 141	1.9	
2000	13 652	14 950	28 602	17.9	
1999	11 551	12 728	24 279	14.5	
1998	10 215	11 000	21 215	4.3	113 091
1997	9 817	10 533	20 350	9	
1996	8 795	9 878	18 673	-3.8	

续表

年份	成交额(百万美元)		全年成交额(百万美元)	比前一年增、减%	每个五年计划内成交额(百万美元)
	春交会	秋交会			
1995	10 791	8 621	19 412	-8.6	82 595
1994	10 152	11 085	21 237	45.2	
1993	7 115	8 480	14 625	1.1	
1992	6 899	7 573	14 472	12.6	
1991	5 743	7 106	12 849	13.2	
1990	5 655	5 695	11 349	4.2	47 706
1989	4 820	5 571	10 895	13.6	
1988	4 648	4 944	9 592	12.3	
1987	4 059	4 480	8 539	16.5	
1986	3 242	4 088	7 330	29.2	
1985	2 573	3 103	5 676	9.5	22 923
1984	2 404	2 778	5 182	15.5	
1983	2 218	2 268	4 486	61.3	
1982	504	2 277	2 781	-42	
1981	2 063	2 735	4 798	8.9	
1980	1 898	2 511	4 408	-14.2	20 031
1979	2 432	2 708	5 140	18.7	
1978	1 883	2 448	4 332	34.1	
1977	1 547	1 682	3 230	10.6	
1976	1 333	1 589	2 921	9.5	
1975	1 247	1 420	2 667	12.8	11 071
1974	1 097	1 267	2 364	-20.3	
1973	1 381	1 587	2 968	58.5	
1972	793	1 079	1 872	55.9	
1971	505	695	1 201	31.7	
1970	403	509	912	19.4	4 216
1969	335	428	764.0	-12.8	
1968	396	480	876	6.4	
1967	418	406	824	-2	
1966	360	481	840	11	

续表

年份	成交额(百万美元)		全年成交额(百万美元)	比前一年增、减%	每个五年计划内成交额(百万美元)
	春交会	秋交会			
1965	325	432	757	44.9	国民经济调整时期 1 637
1964	242	280	522	46.1	
1963	149	209	358	36.7	
1962	117	145	262	-3.4	1 262
1961	140	131	271	17.5	
1960	125	105	231	5	
1959	76	144	220	-21.3	
1958	153	126	279	221.3	
1957	18	69	87	1	87

表2　历届广交会采购商到会统计

年份	采购商人数		来自国家和地区	
	春季	秋季	春季	秋季
2014	188 119		214	
2013	202 766	189 646	211	212
2012	近21万	188 145	213	211
2011	207 103	209 175	209	210
2010	203 996	200 612	212	208
2009	165 436	188 170	209	212
2008	192 013	174 562		
2007	206 749	189 500	211	213
2006	190 011	192 691	211	212
2005	195 464	177 000	210	210
2004	159 717	167 926	203	203
2003	23 128	150 485	167	201
2002	120 576	135 482	185	191
2001	111 886	101 382	181	176
2000	98 005	105 031	174	174
1999	79 526	91 213	170	174

续表

年　份	采购商人数		来自国家和地区	
	春季	秋季	春季	秋季
1998	64 868	70 019	166	165
1997	60 326	62 309	159	165
1996	50 851	59 050	152	151
1995	52 350	52 604	150	167
1994	49 882	51 219	125	142
1993	38 316	46 952	139	141
1992	48 677	51 411	139	132
1991	44 276	45 750	127	129
1990	40 436	42 236	105	117
1989	38 470	37 101	109	98
1988	35 464	41 318	111	102
1987	27 168	32 139	100	114
1986	26 730	31 617	83	96
1985	24 588	26 911	90	87
1984	23 690	25 838	98	92
1983	21 785	23 882	87	84
1982	9 834	22 340	69	92
1981	23 172	24 388	103	92
1980	20 560	21 959	101	94
1979	25 332	24 436	104	97
1978	17 547	21 081	98	97
1977	16 049	17 370	99	94
1976	14 330	15 326	99	92
1975	16 724	15 878	107	110
1974	15 016	15 781	86	88
1973	16 734	13 649	93	85
1972	12 539	14 598	74	82
1971	9 834	10 606	67	70
1970	7 290	8 046	73	57

续表

年份	采购商人数		来自国家和地区	
	春季	秋季	春季	秋季
1969	7 106	7 721	60	63
1968	9 349	7 012	67	65
1967	7 849	6 662	62	60
1966	6 533	6 329	62	52
1965	5 034	5 961	53	56
1964	3 719	4 444	51	51
1963	2 871	3 100	38	42
1962	2 553	3 640	29	36
1961	2 463	2 244	23	31
1960	2 688	2 542	37	31
1959	2 451	2 661	31	31
1958	2 256	3 096	36	40
1957	1 223	1 923	19	33

二、第115届中国进出口商品交易会

(一)采购商与会人数略有下降

第115届广交会境外采购商与会188 119人,来自214个国家(地区),与会人数比第114届减少0.81%,比第113届减少7.23%。

各大洲境外采购商与会人数按比例从高到低依次为:亚洲占55.46%,欧洲占17.19%,美洲占14.68%,非洲占9.27%,大洋洲占3.40%。

与上届同期相比,非洲增长29.11%、亚洲增长1.55%、大洋洲减少0.76%、美洲减少1.97%、欧洲减少16.62%;与第113届同期相比,非洲增长0.07%、亚洲减少5.16%、大洋洲减少11.17%、欧洲减少11.24%、美洲减少12.91%。

与会人数排名前20的国家和地区占与会总人数的62.14%,较上届减少3.26个百分点。与会人数前十位的国家和地区依次为:中国香港、美国、印度、中国台湾、俄罗斯、马来西亚、泰国、韩国、澳大利亚、日本。

2013年我国十大贸易伙伴国家和地区与会人数,占与会总人数的59.40%,比上届减少6.78个百分点。

共有1 457家国际连锁企业与会,环比减少3.57%;人数3 391人,环比基本持

平。在2013年最新公布的世界零售250强企业中有115家与会,排名在前10位的有8家,分别为沃尔玛、家乐福、乐购、麦德龙、克罗格、好市多、ALDI和家得宝。

到会超过10次的老采购商51 479人,环比增长3.55%;到会15次以上的32 640人,环比增长3.95%。这表明采购商忠诚度有所提高。

(二)传统市场复苏乏力,新兴市场需求疲软,企业更加注重培育外贸竞争新优势

本届广交会累计出口成交1 911.84亿元人民币(折合310.51亿美元),环比下降2.01%(扣除汇率波动因素,下同),同比下降12.64%。

对欧盟、日本、美国成交环比分别下降1.3%、7.93%和增长0.72%,同比分别下降9.44%、4.69%和增长2.45%;对金砖国家(印度、巴西、俄罗斯、南非)成交环比增长5.11%,同比下降12.96%;对中东国家成交环比增长1.72%,同比下降21.87%;对东盟成交环比下降15.26%,同比下降18.31%。

民营企业成交环比增长2.4%,同比下降8.26%;外商投资企业成交环比下降12.83%,同比下降18.77%;国有企业成交环比和同比分别下降1.33%和19.6%。

成交以中短单为主,长单占比依然偏低。成交订单中,3个月以内的短单占50.39%,3~6个月的中单占32.77%,6个月以上的长单占16.84%。

品牌展区成交活跃,企业更加注重培育以技术、品牌、质量、服务为核心的外贸竞争新优势。品牌展区成交占总成交额的33.98%。拥有自主品牌、设计理念先进、技术不断创新的高附加值产品成交较好。越来越多的企业认识到,加快转型升级、培育外贸竞争新优势是今后企业生存发展的必然选择。

进口展吸引了国际优秀企业参展。本届广交会进口展区共有来自43个国家和地区的539家企业参展。截至5月4日,本届进馆人数89 982人,较去年同期增长3.71%。第一期首设创新展示区,集中展示来自世界各地的高新技术产品,为技术创新型企业提供更前沿的市场和舞台。第三期将纺织面料题材扩大为面料及家纺题材,进一步满足海内外客商一站式采购的需求。境外参展企业普遍认为本届进口展区展会水平高,参展效果好,观众专业性强。

(三)广交会高端资讯服务受欢迎

广交会出口产品设计奖(CF奖)带动示范效应,2013年度获奖产品的实物展示切实促进了成交,激发了其他企业参评的积极性。2014年CF奖将于5月10日截止报名,目前已有近400家企业报名,申报产品600多件,比去年有了大幅增长。

本届广交会“设计提升贸易”系列活动获得境内外参展企业和设计公司及国际买家的热烈欢迎,共有2 680家企业积极参与活动,努力培育竞争新优势。本届

广交会产品设计与贸易促进中心(PDC)设计展示面积达1 084.5m^2,比去年同期增长21%,共吸引了来自11个国家和地区的70家设计机构参加设计展示,意向洽谈13 916宗,3 875宗有望转化为合作项目。本届共举办了8场主题论坛,3场定向设计对接活动,29场“设计智汇”交流活动,并进一步丰富题材、创新形式,活动的数量和质量都有显著提升。其中广交会国际市场论坛以阿联酋市场为主题,吸引了超过200家企业代表参加。

(四)广交会绿色发展计划开局良好

本届广交会全面实施绿色发展计划,大力推进低碳环保展会建设。第115届广交会绿色展位数为30 476个,绿色展位比例为50.9%。参展企业参与广交会绿色特装奖评选的热情提高,共有778家参展企业报名参加绿色特装奖评选活动,同比增加238%,共有85个特装展位获得“绿色特装奖”荣誉称号。以上数据包含第三期绿色展位,由于第三期撤展还没完成,最后数据以撤展结束后公布为准。广交会绿色发展计划符合国家政策导向和国际展览发展潮流,对于促进广交会转型升级和可持续发展意义重大。从撤换展情况看,本届特装板材废弃物、现场污染物和有害气体排放均比上届明显减少,撤展进度提前,效率提高。

(五)与会各方知识产权保护意识增强

本届投诉接待站共受理知识产权投诉490宗,664家参展企业被投诉,最终认定308家被投诉企业构成涉嫌侵权。与上届同期相比,受理案件总数下降2.00%,被投诉企业总数增加8.67%,最终被认定涉嫌侵权企业总数增加5.84%。共受理贸易纠纷投诉57宗,比上届同期增加29.55%。本届广交会继续实行知识产权投诉中介代理证制度,共有27家代理机构办理了中介代理机构证件。

(六)广交会电子商务平台全面升级

第115届广交会电商平台全面升级,面向全球采购商(包含非广交会采购商)开放注册。全新开放模式提高了采购商的兴趣和贸易配对效率。

本届广交会电商平台推出了“广交会移动e展厅”服务,提高配对效果。举办了无锡、三明等交易分团推广日、跨采十周年庆典、巴西采购团综合采购沙龙、沃尔玛采购日、印度团采购见面会、巴西采购团赴佛山陶瓷城工业基地考察等5场采购沙龙活动,线下帮助供应商和采购商实现对接。启动了境外网络营销及境外网络社区的推广,将商品信息、展会资讯等推送到海外市场,提升平台用户使用体验及黏性。

(七)现场服务创新,亮点纷呈

本届通过对服务过程全方位的严格监控,促进现场服务效率不断提高。办证效率进一步提升,人员管理更加便利高效,展馆秩序明显改善。丰富信息化服务,开通广交会官方微信,提供大会权威资讯并配以常见问题自动应答。开通网上电子支付功能,实现展具租用、标摊改装申报、搬运证申报等服务网上受理。引进新的供餐单位,改善餐饮区经营环境,餐饮服务质量和服务水平也得到了进一步提升。

广交会客户联络中心开通 30 个座席,热线 4000 - 888 - 999 提供中、英、西、法、俄五种语言的人工和自动语音应答全天候服务。本届广交会通过来访电话、邮件、传真、网上客服累计受理客户咨询及业务共 44 807 宗,外呼主动邀请客商 23 097 宗(比上届显著增加 135%),利用端到端的形式受理业务 1 757 宗。

案例二　中国国际高新技术成果交易会

一、历史沿革

中国国际高新技术成果交易会(简称高交会)由商务部、科技部、工业和信息化部、国家发改委、教育部、人力资源和社会保障部、国家知识产权局、中国科学院、中国工程院、深圳市人民政府主办,农业部协办,深圳市中国国际高新技术成果交易中心(深圳会展中心管理有限责任公司)承办。自 1999 年首届举办以来,已成功举办了 10 届。

每届高交会均有全国 31 个省、自治区、直辖市、计划单列市和港澳台地区以及近 30 家中国著名高校参加展示交易洽谈;同时,高交会也得到了海内外高新技术企业的认可和欢迎,全球 50 多个国家的客商参加了历届高交会的展示、交易和洽谈,其中有美国、英国、德国、加拿大、意大利、俄罗斯以及欧盟等近 30 个参展国家或国际组织,有微软、IBM、甲骨文、西门子、爱立信、飞利浦等 40 多家国际知名跨国公司;来自全球的商政学界精英,如诺贝尔奖获得者、部长级以上政府官员、跨国公司总裁等在高交会论坛上发表演讲;每届会展参观人数超过 50 万人,产品与技术交易额超过百亿美元。

高交会设有“高新技术成果交易、高新技术专业产品展、论坛、super - SUPER 专题活动、高新技术人才与智力交流会、不落幕的交易会”六大板块,集成果交易、产品展示、高层论坛、项目招商、合作交流于一体,通过“官产学研资介”的有机结合,为海内外客商提供寻求项目、技术、产品、市场、资金、人才的便捷通道。

高交会以“国家级、国际性、高水平、大规模、讲实效、专业化、不落幕”的特点,成为中国高新技术领域对外开放的重要窗口，在推动高新技术成果商品化、产业化、国际化以及促进国家、地区间的经济技术交流与合作中发挥着越来越重要的作用。

二、2013 年第十五届高交会概况

本届高交会是党的十八届三中全会胜利召开后举行的首个国家级大型展会。本届高交会紧紧围绕创新驱动发展，多维度、全方位展现我国战略性新兴产业与自主创新的最新成果，推动科技与经济社会发展更紧密结合，促进更广范围的国际科技交流合作。包括 29 个国家和地区、34 个外国团组在内的 3 012 家展商参展，包括来自 78 个国家和地区、115 个代表团在内的 54.1 万人次参会，总展览面积达 11.5 万 m^2。

本届高交会按照《第十五届高交会总体方案》和《高交会打造世界一流展会行动计划》的要求，着力优化展商和观众服务，提升展会视觉形象。无论是展览、论坛、活动还是 VI 标识、现场服务，均力主创新，突出实效，彰显了本届高交会的亮点。一是突出了创新驱动，集中展现了现代科技在推动经济社会持续健康发展中的重要作用；二是突出了转型升级，全面聚焦了战略性新兴产业发展的最新成果；三是突出了前沿引领，强化了高交会作为高新技术领域“行业风向标”的地位；四是突出了国际化色彩，展会国际化水平进一步提升；五是提升了展会质量，以需求导向提升服务，以问题导向提高品质，以国际一流展会为标杆，全面提升组织、运营、服务水平，使高交会的办展质量和影响力跃上新台阶。

（一）展商和项目情况

本届高交会，参展商带来的高新技术项目与产品数达 3 300 项，其中，拥有自主知识产权的项目数为 2 071 项，占比 62.8%，涵盖了节能环保、新一代信息技术、生物、高端装备制造、新能源、新材料、新能源汽车和现代农业等领域。

“网上高交会”搭建常年交易平台，提供在线配对撮合和项目推荐服务，截至本届高交会，累计入库项目已达 16 299 个。

（二）参会人员情况

本届高交会通过观众网上预登记、团体观众邀请、与专业机构合作推出高交会商旅服务等多种方式，提升观众的数量和质量。截至目前，入馆人数已达到 54.1 万人次。

本届高交会上，共有 3 487 位投资商参展参会；专业观众人气指数达到 232，即平均每天每个展位共接待了 232 位专业观众；采购商人气指数达到 53，即平均每天每个展位共接待了 53 位有意向或有实际采购行为的采购商。

近 200 家海内外媒体的约 1 500 名记者参与了本届高交会的报道。

（三）论坛及相关活动情况

高交会组委办、主办单位、省市团组以及各专业机构在展会期间纷纷举办各类论坛及发布、推介、洽谈活动，规格高、专业性强，高交会高新技术领域“行业风向标”的作用更加彰显。

据不完全统计，本届高交会上举办的各类活动有189场。其中，技术性论坛32场，聚焦于新一代信息技术、新能源等高科技领域以及投融资、科技园建设运营等方面的分享与探讨；super-SUPER活动23场，增进了中外团组、高层人士之间的对接和交流；信息发布活动42场，涉及战略性新兴产业七大领域，来自6个国家的63家企业推介了60余项技术或产品。5位外国政府部长级官员、1位诺贝尔经济学奖得主、19位院士和国内外知名专家学者、相关领域的机构和跨国公司高层以及一大批海内外知名企业家参加论坛及相关活动。

为加强创业与投资服务，支持小微企业发展，高交会设立科技创业型小微企业展区、个人技术创新展区，举办了小微企业与投资机构配对洽谈会合计60多场次；组织了项目路演会，共有75家企业报名参加路演培训，14个项目进行了路演，120多家投资商参会，取得了较好效果。本届高交会还与中国创新创业大赛深圳赛区进行合作，97支队伍来到高交会参加决赛，并通过高交会与诸多投资商进行了接洽。

此外，据第三方机构抽样调查，本届高交会上，展商与专业观众之间的商务洽谈活动达到18万次。

（四）展会服务情况

本届高交会进一步注重办展细节，在精细化、精品化上做文章，创新推出了更加贴近参展参会者需求的个性化服务：

1. 首次推出微信服务，观众可以通过微信了解展商情况及大会活动安排。

2. 交易促进活动进一步深化，采购洽谈发布会、企业高层专访、特约评论员专访、高新技术项目融资路演会等各项活动提高了参会各方的活跃度及对接洽谈的匹配度、实效性。

3. 首度推出外地团组、企业、展商与深圳企业点对点考察交流服务，提高了外地展商的参会附加值。

4. 为专业观众推出了可多次入场的门票，并精心围绕展区亮点设计了多条推荐参观路线，对有需求的团体观众提供参展导览服务，提高了参观效率和专业观众满意度。

5. 为德国、新西兰、俄罗斯、韩国、西班牙等海外团组积极对接深圳工业总会、深圳软件行协会、深圳高新技术产业协会等机构，组织中外企业进行一对一洽谈。

案例三　中国—东盟博览会案例分析

一、东盟博览会概况

东盟博览会(全称中国—东盟博览会)是由中国国务院总理温家宝倡议,由中国和东盟10国经贸主管部门及东盟秘书处共同主办,广西壮族自治区人民政府承办的国家级、国际性经贸交流盛会,每年在广西南宁举办。博览会以“促进中国—东盟自由贸易区建设、共享合作与发展机遇”为宗旨,涵盖商品贸易、投资合作和服务贸易三大内容,是中国与东盟扩大商贸合作的新平台。

自2004年以来,东盟博览会已成功举办九届,同期成功举办九届中国—东盟商务与投资峰会。东盟博览会是目前中国境内唯一由多国政府共办且长期在一地举办的展会。博览会以展览为中心,同时开展多领域、多层次的交流活动,搭建了中国与东盟交流合作的平台。

二、东盟博览会发展瓶颈

成功举办展览会的因素主要来自两个方面:一个是产业因素,即展览题材所涉及的产业,相对其他地区来说是否拥有优势,产业优势有利于招展;另一个是市场因素,即商业展览所在地,是否是企业销售的主要目标市场。产业优势有利于招展,市场优势则有利于招商,而市场优势对展览业的影响及促进作用更大。

没有需求的产品是没有生命力的,要令展会具有生命力,招商比招展更为重要。一些市场化运作的一流会展公司,甚至拥有百万数量级的专业买家资料库,与会专业观众60%以上是参展商的目标客户,确保了展会的吸引力和竞争力。而国内很多成功的展会,参展商满意度可以达到95%以上, 90%以上的专业观众重复参展。

就东盟博览会举办地广西及南宁而言,产业和市场两项要素都不具备强大的竞争力,东盟博览会落户南宁是政治合作推动经济发展的产物,因而,大大提升其本质性的会展经济功能是核心的战略发展方向。作为综合性展会,博览会无法提出清晰的战略定位,留给市场的印象相对模糊,更多依赖政府运作手段来支撑,市场化运作手段相对薄弱。

在最初几届的东盟博览会运营管理中,招展、招商方面存在比较多的问题,成为制约博览会发展的瓶颈。具体说来,主要表现为以下几个方面:

第一,专业观众数量不足,尤其是来自东盟的专业观众的欠缺是博览会的一大缺陷。

第二，客商满意度低，回头客数量少。

第三，增值服务不足，专业论坛数量少、水平低。

第四，与商协会合作的层次比较低，更多停留在招商招展和借助商协会刊物做宣传的层面，缺乏商协会战略性支持。

第五，缺乏主导行业的骨干企业的大力支持与长期合作。

第六，与专业学术团体的合作缺乏。

第七，博览局内部对营销的重视不足，机构建设及职能设计存在缺陷。

三、东盟博览会的营销策略

为了弥补博览会在产业与市场方面的不足，东盟博览会必须在营销策略上做出大胆创新与尝试，才能实现博览会的快速增长，巩固市场地位，并走上市场化与品牌化道路。总结东盟博览会过去几年的营销策略，最主要的是关系营销，以下对博览会组委会采取的关系营销策略做简要分析。

关系营销是在“大营销”观念基础上发展而来的，关系营销的立足之本，是不仅将注意力集中于和顾客的关系，而且扩大了营销的视野，所涉及的关系包含了企业与其利益相关者之间所发生的所有关系。

关系营销的性质是“公共的”，是组织与个人或组织与组织之间的互动，不同于个人交往关系。传统营销仅仅关注买卖双方的交易过程，而现代市场营销系统中的主要元素更为复杂。虽然营销过程的焦点是顾客，但必须拓展视野，把营销的研究扩大到与分销者、供应商、竞争对手、公共机构、政府部门以及企业内部员工等各种交换关系。

东盟博览会组委会从客户、媒体、商协会、政府、学术团体、会展服务链、产业链、企业家等几方面入手，建立了完整的关系营销网络。

（一）客户关系营销

针对客户所开展的关系营销，就是针对不同企业的不同需求，通过多种手段提升基本服务之外的附加价值服务，从而提升客户满意度和忠诚度。

大客户实力雄厚，市场基本成形，参展的目的性更明确，更多的是产品/品牌展示、渠道建设和维护方面的需求。虽然难于邀请，但由于企业自身运作能力强，一旦参展较容易形成高满意度。中小企业由于实力所限和信息源的匮乏，参展的目的更多指向寻找客户和代理/经销商，如果专业观众组织不力，中小企业更容易对展会形成不满情绪。

针对大客户，东盟博览会在招商处基础上成立大客户中心，专门研究五大类行业内前10家领导企业的需求，与其中的主导企业建立长期战略合作关系，特别是与相关企业家建立对话机制，吸引其参展并全方位满足其需求。对于中小企业，则建立展前、展中、展后的系统服务工程。展前完善现有报名机制，将报名过程健全为了解客户需求的互动过程，并根据需求特征设计有效的服务方案；展中深度关怀企业参展体验，为企业提供系统深入的撮合配对、商务交往服务；展后系统地回访客户，深度了解客商感受和满意度，并建立研究报告制度，根据报告结论修订和调整今后的工作。

（二）媒体关系营销

作为一个国际性经贸交流盛会，中国—东盟博览会从一开始就向世界表明：这不仅仅是中国与东盟10国的盛会，也是一场全球媒体的盛会。东盟博览会致力于与主要媒体建立战略合作伙伴关系，在利用主流媒体宣传东盟博览会的同时，也为对方创造宣传自身、树立品牌的良好平台，达成共赢。广西博览局与新浪网的合作谈判就是一个典范。另一方面，是与主要网站，特别是东盟博览会涉及的五大行业主要网站和外贸网站建立深度合作关系，目前博览会官方网站已与各行业主要网站通过横向联合提升网站服务功能，加强宣传推广力度。随着博览会在境外的影响力不断扩大，吸引了众多境外媒体记者参会报道，各国特别是东南亚、日韩等国家的媒体，每年都会集中报道中国—东盟博览会。中外媒体的聚焦，进一步提升了中国—东盟博览会的品牌知名度和影响力。

（三）商协会关系营销

商协会是企业合作的桥梁，是企业联系各方的纽带。商协会在当代经济发展中开始扮演越来越重要的角色，尤其是民营企业扮演了商会的主角，而这个领域又是依托政府无法完全触及的领域。

为扩大经贸成果，博览会在展览专业化、合作平台效应、商机创造等方面加快推进。博览会在东盟部分国家设立联络处，邀请东盟国家29家主要商协会和国家工商会、国内7大进出口商会作为合作单位，加大了对日韩、中国台湾地区以及东盟其他对话关系国的工作力度，延伸了合作层次，扩大参与面，增强了博览会对客商的吸引力。如今，博览会与东盟、国内以及区域外100多家商协会建立了紧密的合作关系，携手开拓市场。中国和东盟国家有40家商协会成为博览会支持单位。通过与商协会的合作，博览会得到了行业支持，加快了专业化进程。

每届博览会都在展会现场设立中外商协会咨询服务区，由中外商协会联合为企业提供咨询服务，促进中外商协会交流，促进贸易配对和投资合作。缅甸工商联合会把中国—东盟博览会看成是最能获得实效的中国展会之一，表示将一如既往地支持和配合博览会筹备工作。

(四)政府关系营销

一是对国内各政府机构而言,东盟博览通过深化和细化与各地方政府部门的合作,建立了问候关怀机制,确定合作伙伴关系。很多省市为促进本省企业参加东盟博览会,拓展东盟市场,纷纷对本省参展企业实施补贴政策,如江西省对首次参展企业实行展位费80%的补贴,连续两次参展企业实行展位费100%的补贴。同时,经博览会秘书处确认的采购商将享有展会期间2天的免费住宿安排。

二是对东盟各国政府而言,通过博览会邀请东盟国家领导人出席,共同出席博览会开幕式,主题国领导人亲自出席主题国系列活动,推动了共筑合作平台。博览会建立了跨国家、跨省区、跨部门、跨行业的11国共办机制,包括中国商务部、文莱工业和初级资源部、柬埔寨商业部、印度尼西亚贸易部、老挝工业贸易部、马来西亚国际贸易和工业部、缅甸商务部、菲律宾贸易和工业部、新加坡贸易和工业部、泰国商业部、越南工业贸易部、东盟秘书处都成为博览会的主办机构,依托各部门在本国的影响力,博览会的招展、招商业绩蒸蒸日上。

四、案例点评

博览会相对于展览会,涉及的范围更广,筹备时间更长,统筹难度更大。东盟博览会在产业因素和市场因素均不占优的情况下,凭借营销策略的创新,取长补短,实现了博览会的跨越式发展,得到了业界的高度肯定,获得了一系列的荣誉称号。2006年,东盟博览会荣获"2006年中国十大最具影响力的政府主导型展会"称号。2007年,东盟博览会获得"2007年中国十大最具影响力的国家级品牌展会"称号。2008年,东盟博览会在第六届中国会展节事财富论坛上被评为"2008年度十大会展"。2009年,东盟博览会在第七届中国会展业高峰论坛上被评为"2009年中国十大国家级品牌展会"。

回顾东盟博览会"从无到有、从小到大"的发展历程,东盟博览会以下几方面的成功经验值得借鉴推广。

一是高度重视,统筹到位。在东盟博览会的准备过程中,广西壮族自治区党委、政府给予高度重视,号召举全区之力办好博览会,全区上下各级各部门、各行各业齐动员,积极准备,形成合力。为此,还成立了统筹会展业发展的广西博览事务局,在全国各省市中走在前列。

二是重视招商,宣传发力。博览会将中国与东盟之间最具合作潜力的行业作为博览会专业化的方向,邀请专业观众更加有针对性,通过"世界买家数据库"以及与相关商协会合作等多种渠道邀请专业观众,使博览会专业观众逐年提升。而在博览会和峰会期间,组织大量记者到会采访,进行了全方位、立体式、多元化、多角度的深度报道，极大地提高了博览会和峰会的知名度。据报道，中外媒体对于博览会和峰会的新闻报道达上万篇。大量的媒体报道进一步提升了博览会的知名度，从而促进了招商工作的顺利开展。

三是定位高远，广泛布局。采取有效措施，推动了博览会的对外开放，吸引了更多外商，提高了服务全国、服务东盟的能力。越南、柬埔寨、泰国等东盟国家开始在南宁设立总领事馆或办事处。开展有效的对外宣传推广活动，积极争取海外合作单位，切实提高博览会的国际化水平。

案例四 "中国好声音"案例分析

一、"中国好声音"简介

"中国好声音——The Voice of China"，源于荷兰电视节目"The Voice of Holland"，是由星空传媒旗下灿星制作公司以 350 万元三季的价格从注册在英国的版权代理公司 IPCN 手中购买"The Voice"的中国版权后，联合浙江卫视强力打造的中国大型专业音乐真人秀节目。节目于 2012 年 7 月 13 日正式在浙江卫视播出。"中国好声音"不仅仅是一个优秀的选秀节目，更是中国电视历史上真正意义上的首次制播分离。刘欢、那英、庾澄庆、杨坤四位著名歌手将作为明星导师言传身教，为中国乐坛的发展提供一批怀揣梦想、具有天赋和才华的音乐人，树立中国电视音乐节目的新标杆。

二、"中国好声音"的需求分析

（一）经济需求

在当前中国，很多年轻人渴望成名，希望能够通过非常规手段短时间草根变大腕，从而改变自己的命运和社会地位。"中国好声音"打出只凭"好声音"选秀的口号，吸引众多爱好音乐又渴望在音乐道路上取得成功的人士踊跃参与。

（二）娱乐需求

电视台节目长期同质化，缺乏娱乐内容和娱乐形式的创新，市场上需要一个有新意的产品打破现有格局。"好声音"引进的是荷兰原版节目"The Voice"。两年前，"The Voice"在荷兰电视台播出后轰动一时，吸引了超过 300 万的电视观众，而荷兰的总人口不过才 1 650 万。去年，美国 NBC 推出了"The Voice"美国版，接着是英国、法国、德国和韩国购入版权并获得成功。"The Voice"完整的节目架构、制作流程和很强的可操作性，注定了"中国好声音"的成功。中秋之夜，这一个省级卫视的节目,居然让央视到各家地方台的中秋晚会都黯然失色,就足以说明了一切。

(三)心理需求

“好声音”满足了中国人千年以来看热闹的“窥视”心理及短暂脱离现实的“逃避”心理。与其说“中国好声音”是一档音乐节目,还不如说其是一档心理节目。

三、“中国好声音”的营销策略

(一)产品策略

节目的内容、形式、人物、设备,均有出彩之处。内容上,追求音乐梦想、执着拼搏的精神和用心歌唱的理念给更多追逐梦想的年轻人注入了“正能量”;形式上,“椅子很忙”的漂亮转身和“擂台飙歌”的刺激都很好地吸引了大众的眼球;人物上,从四大导师到实力惊人的学员们,再到专业的伴奏乐队,顶级阵容联袂是观众最乐于看到的;设备上,现场四把导师座椅直接从英国空运过来,总价高达 320 万元,而现场顶级的音控设备、录音设备、环绕全场的巨型 LED 屏等也都造价不菲,这些硬件设备也是保障节目高品质的基础。

(二)渠道策略

“好声音”节目通过微博进行实时的战况展播,同时跟媒体的联动让“好声音”迅速进入了观众的视线。利用明星微博的裂变效应和有争议性的话题,如节目播出之初,选手的身份先引起了很大的质疑,徐海星讲述父亲的故事,却引发很多网友指责其是借悲惨故事来宣传自己,关于徐海星是否借父亲炒作的全部讨论超过 82 万条。又如“好声音”启动之初,微博女王姚晨就转发了微博,评论道:“‘中国好声音’提炼了生命中那些最有价值的东西:积极、乐观、真挚、勇敢。”姚晨在当时的粉丝数就有 2 389 万,按照专家的说法,虽然不能具体估算出“大 V”姚晨这条微博对“好声音”的口碑影响有多大,但可以看到的是,在她之后,很多“大 V”也转发了支持“好声音”的微博。

微博关注评论“好声音”的名人还有一大堆,这些名人在微博上的粉丝数加起来超过 3 亿人次,虽然不能简单地说可以直接影响到 3 亿观众,但即使打个对折,加上这些明星互相转发的辐射效应,他们确实为“好声音”做了最好的广告。

(三)促销策略

说到“中国好声音”的营销,首先需要关注的是“事件营销”。从“好声音”开播起,各种话题与争议便紧随而来,可以这么说,“中国好声音”的每个学员都有故事,每期节目都有话题。一个个单独的“事件炒作”联系起来形成合力,让“中国好声音”一次次登上各大媒体的头条，一次次成为网民讨论的对象，最终成就了席卷全国的“好声音”风潮。可以说，“中国好声音”对事件营销的操作出神入化。

四、“中国好声音”的推广策略

（一）“好声音”网站建设

“好声音”建立了一个网站，把每一期歌手的视频分别做剪辑，划分栏目放上去，从栏目划分看，分为新闻、团队、学员、视频、图片、音乐、互动、专题、音乐下载等。新闻是“好声音”最新的动态；团队是一个面，四个评委团队为主线，覆盖这些入选学员；学员栏目放上所有的学员列表，根据第几期和字母排行列出，方便检索；视频主要是花絮内容，满足那些想了解更多内幕的人的欲望；音乐栏目满足那些想在线听音乐的人的需求；互动栏目满足那些希望参与的人，并以视频为主来吸引参与。这些栏目划分的好处，是满足了不同人的需求，几乎每个栏目都有在线收集潜在歌手的交互操作，这些主动参与的人，又由另外的渠道了解到“好声音”而燃起热情。这些渠道是社交媒体、视频网站和户外广告。

（二）社交媒体传播

“好声音”建立了两个微博账号，通过这两个账号，及时发布信息。这些微博能快速聚集人气，主要通过口碑传播，而“好声音”微博更新频率还是很快的，这就保证了微博的吸引力。通过微博，把网站、花絮、线下推广串联起来，非常及时地让人们了解到好声音每一步的举措。社交媒体上因为“好声音”和“好声音”微博，会产生更多的调侃、模仿和讨论，这些像“病毒”一样的传播方式，反过来又影响到原本对“好声音”不了解的人的好奇，最后他们会好奇地去等每周五晚上那期最新的“中国好声音”节目。为了让学员从虚拟走向现实，“好声音”还是不能免俗地使用了推介会这种形式，从微博能了解到各个城市什么时候开始线下推广，这些推介会反过来又为微博提供了资源，让微博在每个周末固定时间保持了更新的频率。

（三）线下推广

线下推广通过户外广告和开在各地的学员推介会来实现。线下推广在上海的固定地点是上海大悦城，这个地方距离市中心人民广场很近，仅有一站路的距离，而且出地铁上面就是大悦城，大悦城的中庭开阔，观众区比很多商场都大，又是室内，不会受到下雨影响，交通便利，人们容易到达，这些便利条件让“好声音”的展现有了一个保证。

（四）SEO 优化

“好声音”官网有 8 700 多个方向链接，来源于几个方面：第一是合作伙伴链接,和“好声音”有合作关系的权重高的网站做的链接。第二是因为“好声音”的影响力而带来众多的自发单项链接,口碑传播会造成这种自发的行为。

五、“中国好声音”的模式创新

“中国好声音”在浙江卫视正式开播,首集“中国好声音”便拿下了1.477的收视率,位列全国第二。这与“中国好声音”从盈利模式、市场定位、价值链整合方面的创新密切相关。

(一)舍弃恶俗,回归好声音

“中国好声音”不以貌取人,只用声音打动人,而明星导师们选取学员的标准也一律以“好声音”为评判。它抵制了国内的选秀节目以“恶俗、毒舌、冷酷、拜金、富二代、造假”等吸引观众眼球的节目形式,显得更贴近生活,朴实无华而令人感动。同时,中国整个流行音乐陷入低迷,新生代好歌手、好作品匮乏,急需注入一股振奋人心的力量,而越想振奋人心,越需要正本清源。

(二)创造性的制播分离

“中国好声音”是中国电视历史上真正意义的首次制播分离。中国到目前为止,卫视的“制播分离”分成了三种模式:

第一种模式是电视台的劳务输出。电视台把一部分工作交给电视台以外的人来做,但是总的控制权在电视台,有时还会下派导演负责。它只是把一些纯粹的劳务性工作,包括剪辑、编导等基层工作请外人来完成,但核心技术和节目内容都是电视台掌控的。

第二种模式是电视台负责审查、付费和播出,制作公司全职生产,这是目前的主流模式。制作公司先拿出一个样片,交由电视台的审片委员会审查,他们会预估这个节目的收视率和广告吸附力,再考虑是否购买。

第三种模式是“中国好声音”创新的一种新颖的制播分离模式。“中国好声音”的商业模式创新体现在了制播的分离与分成方面。制作方和电视台共同投资,共担风险,共享利润。据报道,制作方和电视台之间有“一道线”的约定,低于“这道线”,制作方赔偿,高于“这道线”,二者分享利润。制作方为了更高的收视率,必须提高节目的品质,必须请到非常专业的明星、制作人员。这种制播分离的模式,制作成本上不会吝啬,而是要想办法把节目质量做高。

(三)导师们当股东,享受分红

“中国好声音”节目中那英、刘欢、庾澄庆、杨坤四位导师的收入模式是技术入股,彩铃分红。它不同于以往请嘉宾过来按场报价,来一场算一场的劳务报酬模式，而是把整个导师团队跟节目后期的市场开发捆绑在一起，导师在节目当中的参与和投入作为投资。制作方与中国移动有很好的合作，尝试把音乐类的后期开发，把所有学员的现场演唱制作成彩铃，提供给全国的手机用户来下载。学员们的收入也将来自彩铃下载，学员通过彩铃下载得到认可之后，还可以从中分红，形成良性循环，共赢互利。

（四）广告、付费下载、产业链深挖

“中国好声音”开播的前三期节目，收视率分别超过1.5%、2.8%、3.093%。据保守统计，浙江卫视十场“中国好声音”的软、硬广告收益约在2.508 8亿元到2.708 8亿元人民币之间。

制作方和电视台除了传统的广告收入分成、向视频网站征收的版权费之外，还把目光投向了整个音乐产业链。制作方把选手签约这一环以及签约后的商业演出等项目也收归自己所有。加上一系列为选手定制的商业演出、活动（国内大型连锁酒吧的定期室内演唱会，国内、国际商业演出，音乐剧以及中国移动付费彩铃下载），不仅延长了选秀选手的生命力，也建立了“中国好声音”的持续营利能力。

六、案例点评

“中国好声音”自播出后取得了极大的成功，从节目的品牌营销策略出发，可以总结出以下几个方面的经验。

- 迎合需求：一反选秀节目的“恶俗、毒舌、冷酷、拜金、富二代、造假”等卖点，给观众提供新颖的节目形式和更贴近生活、朴实无华的感动。
- 定位准确：不以貌取人，只用声音打动人，而明星导师们选取学员的标准也一律以“好声音”为评判。这样的定位，简单，可操作。
- 标准高：节目经验来自欧美原版节目的成功运作，而浙江卫视和灿星制作在本土化运营方面、幕后阵容上也力求高标准。
- 引起共鸣：以故事塑造不同的歌手个体，激起受众的共鸣。
- 体验式互动营销：整个过程等于是向观众展示体验一次产品使用的过程，这样的节目能够充分调动各方参与的积极性。
- 名人效应：刘欢、那英、庾澄庆、杨坤组成了“中国好声音”的首个导师团，一播出又吸引了姚晨、李玟、冯小刚等名人的微博传播。
- 公关炒作：多层次的网络口碑打造，大范围公关炒作，甚至，一些质疑声可能都是节目组事先安排好的。
- 有效利用新媒体：节目组不仅开通了官方微博、嘉宾微博，还有歌手微博，外加微博软文和活动的配合，充分调动了网友参与，形成社会议题。

案例五 中国北京国际科技产业博览会

一、历史沿革

中国北京国际科技产业博览会(简称“科博会”)是经国务院批准,每年5月定期在北京举办的国家级大型科技博览会。科博会由国家科学技术部、商务部、教育部、工业和信息化部、中国国际贸易促进委员会、国家知识产权局和北京市人民政府主办,中国国际贸易促进委员会北京市分会承办,中国科学院、中国工程院、中国企业联合会、中国科学技术协会作为顾问单位。从第九届开始,北京联合大学会展研究所受组委会委托,对科博会开展评估。科博会创办于1998年,初期定名为“中国北京高新技术产业国际周”,按照组委会“打造国际品牌博览会”的目标,从2002年第五届起正式更名为“中国北京国际科技产业博览会”,并经国务院批准每年5月在北京定期举行。其宗旨是促进高新技术产业的商品化、市场化和国际化。科博会的创办符合国家经济发展方向,集中体现了北京的优势和特色。它既是我国政府实施“科教兴国”、“科技兴贸”战略的具体举措,又体现了大力发展以高新技术为核心的首都经济的战略要求。

北京科博会经过10余年的积累和培育发展,搭平台、聚商机、论发展、促合作的综合效应日益显现,凝聚了一大批参展商、采购商和观众。科博会定位不断清晰,涉及领域不断拓宽,服务功能不断深化,国内外参与日益广泛,成为我国开展国际科技经贸交流的重要活动之一,并逐步发展成为国内外展示最新科技成果、传播前沿思想理念、发布产业政策信息、促进国际经济技术合作的专业化、国际化水平较高的标志性品牌活动,显示出充足的创新活力和旺盛的生命力,产生了广泛的影响。科博会已成为国内外高新技术产业及相关业界展示前沿科技、获取最新思想、传递产业信息、链接产业合作的国际化、标志性活动平台。

北京科博会展览、论坛、洽谈三位一体、联动互动的综合性博览会模式现已基本成熟。其中,展览会展出的内容主要突出国家重点发展的高新技术相关产业,形成了以电子通信技术、电脑网络、能源与环保、生物医药、汽车科技等为主题展示内容的集成。论坛会议则依托北京的资源优势,集中体现思想性、前瞻性、国际性和权威性,形成了涉及自主创新、能源战略、创新型服务业、新技术与文化创意产业、循环经济等为主要内容的品牌活动。洽谈推介会注重将请进来和走出去有机结合,注重做好项目需求方的组织,注重突出洽谈推介的专业性,形成涉及国际投资项目、中国企业海外投资、省市代表团和区县系列推介活动为重点的品牌活动。科博会所创建的这一新型会展模式正在运用于国内诸多会展活动中。

北京科博会得到了国家领导人的高度重视，也得到国际社会和国内外高新技术业界的广泛参与。每届科博会党和国家领导人都会出席，通过参观展览、接见外宾和发表主题演讲，体现出党和政府对我国大力发展高新技术产业的决心。每届科博会期间，都有一批国际组织负责人、国外政府高层官员、国际知名专家、学者和企业家等在科博会论坛上发表演讲。自第三届开始，国内31个省、自治区、直辖市和绝大部分计划单列市以及香港、澳门特别行政区和台湾地区每年都组织政府和科技经贸代表团参会。诺基亚、松下、三星等国际知名高科技企业，以及联想、海尔、海信、长虹、首钢、四通等国内高科技骨干企业都连续多届参加了展览会。

二、第十七届科博会概况

第十七届科博会通过举办主题报告会和高新技术展览会、科技项目成果推介洽谈、高端论坛三大系列数十场活动，多维度诠释了“创新驱动，融合发展”的主题，深入贯彻落实习近平总书记为北京明确的全国科技创新中心的城市战略定位，集中展示了中国科技创新的最新成果和重大突破，收获了引领中国科技产业发展的前沿思想理念和经验，助推了一大批科技成果转化和重大产业合作项目落地。

本届科博会受到海内外政府、科技界、产业界和金融界等相关行业的积极参与和热切关注。展览会人气旺盛，五天接待观众23万多人次；12场项目推介交易活动气氛热烈，洽谈活跃，吸引了国内外近5 000位客商踊跃参与；7场论坛受到业界热捧，256位来自国际组织、政府部门的权威人士，国内外知名专家、学者、企业家登台演讲，听众5 800多人次。据不完全统计，本届科博会期间，共签署科技合作、技术交易、产业化项目135个，合作协议总金额880.93亿元人民币。与往届相比，项目签约呈现三个特点：一是节能环保、新一代信息技术、生物产业、新能源等战略性新兴产业项目签约金额685.6亿元，占总签约额的77.8%；二是民营企业投资高科技产业项目占项目总数的46.53%，显示出民营企业和民间资本正在成为发展战略性新兴产业的重要力量；三是签约项目中全国各省区市项目占项目总数的39.6%，其中绝大部分为中央在京企业机构、北京市企业与省区市合作项目，首都优势创新资源辐射效应突出。科博会为五月京城呈上的这场科技盛宴，让观众真切感受到科技创新的无限魅力，“大数据”“智慧城市”“节能减排”“大气治理”“京津冀一体化”“海洋科技”成为当下百姓街谈巷议的热词。科博会再一次以独特的视角，展现了中国制造走向中国创造的强大实力和内在潜力；展现了中国科技对调整经济结构和培育战略性新兴产业的支撑引领作用;展现了中国科技创新与经济社会发展深度融合的良好态势;展现了中国科技产业向全球价值链高端跃升的发展趋势。其显示出的五大效应是:

第一,展现北京“科技创新中心”示范引领作用,集成协同创新,体现中国“智”造新高度。

本届科博会北京“科技创新中心”的国家战略地位凸显。一批我国自主研发的重大、核心关键技术和国家科学技术奖获奖项目集中展出,推动了重大科技成果转化。代表世界洁净煤发电前沿水平、具有“绿色煤电”突破性技术的中国华能天津IGCC示范电站;中国电子基于国产处理器、长城国产自主安全中文化BIOS的自主可控计算机整机;中船工业集团首座当今世界最先进的第六代3 000m半潜式深水钻井平台“海洋石油981”号,亚洲首艘新一代12缆物探船“海洋石油720”号,全球首艘集钻井、水上工程、勘探功能于一体的3 000m深海勘查船“海洋石油708”号;中船重工集团蛟龙号、海上公务船、无人水下航行器、新建极地考察破冰船、“微型”南极泰山站;首钢集团推出的“四个自主”的海水淡化技术;国家科技奖获奖项目“嫦娥二号卫星”、“玉兔号月球车”和世界领先的OLED照明技术及系列产品以及多旋翼无人机和单旋翼无人机真机参展。作为我国二次雷达设备、军民用空管系统主要科研生产的国有大型电子骨干企业九洲集团,展出了空中交通管制系统、北斗卫星导航系统等具有核心自主知识产权的新技术。同时,长虹集团展出的中国首款三网融合智能电视、全球首款人体状态感知空调、全球首款云图像识别冰箱、中国首款55寸曲面电视等全球首个实现互联、互通、互控的家庭互联网产品,还有全球首款100英寸激光电视、世界上唯一一款360自由度水下机器人、全球首款耳聋基因检测芯片、世界首款提供多种医疗测试的智能手机——云狐健康管理智能手机、世界上第一款无须标靶即可工作的手持三维扫描仪、中国首个分散式示范风电场、国内首套具有自主知识产权的人体三维数字化测量系统、首款中国安全芯、全国首家云技术数字多媒体互动服务平台、中国首本跨媒体可视图书《神奇科学》、中国首个全动景旅游目的地大数据展播平台、国内唯一数字化空间智能检测系统、首个国产动脉硬化检测仪、国内第一款企业移动管理平台等多个世界第一、中国第一的科技新产品、新技术集中亮相,展示科技创新的应用成果,充分体现中国“智”造新高度。

第二,汇集实用性科技,彰显绿色、低碳、环保特色,破解人口、资源、环境发展瓶颈难题,助推可持续发展。

本届科博会全方位诠释了科技改变生活、引领未来生活的理念。防雾霾新技术、生活垃圾变废为宝、穿戴式医疗健康设备等环保、人性化、便民化的高科技产品纷纷亮相。4K激光数字电影体验馆、打印出立体水晶头像的3D打印机、会说会跳的智能机器人、装着水的节能灯泡、免受冷风吹的空调、甩掉拥堵的思维车、声音可视化的仪器，让观众在一次次体验中，实实在在感受科技的无穷魅力。展览会上，科技就在眼前，科技触手可及。“3D技术”异常火爆！3D影像、3D水晶人像、3D表情捕捉系统、3D试衣间、3D虚拟设计平台等展位前人满为患。大大小小、各有特长的机器人最为抢眼！积木机器人、家用机器人、会跳舞机器人、会踢球机器人、教育机器人、工业机器人等扎堆亮相。运动手环，运动腕表，可穿戴心电马甲，可穿戴式血压计、血氧仪、心率计等高科技、智能化健康监测产品等可穿戴健康设备受到观众追捧，引来观众驻足观看。智能钢琴、智能黑板、智能镜子、智能手环、智能手表、智能停车、跨媒体可视图书、智能公交电子站牌、智能居家养老系统、智慧社区服务平台、基于大数据的智能建筑管理系统等智能新产品、新技术随处可见。同时，在本届科博会上，无论是工业发展、城市建设、居民生活，还是具体到招商项目等各个领域，都彰显了浓郁的“绿色、环保、清洁、高效、低碳”特色。循环经济与节能减排主题展，从生物工程、新能源、信息技术、环境工程、机械动力、工业设计、低碳节能、现代服务等多个领域，进行全方位展示。浅层地能、风能等来自大自然的清洁能源都得到了深度开发。去PM2.5厨房无油烟智能系统，抗雾霾、净化PM2.5解决方案，激光重金属快检设备，家用食品净化设备，PM2.5空气净化器，脑状态评估系统等健康产品和技术成为大众关注的热点。

与美国等发达国家自来水终端净水普及率70%以上相比，在我国北京、上海、广州等经济发达城市，终端净水普及率不足15%，市场空间巨大，本届科博会上一系列各具特色的安全净水设备争相亮相。兴科昊特(北京)低碳节能公司的碳纤维电采暖，低能耗电热转换率高达99%，是使室内温暖的一种新兴采暖方式。世能中晶国内首创“镁法脱硫及废液副产硫酸镁”循环经济法烟气综合治理技术，获得了北京市高新技术产业发展项目专项资金支持。江西格丰科技材料有限公司以森美思为核心组装的“三废”处理装备，数项关键指标为国际首创，填补市场空白。此外，E150EVⅡ代纯电动汽车、绅宝EV低碳新概念车、家庭植物工厂、智慧城市解决方案、一体化可再生能源系统等低碳环保新产品、新技术力争破解人口、资源、环境发展瓶颈难题，助推可持续发展。

第三，搭建平台，整合资源，助推全国区域均衡协调发展。

当前，北京进入了新的发展阶段。特别是习近平总书记今年2月考察北京时明确了北京的城市战略定位，对京津冀协同发展提出了七点要求，为北京更好发展指明了方向。京津冀一体化成为本届科博会的一大亮点。北京东城、西城、朝阳、昌平等区县紧紧围绕北京最新的城市战略定位，集中展示各自功能定位特点和产业发展机遇，展现调整疏解非首都核心功能，优化产业结构，促进区域均衡发展的新进展、新成果。天津东丽和太原、巩义、青岛、汕头、盐城、晋江、宜兴等 11 家地方领军科技园区，集中展示了为区域科技发展和产业转型推出的政策及全球领先的科技服务体系。其中，国家级科技企业孵化器——科创慧谷(天津)园区，带来科技创新服务全链式发展模式，正在建设中的武清商务区立足打造京津冀协同示范区 CBD，面向全国招商引资。河北省全力推展渤海新经济增长极发展规划及项目，20 余家涉及生物医药、新材料、新能源、航天科技、海洋生物技术等领域的企业参展，围绕北京，在京东、京北和京南建设以承接产业转移为主要目的多个科技园区；河北还强力推介建设中的航天神舟太阳能光热产业园，目前产业园科技企业开发的太阳能光热应用示范系统国内领先，对于推广应用太阳能光热、加快培育节能环保产业具有重要作用。京津冀协同发展承接产业转移的规划布局逐渐明朗，备受关注的京津冀协同发展路径更加清晰。本届科博会在全国 31 个省区市积极参与的同时，从全国区域发展现状和产业布局特点出发，积极搭建平台，整合资源，力促区域交流合作以及高新技术产业链条有效对接，形成“1 +1 >2”的效果。广东省带来了生态环保与节能减排、电子信息与现代通信、生物工程与医药、先进制造以及军民两用技术等领域的科技成果。广西壮族自治区重点展示了千亿元产业和战略性新兴科技成果及产品，参展产品增多，产品科技含量更高，更契合时代要求。黑龙江省集中展示了数字化油田关键装备等 45 个科技招商项目。吉林省携 52 家医药企业组团，推出了现代中药、化学制药、生物制药三大主导板块。内蒙古自治区自主研发的防砸玻璃、稀土磁共振成像仪等 33 个高科技项目同台亮相。四川省展示了高速铁路地震监测报警系统、纳米抗菌与环境净化材料。贵州省带来了多用途无人机、水平摘锭自走式采棉机、3D 导购机。湖南省突出“智造”理念，展示了工业级 3D 打印、具有完全自主知识产权的绿色建筑整体解决方案等。新疆维吾尔自治区则展示了自主研发的工业数字网关、数字振动感知安全防范平台、防爆型安防系列产品。湖南省连续第六年在科博会举办“湖南(北京)高新技术产业推介暨投资洽谈会”专场活动，发布涉及电子信息、新材料和先进装备制造等重点产业项目 399 个，项目投资总额达 9 860 亿元。在前期充分对接的基础上，一批产业项目签约，涉及金额 22 亿元。

第四，统筹思维革新与项目推介，激发科技生产力。

本届科博会论坛坚持“规模适度，打造精品”原则，在展现科技发展前沿最新物质成果的同时，通过举办高端、专业、前瞻的主题报告会和七大论坛，为参会者在精神层面提供思想激荡与交融的平台，深度聚焦中国战略性发展领域和亟须破解的发展难题，广泛凝聚共识。来自国际专业组织的负责人、专家学者、企业家等分别就亚太可持续发展的技术与创新、海洋科技创新、生态文明建设、深化金融体制改革、发展循环经济、城市精细化管理、科技与文化融合、传统教育互联网转型等热点焦点问题展开深入研讨。主题报告会演讲围绕“金融助力未来”“海洋科技创新”“生态系统服务与生态文明建设”展开；中国金融论坛重点聚焦“金融产业体系完善与实体经济发展”、“商业银行服务实体经济与转型策略”、“互联网金融发展与行业自律”、“京津冀一体化发展投资机遇”以及“国际金融体系动态与未来资本市场走势”等热点话题；“中国能源战略论坛” 围绕节能减排、绿色发展、石油石化产业信息化与工业化融合、煤层气、页岩气等新能源的开发等议题进行了交流。中国网络教育论坛探讨的话题从基础教育到高等教育，从教育 MOOCs 热潮到教育游戏创新，从国际在线教育先进发展模式到中国在线教育本土化实践，从在线课程设计到网络课程运营，全方位多角度涵盖 2014 年教育科技界最新热点。论坛传递出的最新产业信息，以及关于创新体系、发展模式等前瞻性思想理念，为实现区域、行业之间的协同创新、科技进步，确保我国如期步入创新型国家之列提级加速。认识的深化，理论的提高，一定要能够指导实践才真正有活力。本届科博会密集推出 12 场洽谈推介会，为科技成果转化和产业化交流合作牵线搭桥。洽谈推介会注重“请进来”和“走出去”相结合，注重做好项目需求方的组织，注重突出洽谈推介的专业性。其中，不仅有具体务实的科技成果推广与商务合作项目推介会、国产检测仪器设备验证与综合评价技术服务推介会、科技项目投融资合作洽谈会、区域创新与产业促进对接会、循环经济研讨会暨节能减排技术和项目推介会，还有区域特色和针对性都很强的中国（绵阳）科技城建设项目招商推介会、湖南（北京）高新技术产业推介暨投资洽谈会、新侨创新成果与专利项目推介会、北京京西科技企业融资项目洽谈会、省市项目网上征集栏目。同时，为了把凝聚着科技工作者巨大心血和汗水的科技成果真正落地转化、惠及民生，特别推出了省区市代表团系列推介签约和科技合作项目签约活动。这些项目推介会的举办，有力促进了产、学、研、用、金项目的产业对接和交易洽谈，推动了科技成果项目的研发、交流、利用、转换和合作，加快了科技成果产业化进程及多方合作。

第五，充分运用移动互联网、大数据等科技力量及“线上线下”互动活动提升科博会效应。

本届科博会充分利用移动互联网、大数据等创新技术，在展会组织和服务工作上，更加关注展览展示与展商、观众之间的“移动互联”，为展商和观众带来了更具科技含量、更有科技范儿的参展体验，特别推出了“掌上科博会 ”。“掌上科博会”包括掌上科博 APP、微博、微信公共号和手机报等组成部分。其中，“掌上科博 APP”强调“线上线下”的互动，让观众在了解展会、寻找产品和品牌、展台定位、参加推介洽谈、管理信息资讯等方面都更为便捷。此外,还为参与“掌上科博会”的观众准备了奖品丰富的“轮盘抽奖”、“找一找”、“猜一猜”和“寻宝图”等互动活动,让观众于娱乐中参与科博会。同时,发动首都高校志愿者服务参与科博会,通过“科博随手拍”活动,以及开展科博会科技生活十大创“星”产品媒体评选活动等,提高了公众的参与度,推动了科博会场内场外、线上线下的互动,扩大了科博会的平台效应。最为关键的是,未来大范围推广“掌上科博”APP的运用,能够让参展商清楚地了解每个展位接待了多少观众,对每个产品感兴趣的观众有哪些。通过现场大数据的搜集,可以真实反映出哪些是受观众欢迎的优质品牌、优质产品、优质项目,精准有效地促进科技成果的产业化。在科博会的创新驱动下,信息化、移动互联和大数据将助力北京市会展服务公共信息平台的形成,进一步发挥北京作为会展城市的高科技示范引领作用。本届科博会着力倡导“绿色、环保、低碳”理念。在持续设置循环经济与节能减排技术主题展的基础上,积极推广环保概念和重复利用展会可回收物品理念,推出“环保再设计”项目,展示“环保再设计”创意产品,将首次把本届科博会制作的4 500多面道旗回收再利用,做成环保购物袋、文件袋等,并利用手机终端的电子名片作用,互相扫描二维码替代了互换名片,在倡导低碳节能生活中以身作则,促进环境、经济可持续发展。

第十七届科博会展现国家科技发展最新成就,积极推进国际科技合作、人才技术交流和科技成果产业化,有效释放企业、科研院所、高等学校等创新主体活力,激发科技创新驱动经济发展的内生动力,推动科技与经济社会深度融合,努力创造新的经济增长点,助力中国经济转型升级。

案例六　博鳌亚洲论坛

一、历史沿革

博鳌亚洲论坛由菲律宾前总统拉莫斯、澳大利亚前总理霍克及日本前首相细川护熙于1998年发起。2001年2月,博鳌亚洲论坛正式宣告成立。论坛的成立获得了亚洲各国的普遍支持,并赢得了全世界的广泛关注。从2002年开始,论坛每年定期在中国海南博鳌召开年会。博鳌亚洲论坛是一个非政府、非营利的国际组织,目前已成为亚洲以及其他大洲有关国家政府、工商界和学术界领袖就亚洲以及全球重要事务进行对话的高层次平台。博鳌亚洲论坛致力于通过区域经济的进一步整合，推进亚洲国家实现发展目标。

博鳌亚洲论坛各方力争将论坛办成高水准论坛，通过区域经济的进一步整合，推进亚洲国家发展目标的实现。为达致以上前景，论坛将努力：为政府要员、商业领袖和知名学者提供一个高层对话平台，以增进和深化贸易和投资联系，推动建立伙伴关系，在应对不断出现的全球性经济挑战方面，阐明各自的观点。增进亚洲跨文化间的相互理解，增强本地区私营团体的社会责任感。创造一个良好的环境，强化商业团体在寻求增长和进步过程中的和谐共生关系，以实现本地区经济的可持续发展。培育和增进区域内网络机制和地区战略联盟的概念，以增加全球化过程中，亚洲内部、亚洲与世界其他地区之间的贸易和投资机会。为人力资源开发，以及涉及本地区及其与世界其他地区关系的重要研究活动，提供智力支持。

为完成以上使命，论坛将采行以下战略：经常性地举办各种会议，如论坛大会、研讨会、座谈会和讲座，讨论贸易、投资及环境保护等领域的重大问题。激发本地区其他机构的主动性，以促进和强化各国政府与商业团体之间在贸易和投资领域的伙伴关系。把握可能影响本地区经济的全球和地区性经济发展趋势。甄别随时出现的、可能影响贸易和金融的各种问题并发布相关信息，揭示和彰显新出现的投资机会。独立并合作开展有助于实现论坛宗旨的各类研究活动。通过网络化的安排，增进本地区商业团体间的联系。成为一个研究及培训中心，以增强亚洲商业团体的管理和科技创新能力。

二、2014 年博鳌亚洲论坛概况

2014 年博鳌亚洲论坛年会在博鳌闭幕，本届年会共设置了 68 场分论坛，从多领域、多角度探讨亚洲未来发展的新动力。今年年会还创新形式，首次将议题从经济与社会发展领域，拓展到地区政治与安全领域，并直接为经贸合作搭建了企业家交流平台。

本届博鳌亚洲论坛年会，共有来自世界 52 个国家和地区的 1 700 多位嘉宾参会，其中包括 80 多名各国政府部长官员以及国际组织的负责人，150 多名世界 500 强企业高管，以及众多学术界思想领袖欢聚一堂，围绕“亚洲的新未来：寻找和释放新的发展动力”的主题，多形式、多角度进行了深入探讨和思想的交流。

年会主要有四个方面的成果。

第一，今年年会议题的设置和形式上有所创新，这是论坛成立十多年来，首次将议题从经济与社会发展领域拓展到地区政治与安全领域。年会选了“中美关系”“网络安全”“南海安全”三个热点问题，设置了分会，邀请政要、企业家、专家学者进行探讨。

第二，直接为经贸合作搭建了企业家交流平台，专门设置举办了中俄、中澳和中日企业家对话会，还举办了众多有助于各国企业家直接交流的早餐会、分论坛、沙龙等活动。

第三，为了帮助与会各国企业界人士顺畅进入中国市场，开展在华业务，举办了省市长对话 CEO、部长对话 CEO 等活动。

第四，创立了博鳌亚洲论坛青年观察家圆桌会机制，从博鳌亚洲论坛 28 个发起国，层层选拔近 30 名青年观察家，为这些来自亚洲文化背景不同的青年观察家，专门举办了头脑风暴式闭门讨论会。他们就亚洲面临的重大问题和挑战，从亚洲青年人的视角出发进行了热烈的交流和探讨。

四天来嘉宾们通过各种形式的交流和思想碰撞，就涉及亚洲新未来的问题达成诸多共识，促成不少合作意向，这对亚洲各国各地区今后的发展与合作，携手共进亚洲新未来将产生持久的影响。

案例七 天猫“光棍节”营销案例分析

一、基本情况

（一）“光棍节”简介

11 月 11 日，被当代中国年轻人称为“光棍节”，源于这一天日期里有四个阿拉伯数字“1”，形似四根光滑的棍子，而“光棍”在中文有单身的意思，所以“双十一”是单身一族的一个另类节日，被定名为“光棍节”（One's Day）。“光棍节”产生于校园，并通过网络等媒介传播，逐渐形成了一种“光棍节”文化。“光棍节”是一种流传于年轻人中间的娱乐性节日，也是各大商家以“脱光”为由打折促销的时期。1 月 1 日是“小光棍节”，1 月 11 日和 11 月 1 日是“中光棍节”，而 11 月 11 日由于有 4 个 1，所以被称为“大光棍节”。而一般“光棍节”则指 11 月 11 日的“大光棍节”。最近几年由于淘宝在该日推出促销活动，因而被电商关注，逐渐发展成为中国电商中一个疯狂的“双十一”促销节日。

（二）淘宝网与天猫商城简介

淘宝网成立于 2003 年 5 月 10 日，由阿里巴巴集团投资创办。淘宝网业务跨越 C2C（个人对个人）、B2C（商家对个人）两大部分，主要用于商品网上零售，也是国内最大的拍卖网站。随着天猫的发展，淘宝网主要沿袭原有的 C2C 业务，淘宝网的卖家以个人或中小企业为主。淘宝网是中国深受欢迎的网购零售平台，拥有近5亿的注册用户，每天有超过6 000万的固定访客，同时每天的在线商品数已经超过8亿件，平均每分钟售出4.8万件商品。

天猫商城，原名"淘宝商城"，英文名tmall，是淘宝网的重要组成部分。2011年6月16日，阿里巴巴宣布，旗下淘宝公司将分拆为三个独立的公司，即沿袭原C2C业务的淘宝网(taobao)、平台型B2C电子商务服务商淘宝商城(tmall)和一站式购物搜索引擎一淘网(etao)。2012年1月11日，淘宝商城更换中文品牌"淘宝商城"为"天猫"。天猫商城的卖家主要是有实力的大中型企业。

(三)天猫"双十一光棍节"简介

2009年，正式上线一年多的淘宝商城选择11月11日准备筹备一次品牌推广活动，当时只有27个品牌参加，结果单日超过5 000万元的销售额让人惊叹，仅杰克琼斯一个品牌的销售就超过了500万元。2009年受益颇多的淘宝商城，于2010年"光棍节"继续上演促销大战，这一年，单日9.36亿元的交易额震惊业内，"光棍节"当天，全国数家银行系统瘫痪，整个中国的第三方物流处在爆仓状态。2011年11月11日，天猫当然不会止步于被戏称为"神棍节"的世纪性节日，结果当日以4亿人次点击量、33.6亿元交易额再次令世人惊叹。由于2012年11月11日恰好在传说中"世界末日"12月21日之前，被世人称为"末日光棍节"，对于数量众多的单身或未婚青年，更具吸引力，也提高了人们参与"世纪光棍节"购物活动中的积极性。2012年淘宝的"双十一"促销活动再创历史新高。11月12日凌晨，天猫宣布2012年"双十一"促销的支付宝总销售额为191亿元，同比增长260%，其中天猫132亿元，淘宝59亿元。

二、活动营销策略

(一)总体推广计划

阿里巴巴从10月中旬至11月中旬进行了互联网集中投放，共分成五个阶段，每阶段的目标不同，但每阶段的目标单一，而且驱动目标完成在各阶段所需要完成的工作。见表3。

表3 活动总体推广计划

阶段	时间	主题内容	广告投放平台	目的
第一阶段	10月16日~31日	淘宝预售,发布“双十一”活动广告	闺蜜网、55BBS、迅雷、酷我音乐盒、酷狗、瑞丽网、爱奇艺	告知消费者“双十一”的时间;打响“双十一”活动的第一枪,同时测试用户反应,并进行信息与数据的收集
	10月17日	全球购(代购),联合新浪微博进行“全球购微博宣传”	新浪微博	与新浪平台合作,扩大宣传覆盖面;通过新闻微博媒体平台进行概念炒作
	10月18日	折扣宣传	迅雷、PCHOME、爱奇艺、酷我音乐盒、中关村在线、55BBS、新浪微博	以预售和低折扣可以直接吸引网购的目标用户,本阶段主要是让用户知道这一活动所宣传的行业包括家居、汽车、母婴用品、服装等
第二阶段	11月1日~4日	抢红包。宣传语:购物是疯狂的、抢红包是理性的	暴风影音、腾讯、优酷网、新浪、瑞丽网、网易、搜狐、腾讯、土豆网、酷6网、中关村在线、蜂鸟网	吸引消费者注意,使他们关注如何抢红包
第三阶段	11月5日~7日	充300抢150	土豆网、雅虎中国、优酷网、暴风影音、腾讯、酷6网、爱奇艺、瑞丽网、腾讯、酷我音乐盒、MSN中国、凤凰网、搜狐、中关村在线	
第四阶段	11月8日~10日	主题1:亿元狂欢红包 主题2:都有哪些大牌	四大门户网站、主流视频网站与客户端、网站联盟	目的1:为“双十一”进行最后宣传,以吸引错过前三个阶段的消费者的目光; 目的2:使用饥饿营销方法,吸引已经参与前期活动的消费者对商品的关注,以达到最终购买的目的

续表

阶段	时　间	主题内容	广告投放平台	目　的
第五阶段	11月11日	50% OFF,仅此一天	你能想到的,都用上了	刺激消费者的购买行为,以完成最终的购买

（二）媒体组合方案

2012年天猫“双十一光棍节”的广告宣传组合可谓是史上最豪华的阵容之一，其中运用的媒体包括了传统的电视、户外广告等，也大规模地使用了微博、SNS网站、QQ群等新兴的网络宣传媒体，立体化的宣传工具组合营造出了本次活动的火爆气氛。见表4。

表4　活动媒体组合方案

微　博	品牌官方微博,微博红人/达人,借力天猫、淘宝创想官方微博（传播范围广、可附链接直接为店铺、单品引流）
SNS网站/论坛话题炒作	开心网、人人网、地区性论坛、垂直论坛（覆盖范围广,部分可附链接,直接为店铺、单品引流——需要专门团队跟进炒作）
媒体软文	网络媒体公关软文（权威性媒体内容,为品牌活动造势——需要提前向媒体购买）
QQ群/旺旺群:	聊天工具直接发布大促活动信息和店铺单品链接（引流效果直接、操作简单,但覆盖面有限,需要提前与群主沟通）
电视营销	天猫在央视及地方台播放了预告广告,还通过电视新闻报道这个平台,吸引众多观众的眼球,充分利用电视这个大众媒体,扩大此次营销的吸引力
手　机	天猫在许多手机报及各种网站的手机版上投放了关于“双十一”活动的各类广告和新闻报道,同时,以短信的形式发送广告给注册会员,手机媒介的推广同样是这次全方位宣传的主力之一
户外广告	天猫在公交站台、地铁等人流量密集的地段投放了大量的广告,以对城市内的上班一族给予强烈的反复冲击

（三）促销策略组合方案

为了吸引消费者参与“光棍节”促销活动，阿里巴巴营销人员可谓创意百出，制订了丰富而吸引力十足的促销方案，对消费者进行轮番轰炸。整理天猫推出的促销策略，大致可以分为三类：用户/流量沉淀类、优惠促销类和话题促销类。通过三类促销手段的结合使用，刺激消费者做出实际购买行为（见表5）。

表5 活动促销组合方案

用户/流量沉淀类	收藏打折	收藏店铺即可享受折扣优惠,降低初次消费门槛(特价商品将不能在"双十一"做推广。天猫规则:"双十一"的商品须是在过往一月底价基础上打折)
	收藏有礼	收藏店铺或宝贝送红包/优惠券/全国包邮/小礼物; 红包建议限定使用数量、金额、有效时间; 对红包用户进行使用提醒
	签到有礼	通过设置积分奖品,让买家收藏店铺,天天签到、微博分享店铺攒积分,兑换礼品
	幸运砸蛋	再现"非常6+1"淘宝版,极速提升店铺转化率,增强购买欲望,促成快速下单
	魔拉拉	通过把宝藏卡片埋设到店铺内特定商品,让买家主动有乐趣逛遍所有商品,收集卡片领取礼品
优惠促销类	满就送	单笔消费满一定金额,送××元红包/优惠券金额的设置要参考店铺单价,原则上要争取鼓励消费者购买两件以上商品,××元的红包和优惠券要有诱惑力
	搭配购	以爆款带动新品,为新品积蓄原始销量; 做好单品选款,设置套餐价格
	购物抽奖	初次购物即可参加抽奖游戏,如砸金蛋、大转盘等
	预售返利	参加预售的消费者,将原价与折扣价的差额以优惠券形式返还给消费者,刺激二次购买。例如:200元的商品,预售价是150元,购买的用户还可得到50元优惠券
话题促销类	导购清单类话题	打造"双十一"购物清单、购物攻略,创造买家需求,吸引买家访问下单
	活动预告类话题	随时预告下一阶段活动信息,吸引消费者持续关注在大促销期间回访复购
	销量成绩类话题	公布阶段销量成绩,营造抢购气氛,提升买家购买信心,吸引后续买家跟风访问购买
	买家体验类话题	用最早到货的买家、最满意的买家、下单量最大的买家等真实买家体验来打消消费者的购买顾虑

（四）活动营销方式创新

1. 优惠券打头炮。10 月 11 日起，天猫开始派送总价值达到 100 亿元的优惠券，涉及 Only、阿迪达斯、雷朋等 1 500 多个天猫商家，派发的优惠券仅限“双十一”当天使用，可在当日活动价上抵用，享受折上折。100 亿元优惠券可谓是天猫发出的第一发炮弹，消费者从 10 月份就开始被“双十一”这一波攻势“打”到了。

2. 抢红包强势升温。本次“双十一”的“抢红包”活动可算为购物狂欢节的熊熊火焰再添了一把柴。11 月 1 日起，天猫喵星球顶红包、支付宝充值抢红包等活动，送出了总额为 1.1 亿元现金红包。与以往不同的是，本次天猫与支付宝和聚划算联动“抢红包”。支付宝推出“担心好货买不到，提前充好支付宝”活动，充支付宝抢红包，同时“双十一”当天使用支付宝余额付款可再参与抽现金大奖；而聚划算则推出“聚划算，不用挑”活动，以及付定金获红包、每天 4 个整点抢红包、“双十一”用红包购物付尾款活动。天猫、支付宝、聚划算，三方联动，效果显著。

3. 尝鲜预售模式。10 月 15 日，天猫“11.11 购物狂欢节”预售正式开启，消费者登陆预售平台先付定金再付尾款就能买东西，预售商品包括稀缺品、集采商品以及根据消费者个性定制的商品。

预售模式本身有助于商家更精准地锁定消费者，提前备货，同时更有效地管理上下游供应链。这一举措，被业界视作对 C2B 电商模式的新探索。

4. 五折封顶包邮。所有参加“双十一”官方活动的商品都打上了专门的“11.11购物狂欢节”标识，表示该商品价格承诺为最近 30 天（10 月 12 日至 11 月 10 日）内最优惠。其中，承诺五折封顶的商品还会加上“5 折封顶”标识，不但必须是最近 30 天的最优惠，还承诺最高不超过专柜价五折。

5. 手机无线端花样多。“11.11 购物狂欢节”当天，手机淘宝下单可享受折上折，从凌晨 1 点钟开始，每个整点时段，购买“双十一”活动商品，有机会获现金返还红包。同时，手机淘宝还开通了活动直播间功能，消费者可以随时掌握最热卖的宝贝、最省钱的爆品和最八卦的信息。

购物狂欢节期间，手机淘宝还推出了“附近的人”功能，消费者可以随时看到身边网购达人收藏或购买的宝贝。

三、活动效果

天猫“双十一”活动从 2009 年开始上线，经过四年的发展，每一年成交额均呈几何级增长，2012 年“双十一”活动更是取得了前所未有的骄人成绩，在各项指标上均实现了大幅度增长。见表 6。

表6 活动效果对比

时间	参与品牌数	成交金额	品牌情况	包裹数量
2009年11月11日	27个品牌	超过5 000万元	杰克琼斯超过500万元	未统计
2010年11月11日	711家店铺	9.36亿元	80多家店铺销售额过百万,最高超2 000万元	未统计
2011年11月11日	2 200家店铺	天猫33.6亿元,淘宝19.4亿元	497家店铺销售额过百万,其中3家品牌店销售额破4 000万元,38家过1 000万元	淘宝+天猫当日产生2 200万个包裹
2012年11月11日	天猫、淘宝、聚划算共同参与,仅天猫店铺就超过1万家	天猫132亿元,淘宝59亿元	2 580家店铺销售额超过100万元,501家超过500万元,18家店过了5 000万元,3家超过1亿元	淘宝+天猫当日产生7 000万个包裹

四、案例点评

(一)巧立名目,抓住营销噱头

由于前有国庆节,后有圣诞节,处于两节之间的“光棍节”就有比较大的空间可用以挖掘。而节日的气氛总是能很容易地带动消费者的购买热情,电商巧妙地在“光棍节”当天大力促销自己的产品,相对更易获得经济利益上的丰收。

同时,网络购物已有相当人群,有足够的基础设施和商业环境的支持,具备了撑起“双十一”购物热潮的基石。据相关数据,中国网民总数超过5.38亿,在数量急剧增长的同时,年龄也逐渐上升,职业逐渐多元化,为电子商务时代的线上购物带来极大的潜力和需求。此外,就普遍规律来看,越是在经济相对萧条、通货膨胀相对严重的时候,低价产品对于普通大众越有吸引力。在目前经济形势和消费者对商品价格比较敏感的大背景下,电商们诱人的“五折促销”恰到好处地抓住了消费者心理,为吸引千万宅男宅女和年轻人疯狂参与活动打下了良好基础。

(二)多方协同,助推网购狂欢

好的噱头可以帮助成功,但购物狂欢节的成功却远不是一个时势造英雄般的“灵光一闪”就能够促成的,它还需要多个参与者的协同及全面准备工作做保障。

在推广运营方面,淘宝提前一个多月就开始通过广告等各种途径展开全方位整合营销推广,而整体的运营规划则更早在年初就已开始。就其中微博营销来说,天猫新浪官方微博为活动推出的“11.11 网购狂欢节”小专题,在 10 月 21 日即开始上线宣传,并采取倒计时的方式每天发送相关消息。与一般的商场节庆现场派发优惠券不同,为了更早地宣传其活动信息与提高消费者参与热情,天猫将优惠券派发时间提前安排在 10 月 24 日至 27 日,所获得的红包在 11 月 11 日当天都可享用,企业的品牌与产品传播在时间的助力下得到不断放大。在 IT 系统方面,天猫提早推行了云平台订单处理平台,“双十一”当天,天猫 + 淘宝 20% 的订单是通过云平台产生的,这些云商户的日订单处理效率提升了 3 倍。天猫还为“光棍节”促销活动准备了相应的流量储备,以避免出现页面无法打开、无法支付的情况。

巨额成交意味着参与的店家将在短时间内接受和处理大量订单,这就需要各企业提前做好备货、协调等工作,对于企业以及整个产业链条都是一种挑战。以 2012 年“双十一”活动中销售过亿的“骆驼”品牌为例,其对每项流量来源、点击、转化,都做了明确数据要求,通过老会员通知、优惠券派发等多种手法,从多点吸引消费者进店购买。相对去年,“骆驼”还增加了在门户网站上投放广告,所有广告均提前测试点击转化,以保证资源最大化效果,并为本次活动专门招募了数百大学生参与其中及与物流商建立起联盟。各快递企业也为此活动招募了大量新员工,并加强培训,以应对业务高峰。

(三)广告发力,引起消费从众现象

从众是指个体在社会群体的无形压力下,不知不觉或不由自主地与多数人保持一致的现象,即在自己的知觉、判断、认识上表现出符合于公众舆论或多数人的行为方式。通俗地说,就是“随大流”。

当淘宝和天猫通过网络、电视等多媒体途径宣传各种促销活动,营造出了浓厚的节日气氛,本来阿里巴巴就具有很多忠实的消费群体,在他们的影响下,很多不是很了解这个促销活动、不经常使用网络购物的消费群体也会参加到活动中。这样的消费从众效应为阿里巴巴赢得了更多的消费者,提高了淘宝天猫的销售额。

(四)精心策划,达到多方满意

“双十一”营销策略通过周密的设计,在整体推广方案、媒体组合、促销策略、营销创新等方面都进行了精心策划,层层推进。首先,活动前期通过站内的专题展示与广告宣传,招募了众多的品牌进行打折促销的预热;通过重点时期投放在优酷、土豆等网站的全覆盖打法进行广告宣传;通过在十月到“双十一”当天这段时间内,分时段设置一系列活动,营造活动氛围。其次,活动中期的分时段的抢购,让消费者持续关注活动近况;微博内容的不断更新,将更多促销信息广为宣传以及媒

体第一时间的报道，在活动期间让更多的人知道这个活动。最后在活动结束后，12日的凌晨，天猫公布了11日单日销售额，创行业新高，引起了社会的广泛讨论，媒介大规模的报道，博得了众多眼球，提升了天猫、淘宝的名气。

在“双十一”活动中，消费者得到了购物体验和折扣优惠，商家实现了商品疯狂销售，而淘宝和天猫做大了平台影响力，巩固了市场领导地位。消费者、商家、淘宝和天猫三方均达到了自己的目的。可以说，“双十一”活动是一次极为成功的活动营销案例。

附录二　国内相关城市展览产业政策的借鉴

随着我国展览市场逐渐走向成熟，城市展览业之间的竞争渐趋白热化，全国各地纷纷出台展览政策以留住现有品牌展会以及吸引外地大型展览活动落户。在这番争夺战中，各个城市可谓"八仙过海，各显神通"，原有的北京、上海、广州通过优惠政策向"打造国际会展中心"的目标进军，而以成都、重庆、天津为代表的区域中心城市则企图后来居上，纷纷抛出诱人的"橄榄枝"。正所谓"它山之石，可以攻玉"，通过梳理目前我国主要城市的展览政策，不仅可以做到知己知彼，也可以取长补短。经过搜集各地的展览政策信息，大致可以将我国目前的展览政策种类分为以下五种：资金扶持政策、税收优惠政策、行业管理政策、宣传与人才政策和平台建设政策。

一、全国各地会展扶持政策

（一）资金扶持政策（见表7）

表7　全国各地会展扶持政策——资金扶持政策

北京	1."北京市文化创意产业发展专项资金"包含展览业
	2.《北京引导支持品牌展会名录》，品牌展会给予主办方每届不超过100万元奖励资金
	3.《关于促进北京市商业展览业发展的通知》中规定：在京连续举办两届以上、展览面积在5 000m^2以上的同类同质展会，整合后展出面积超过整合前最大面积50%的，给予整合主办单位不超过100万元奖励资金
	4.对新引进的国际展会，展览面积不低于3万m^2，参展商不低于500家，国际参展商不低于30%的基础上，对前三届展会每届给予主办方不超过50%的场租费用支持，最高不超过500万元
	5.北京市旅游局出台了"会议申报补贴"的具体政策
上海	1.一般会展项目每个展位不超过1万元的标准资助，资助总额一般不超过50万元，特别重大会展项目每个展位的资助标准不超过1.5万元，资助总额不超过100万元
	2.浦东会展服务第一年100%补贴，后两年50%补贴，连续在新区举办三次以上品牌展会，给100万元补贴

续表

天津	1. 对本市重点发展的会展项目,在项目培育期内给予重点支持
	2. 建立品牌会展名录,对经市会展行业协会评选列入名录的会展优先宣传,并给予宣传费用资助
	3. 鼓励品牌会展进行商标注册保护,申报驰名商标和著名商标
	4. 对取得国际展览业联盟相关认证的会展项目和会展企业,补贴 800 元/位,达到 400 个展位的展会补贴 600 元/位
重庆	1. 设立 2 000 万元展览业发展专项资金
	2. 对获得重庆市著名商标、中国驰名商标和国际、国家权威部门认证的品牌会议展览节庆活动,实行一次性奖励
	3. 对引进举办 750 个国际标准展位以上的会展活动和国际国内重要会议、落户重庆的国际性或全国性会展活动的引进者实行奖励
	4. 对 500 个国际标准展位以上的会展项目,该项目当年贷款发生的利息,按年利率 2%、贴息时间不超过一年的标准给予一次性贴息,每个项目贴息额最高不超过 5 万元
西安	1. 西安市把发展展览业的经费纳入财政预算,用于支持申办大型展会,奖励有突出贡献的单位和个人,对于申办国际国内有重大影响的大型展会成功者,市政府明确规定给予申办者 10 万元以上奖励
	2. 凡在西安曲江国际会展中心举办的各种大型展会,展位超过 1 000 个以上的,一律按标准场租费的 50% 收取场租费用
成都	落户成都的外来一定规模(如展览面积 1 万 m^2、参会参展 5 000 人次)以上的品牌会议、展览和节庆活动,提供资金支持、政策优惠
厦门	国内或国际会议境外客人依人数获 5 万到 20 万元奖励,展览 650 ~ 1 500 展位的可获 10 万 ~ 20 万元奖励
宁波	财政每年安排 2 500 万元,其中 1 000 万元资助 2 万 m^2 以上的展会;500 万元设立“会展奖励资金”;引进进出口产品展的,按照纳税地方留成部分,给予前两年 50% ~ 100%、后三年 30% ~ 50% 的财政补贴,对租用国展中心常年摊位的,前两年全额返租,后三年减半收取
大连	1 500 万元专项资金用于会展项目引进和推广
郑州	对新创办的展会,按照展会实际展位数量进行补贴,最高不超过 6 届;6 届以上的,以上一年(届)展览规模为基数,每增加 100 个标准展位奖励 1 万元,最高不超过 20 万元,整合资源后的展览规模达到 1 000 个标准展位以上的,视作新办展会予以补贴
合肥	新设立注册资金 1 000 万元以上的会展公司,留成部分税收 3 年内给予 50% 奖励;展会 300 个标准展位以上,每个展位补助 100 万元;展览面积超过 1 万 m^2,4 万 ~ 30 万元奖励;对年累计展会面积达 5 万 m^2 的,年终奖励 10 万元;超过 5 万 m^2 的,每增加一万 m^2,增加 1 万元奖励

续表

昆明	连续举办3届以上、面积6 000m^2 以上的新展会,自首届起享受3年资助;现有展会以上届展会面积为基数,每增加1 000m^2 的资助5 000元,最高不超过10万元;对整合资源达到1万m^2以上的展会,按新办展会给予资助;对取得国家、省、市驰名商标的展会给予3万~5万元的奖励,获得国际展览联盟等国际性组织认证的展会一次性给予20万元的专项奖励
苏州	设立专项资金,达到或超过6 000m^2 的展览,培育期内按其场租费用的25%给予奖励;展览面积在2万m^2 以上的,按照举办数逐级补贴场租费用;全国性及国际性机构在国际博览中心举办的300人以上规模的会议,给予10万~50万元的奖励;会展活动获得中央、省、市奖励的,按照1:1比例给予同等奖励
烟台	招展有功最高可获得20万元奖金;展览规模达到500~800个标准展位的,奖励10万元;达到801~1 000个标准展位的,奖励15万元;1 001个以上的,奖励20万元
义乌	市财政将每年安排1 000万元作为展览业发展专项资金,用于培育引进展会和会展主体

(二)税收优惠政策(见表8)

表8　全国各地会展扶持政策——税收优惠政策

北京	展览业与会议实施差额缴纳营业税
上海	展览业与会议实施差额缴纳营业税
天津	展览业与会议实施差额缴纳营业税
重庆	1.2020年前按项目总收入减去项目总支出的差额计征承办营业税
	2.会展场馆经营企业享受西部大开发15%的所得税率优惠政策
	3.场地租金按政府指导价格执行的会展场馆,2020年前享受房产税及土地使用税先征后返的优惠
	4.注册资金500万元以上的新办会展企业,自开办之日起,两年内按企业所得税的市级留成部分实行全额返还
西安	凡在西安曲江新区注册的会展企业,年营业收入超过1 000万元,可按照缴纳的营业税额进行财政返还
贵阳	新办会展企业从开馆及开业起,前3年营业税由企业所在地财政按留存部分的50%补贴企业;从获利年度起,前3年企业所得税征收后的地方财政留存部分,由企业所在地财政补贴企业,后2年按企业所在地地方财政留存部分的50%补贴企业用于企业发展;规划新建会展中心、展览馆,减免城市基础设施配套费等

(三)行业管理政策(见表9)

表9　全国各地会展扶持政策——行政管理政策

北京	把展览业纳入首都新兴产业的统计,专门发布展览业专项调查报告
上海	1. 出台《上海市展览业管理办法》,明确了上海展览业统筹规划协调的管理体制和以展览主办单位为主体的责任制度
	2. 出台硬性规定,同类题材的展览会半年内不能重复
天津	1. 工商、知识产权等部门派员进驻会展场馆处理投诉
	2. 商务主管部门建立展览业从业单位信用档案,鼓励和监督展览业从业单位诚信经营
	3. 禁止政府部门和其他组织在会展中乱摊派、乱收费
	4. 会展场馆实行工业用水、用电、用气、用热价格
重庆	1. 建立会展品牌保护机制,禁止三个月内在同一区域举办内容、名称相同或相近的会展活动,杜绝会展市场的恶性竞争
	2. 建立组展商、服务商、参展商、专业观众、消费者的纠纷调解和仲裁体系,维护会展主体和消费者的合法权益
西安	1. 严格控制对展会的检查,禁止对展览企业乱收费、乱罚款、乱摊派,如确需检查,由市会展办统一组织实施
	2. 建立会展绿色通道,涉及公安、工商、消防、税务等政府行政审批的有关事项,采取由会展办牵头,相关部门参加的"会审"制度,提供一站式的协调服务,简化手续

(四)宣传与人才政策(见表10)

表10　全国各地会展扶持政策——宣传与人才政策

北京	每年在国际知名展会上以政府推介等形式对北京会展环境进行整体宣传推介,投入费用总额不超过500万元
上海	1. 实施"会议大使"项目
	2. 实施500万元会展人才高地计划
重庆	对重要的大型会议、展览和节庆活动,市属宣传媒体优惠提供一定数量的电视台重要广告时段和主要报刊版面,扩大舆论宣传的影响力

（五）平台建设政策（见表11）

表11 全国各地会展扶持政策——平台建设政策

北京	1. 北京市会展公共信息服务平台提供建设单位不超过50%的费用支持，总额最高不超过300万元
	2. 对于室内面积2万m^2以上专业展馆设施改造贷款给予不高于50%的贴息，每年贴息额度不超过500万元，贴息年限不超过两年
上海	明确支持和鼓励国内外有实力的展览公司在当地投资，设立独资或合资公司

二、广东省各城市展览业相关政策法规

目前，广东省在城市的宣传推广和平台建设上还没有明确出台相关政策，而其他城市特别是成都、重庆等内陆城市为加快展览业的发展，已经积极地走在了前面，紧追之势强劲。城市之间的竞争是全方位的，广州、深圳虽然目前还有一定的优势，但不能掉以轻心，必须看到竞争者闪光的地方，并加以学习，以弥补自身的不足。

广东省各城市展览业相关政策法规见表12所示。

表12 广东省各城市展览业相关政策法规

城市	名 称	内 容	时间
广州	《广州市举办展销会管理条例》	对展览会的市场管理	1998
	《关于广州市会展业营业税征收管理的通知》	参照旅游等以代理单位的差额征税	2008
	《广州市展会知识产权保护办法》	对展会知识产权的保护，规范了市场	2009
	《广州市海珠区扶持会展业发展的若干意见》	对在琶洲地区举办的展会、落户的展览企业给予资金鼓励以及办展优惠	2009
	《广州市会展业发展专项资金管理试行办法》	每年1 000万元专项资金支持会展业发展	2010
	《关于加快广州会展业发展的若干意见》	从产业集聚、培育品牌、交流合作、产业链条、支撑体系、扶持服务等6大方面提出22条发展措施	2010
	《广州建设国际会展中心城市发展规划（2013～2020）》	明确广州“国际展都”的定位，对广州市的会展产业空间布局优化提出进一步规划	2013

续表

城市	名　称	内　容	时间
深圳	《关于发展深圳会展业的意见》	提出创建"知名会展城市"的目标	2004
	《关于实行品牌展会排期保护的通知》	对高交会等 16 个 2 万 m^2 以上的品牌展会进行展会保护	2005
	《深圳市会展业及国内参展财政资助资金管理暂行办法》	2005～2007 年每年市财政提供 2 000 万元专项资金	2005
	《深圳市会展业发展的"十一五"规划》	明确深圳市会展业的发展重点与发展目标	2007
	2007 年深圳特区 1 号文件	将会展业列入高端服务业	2007
	展会实行应急性财政专项资助	专项资金达 5 000 万元，所有展会 2 元/m^2/天补贴，受金融危机冲击大的展会场租给予 5 元/m^2/天补贴，连续 3 年	2009
	修订会展资助管理办法	增加了对品牌展会、国际会议和展会数据第三方认证的资助，加强了对会展业的扶持力度	2009
	《关于进一步优化办展环境促进深圳会展业发展的若干措施》	包括减免"商品展销登记证"办理手续，实行一站式展会治安消防报批等一系列新举措	2010
	深圳会展税收改革	会展业务按"服务业—代理业"税目征收营业税，实行差额征收	2010
	《深圳市会展业财政资助资金管理办法》	原创会展资助可达 200 万元，重要国际会议资助可达 100 万元	2010
	《展会评估指标体系和品牌展会评定办法》	对品牌展会宣传的扶持	2011
东莞	《关于促进东莞市会展业发展的意见》	实现会展业"六个转变"，以及会展业发展措施	2006
	《东莞市商贸流通业发展专项资金管理暂行办法》	确定会展业为六个使用专项资金的行业之一	2007
	《促进东莞市会展业发展工作方案》	明确提出会展专项资金不少于 2 000 万元	2011
珠海	《珠海市会展业发展规划（2011～2020）》	对珠海市会展业的近期及中远期发展做出明确规划	2013
中山	《促进中山市会展业发展的意见》	明确会展业发展方向，提出发展建议	2007

续表

城市	名 称	内 容	时间
佛山	《关于加快佛山市会展业发展的若干意见》	明确会展业发展的指导思想、原则、目标和发展措施	2008
惠州	《惠州市关于扶持我市现代会展业发展的若干意见》	确定会展业发展指导思想、发展目标、发展原则;明确任务,落实责任,切实有效推动会展业发展	2010

三、会展产业政策的积极影响

(一)改善办展环境,增加城市的吸引力

进入21世纪,我国展览业经过十几年爆炸式、粗放型高速增长后,展览业的基本格局已经形成。虽然全国各主要城市都表示要把展览业作为本地区的重要产业,以期成为下一个经济增长点,从而大力扩建展览场馆等硬件设施,以满足大型展会的需要。但是,除了硬件设施这个必要条件之外,各地办展环境已然成为是否能够吸引品牌展会落户该城市的最重要条件之一。根据管理学上赫兹伯格的"双因素理论",如果说以展览场馆为代表的硬件设施是"保健因素",那么以展览政策为代表的软件环境就是"激励因素"。现阶段,城市与城市之间的竞争日益激烈,"国际会议与品牌展会抢夺战"已经悄然上演,通过制定展览政策,推出办展优惠条件,提供优质的展览服务,一个城市无形中对那些品牌展、专业展、国际级会议增加了吸引力。

(二)确定行业规范,推动展览法制化进程

俗话说:"没有规矩,不成方圆。"展览业在发展过程中因为缺乏法律监管而一直备受诟病。各城市根据本地区展览业发展中遇到的问题,积极采取相应措施,对于整个行业的规范化发展起到了重大作用。展览业的法制化建设一直是业界重点关注并大力呼吁的焦点问题,但是至今仍未形成一部完善的国家层面的展览业法律法规。这其实也是一个由"量变"到"质变"的过程,因为我国的展览业发展较晚,发展速度很快,并且发展水平又极不均衡,每个地区有各自的特点,从哲学的观点看,每个城市展览业发展的状况既有普遍性又有特殊性。因此,各城市根据本地区展览业的发展目标、发展基础、发展条件推出相应的展览政策,是值得鼓励和提倡的。总而言之,展览业的法制化建设也是一个探索、积累、学习的过程,不是一蹴而就的。各个城市在展览政策制定与推行方面的经验必将对全国展览行业的法制化进程做出不可磨灭的贡献,而广东省无疑在此迈出了最重要的一步。

（三）降低企业成本，促进展览品牌建设

各城市的展览政策尤其是资金和税收类政策对于主办方、参展商在降低成本方面都有积极的作用。一方面，各地政府通过专项资金对主办方进行场租补贴以及资金奖励，另一方面，又通过税收政策减免企业所得税，一正一负之间，主办方便能用节省下来的钱加大展会品牌化建设的投入。尤其是对于一些处于培育期但又有潜质成为品牌展会的专业展，正是需要资金的时候，这个时候的资金、税收政策无疑是雪中送炭，而这些在本土成长起来的优质展会尝到甜头后便能在此生根发芽。而一些展会对于参展企业进行展位补贴，能够提高展商的参展意愿，一方面可以降低企业的参展费用，另一方面也有助于其在展会上进行更有效的宣传。原则上，当主办方与参展商有更充足的资金进行品牌推广与建设后，展会的质量才有可能更上一层楼。

四、会展产业政策的消极影响

展览产业扶持政策的消极影响主要是体现在微观操作层面的资金、税收类政策，因为直接涉及各方经济利益，利益相关者为争取自身利益最大化而“八仙过海，各显神通”，在这个过程中，必然产生一些问题。

（一）影响市场公平竞争

以广东省为例。广东省展览业的一个特点是“民营企业展会数量多，政府展会规格高”。据初步统计，广东省80%左右的展会由民营企业主办，而政府主导的展会也不少，而且规格较高。在涉及资金补贴的政策中，“官展”与“民展”之间必然有一番争夺。而政府展往往就是由当地政府主办的，获取各种优惠补贴自然不在话下，而且补助力度大。如2012年广东省投入补贴金额达1 000万元以上的展会就有6个，包括中国国际中小企业博览会、中国加工贸易产品博览会、中国国际影视动漫版权保护和贸易博览会、中国（深圳）国际文化产业博览交易会、中国（广州）国际金融交易博览会、第九届中国国际航空航天博览会。而由中小民营企业主办的展会想要得到相应的资金补助则相当困难。“民展”与“官展”相比，本身就处于不利位置，政策补贴失衡更加加剧了这种不公平竞争。

（二）导致政府退出的困难

各种补贴政策的初衷可能是出于政府扶持“幼稚产业”的考虑，但是当产业发展到一定阶段，已失去补贴的基础时，政策却可能会因已得到“固化”而难以取消。原因之一，初期依靠补贴成长起来的企业变得过于依赖补贴，自身不思进取，患上了“补贴综合征”，因而难以在市场竞争中生存，而若政府此时停止补贴，则它们可

能成为“市场弃儿”，政府继续提供补贴的原因也就升级为“保护就业”。还可能出现另一种情况，靠补贴成长起来的“幼稚产业”可能具备了较强大的政治影响力，要使其“断奶”、不再继续享受补贴，在政治上也可能是困难重重。政府主导型展会目前就存在这样的困境，继续办则需要更大投入，不办在政治上引起争议。

（三）为展会的正常秩序带来压力

2008年以后，为了抗击金融危机的影响，参展企业受助免费参展政府主导型展会，甚至政府负担了部分采购商的交通、住宿费用。政府的初衷是希望帮助企业度过困难时期，然而实际效果却事与愿违。以中博会为例，此展会由政府发文组织参展企业，同时展会综合性强、分区不合理、专业买家少，从而使其备受争议。在这种情况下，“被迫”拿到免费参展资质的参展企业就把展位转卖给一些“走鬼”（没有固定公司的小商小贩），这样既可节约成本，又可创造收入，还可保证展位不空，对政府有个交代。“走鬼”现象严重影响到展会形象，参展企业质量受到影响，相应的观众观展效益和质量也会因此下滑，导致展会发展进入恶性循环。

参考文献

[1]S. H. Hymer. The International Operations of National Firms: A Study of Direct Foreign Investment[M]. MIT Press,1976.

[2]Anisette,Pritchard. Reaching Out to the Gay Tourist: Opportunities and Threats in an Emerging Market Segment[J]. Tourism Management,1998,Vol.9,No.3.

[3]Mao,Xiaogang. The Differences of Traditional Cross-cultural Values and Their Influences on Tourist Consumption Behaviors[J]. China Business Review,2003,Vo.13, No.10.

[4]Erence A Shimp. Promotion Management & Marketing Communication[M]. The Dryden Press,1993.

[5] Chin-Tsai Lin, Chiu Wen Lin. Exhibitor Perspectives of Exhibition Service Quality[J]. Journal of Convention & Event Tourism,2013.

[6] Routledge. Trade Fair Participation and Its Importance for Korean Machinery Exporters[J]. The Professional Geographer,2013.

[7]Zhuo Li & Silu Shrestha. Impact of International Trade Fair Participation on Export: An Empirical Study of China Based on Treatment Effect Model[J]. Journal of Convention & Event Tourism,2013.

[8] Patrik Aspers and Asaf Darr. Trade Shows and the Creation of Market and Industry[J]. The Editorial Board of The Sociological Review,2011.

[9] AUMA. Dr. Peter Neven, Sylvia Kanitz. Successful Participation[J]. Trade Fairs,2013.

[10]Ulie Whitfield,Leonardo (Don) A. N. Diok,Don Webber and Linjue Zhang. Attracting Convention and Exhibition Attendance to Complex MICE Venues: Emerging Data from Macao[J]. International Journal of Tourism Research,2014.

[11] Harald Bathelt, Gang Zeng. The Development of Trade Fair Ecologies in China: Case Studies from Chengdu and Shanghai [J]. Environment and Planning A,2011.

[12](美)JeAnna Abbott,Agnes DeFranco. 会展管理[M]. 北京:清华大学出版社,2004.

[13]潘杰. 展览艺术——展览学导论[M]. 哈尔滨:黑龙江美术出版社,1992.

[14]韩斌. 展示设计学[M]. 哈尔滨:黑龙江美术出版社,1996.

[15](美)博姆. 成功的会务组织[M]. 王健梅,译. 北京:中国标准出版社,2001.

[16]沈燕云,吕秋霞. 国际会议规划与管理[M]. 沈阳:辽宁科学技术出版社,2001.

[17]林宁. 展览知识与实务[M]. 北京:经济科学出版社,1999.

[18](美)罗伯特·尼尔森. 会议管理——如何创造高效率的会议[M]. 高维泓,译. 桂林:广西师范大学出版社,2001.

[19](日)安昌达人. 展业活动的规划与管理[M]. 百科,译. 北京:光明日报出版社,1985.

[20]保健云,徐梅. 会展经济——一种蕴藏无限商机的新型经济[M]. 成都:西南财经大学出版社,2001.

[21](澳)约翰·艾伦. 大型活动项目管理[M]. 王增东,杨磊,译. 北京:机械工业出版社,2002.

[22]魏中龙,段炳德. 我为会展狂[M]. 北京:机械工业出版,2002.

[23]黄彬. 会展营销实务[M]. 北京:中国劳动社会保障出版社,2006.

[24]马勇,毕斗斗. 旅游市场营销[M]. 汕头:汕头人民出版社,2003.

[25]刘松萍,李佳莎. 会展营销[M]. 成都:电子科技大学出版社,2003.

[26]华谦生. 会展策划与营销[M]. 广州:广东经济出版社,2005.

[27]胡平. 会展旅游概论[M]. 上海:立信会计出版社,2003.

[28]克劳德·塞尔旺,竹田一平. 国际级博览会影响研究[M]. 上海:上海科学技术文献出版社,2003.

[29]马勇. 王春雷. 会展管理的理论、方法与案例[M]. 北京:高等教育出版社,2003.

[30]刘宏伟. 中国会展经济报告[M]. 上海:东方出版中心,2003.

[31]向洪. 会展资本[M]. 北京:中国水利水电出版社,2003.

[32](美)小伦纳德·霍伊尔. 会展与节事营销[M]. 北京:电子工业出版社,2003.

[33]王起静. 会展项目管理[M]. 北京:中国商务出版社,2004.

[34]徐志坚. 会议和活动篇——会务[M]. 广州:岭南出版社,2002.

[35]潘文波. 会展业国际合作的综合效应——关于外资进入中国会展业的综合研究[M]. 北京:中央编译出版社,2008.

[36]冯丹. 展览现场管理[M]. 北京:中国劳动社会保障出版社,2006.

[37]刘松萍,李晓莉. 会展营销与策划[M]. 北京:首都经济贸易大学出版社,2006.

[38]商务部. 中国会展业发展年度报告[M]. 北京:中国商务出版社,2013.

[39]刘松萍. 会展营销[M]. 重庆:重庆大学出版社,2013.

[40]张敏. 中外会展业动态评估年度报告(2012)[M]. 北京:社会科学文献出版社,2013.

[41]刘红霞. 会展实务[M]. 北京:北京师范大学出版社,2011.

[42]王春雷. 活动管理原理、方法与案例[M]. 北京:清华大学出版社,2013.

[43]刘民坤. 会展活动对主办城市的社会影响研究[D]. 广州:暨南大学博士论文,2009.

[44]王新刚. 中国会展研究[D]. 长春:吉林大学博士论文,2004.

[45]曾武佳. 现代会展与区域经济发展[D]. 成都:四川大学博士论文,2006.

[46]刘松萍,吴建华. 会展服务与管理[M]. 北京: 科学出版社,2009.

[47]戴光全,保继刚. '99 昆明世博会对昆明城市形象的影响研究[J]. 人文地理,2006(1).

[48] 刘大可. 北京市参展商旅游消费支出实证分析[J]. 旅游学刊,2006(3).

[49]靳文敏,罗秋菊. 城市会展业资金类政策效果评估——以广州、深圳、东莞为例[J]. 旅游学刊,2013(8).

[50]罗秋菊,庞嘉文,靳文敏. 基于投入产出模型的大型活动对举办地的经济影响——以广交会为例[J]. 地理学报,2011:66(4)

[51]罗秋菊,陈可耀. 基于扎根理论的民营会展企业成长路径研究——以广州光亚展览公司为例[J]. 旅游学刊,2011(7).

[52]何会文. 影响参会人参会决策的城市特征实证研究[J]. 旅游学刊,2010(9).

[53]王春雷,朱红兵. 外国游客参观 2010 年上海世博会的满意度研究——基于 Travel Blog 日志的探讨[J]. 国际商务研究,2014:35(196).

[54]王春雷. 上海会展业品牌发展战略研究[J]. 商业研究,2008(11).

[55]黎菲. 城镇化进程下会展发展战略研究——以杭州都市圈为例[J]. 江苏商论,2014(5).

[56]卢晓. 上海会展产业集群竞争力研究[J]. 学术论坛,2012(5).